MESSAGE CONTROL

MIX
Papier | Fördert
gute Waldnutzung
FSC® C083411

Gerald Fleischmann
Message Control

Cover: Bastian Welzer
Satz: Isabella Starowicz

© Cover-Portraits:
Angela Merkel: Mikhail Palinchak
Donald Trump: Alon Skuy
Emmanuel Macron: Thibault Camus
John F. Kennedy: William J. Smith
Karl Nehammer: Pixsell
Margaret Thatcher: Uppa.co.uk
Sebastian Kurz: Lukas Beck
Tony Blair: Torsten Blackwood

Gesetzt in der Premiera
Gedruckt in Deutschland

1   2   3   4   5   —   25   24   23   22

ISBN 978-3-99001-630-5

GERALD FLEISCHMANN

MESSAGE CONTROL

Was Sie schon immer über Politik und Medien wissen wollten

edition a

INHALTSVERZEICHNIS

1
ERKENNTNISSE

Es war der Abend vor dem Corona-Lockdown und die Menschen genossen die letzten offenen Stunden in den Lokalen des belebten Wiener Viertels namens Bermudadreieck, als er zuschlug. Mit einer Kalaschnikow, Modell AK-47, lief er drei Gassen entlang, schoss wahllos auf Passanten, tötete dabei vier Menschen und verletzte 23 teils schwer. Neun Minuten nach dem ersten Schuss traf der Attentäter vor der Ruprechtskirche auf zwei Einsatzkräfte der Spezialeinheit WEGA. Sie verpassten ihm eine Kugel in den Oberkörper und schalteten den Angreifer aus. Die Informationslage war jedoch, dass noch mindestens ein weiterer Terrorist, womöglich sogar mehrere, in der Stadt unterwegs war – schwer bewaffnet mit dem Ziel, einen Anschlag zu verüben. Wo, war nicht bekannt. Jeder konnte sich in dieser Nacht in höchster Gefahr befinden.

Um etwa 20:30 Uhr an diesem 2. November 2020 wurde ich von Spezialeinheiten von zu Hause abgeholt. Ich war erst dreißig Minuten zuvor nach Hause gekommen und hatte noch auf der Heimfahrt die ersten Meldungen über angebliche Schüsse in der Innenstadt auf den sozialen Medien mitbekommen, ohne das einordnen zu können. Der Fahrer drückte aufs Pedal. Mit Affentempo fuhren wir über die auto- und menschenleere, von Polizeikräften abgeriegelte Ringstraße. Als wir die Nähe des Bundeskanzleramts erreichten, hieß es: »Nach vorn beugen und Kopf zwischen die Knie.« Wir saßen in keinem gepanzerten Fahrzeug, also wollten sie auf Nummer sicher gehen. Sie konnten nicht ausschließen, dass sich einer der Attentäter in der Nähe des Kanzleramts befand und auf dessen Eingangstor zielte. Mit hundert Sachen raste der Wagen durch die Einfahrt, das Tor wurde hinter uns geschlossen. Bundeskanzler Sebastian Kurz kam gerade mit anderen Mitarbeitern und flankiert von Polizeikräften die Stiegen herunter. »Alles klar? Bei der Familie alles in Ordnung?«, fragte er mich. »Ja, danke. Alles total verrückt!« Unsere Gruppe wurde von Spezialkräften zu einer unscheinbaren Tür geführt, die ich vorher noch nie wahrgenommen hatte. Dahinter führte eine Treppe in die Tiefe. Wir durchschritten unterirdisch mehrere mit Stahl gesicherte Schleusen, gingen einen Gang entlang. Einen der Sicherheitsbeamten kannte ich ganz gut, weil er immer wieder den Kanzler begleitete. Er war ein sehr fröhlicher, aufgeweckter Mensch und um keinen Scherz verlegen. Als wir den Gang entlangmarschierten, sah ich sein Gesicht. Es war wie aus Stein, todernst. Auf der anderen Seite kamen wir inmitten des Innenministeriums wieder heraus. Als wir die Stufen aus dem unterirdischen Gang hinaufgingen, erzählte mir einer meiner engsten Kollegen, der Pressesprecher des Kanzlers, dass der »Chef« direkt von einem TV-Interview komme – einem geplanten zehnminütigen Interview anlässlich des bevorstehenden Corona-Lockdowns in der größten Nachrichtensendung des Landes. Ich fragte: »Wie war das Interview?« »Es war irre«, erzählte er hastigen Schrittes. »Mitten im Interview hab ich die Postings über die Schüsse gesehen. Ich hab es ihm gleich nachher gezeigt. Wir sind sofort hergefahren.« Das Interview sollte planmäßig in der Sendung um 22 Uhr ausgestrahlt werden.

Kanzler Kurz begab sich sofort in den Einsatzstab, bei dem bereits die höchsten Kommandanten der Sicherheitsbehörden mit Innenminister Karl Nehammer zusammensaßen. Ich blieb im Hintergrund, stellte mich in einiger Distanz dahinter in eine Ecke und verfolgte das Geschehen. Die Abläufe waren angesichts der Ereignisse in der Stadt sehr strukturiert, aber die Nachrichten, die hereinkamen, waren enorm verwirrend. Eine Geiselnahme bei einem Fast-Food-Lokal, die sich erst später als Falschmeldung herausstellte. Zeugenaussagen, die mindestens zwei weitere Täter gesehen hatten, einer davon sei mit einem Sturmgewehr 77 bewaffnet. Die Festnahme von sechs vermeintlichen Islamisten in einer Fußgängerzone, die sich danach als unschuldige Passanten erwiesen. Jeder Meldung musste nachgegangen werden, nichts blieb unberücksichtigt. Niemand wollte das Risiko eingehen und eine Nachricht auf die leichte Schulter nehmen, auch wenn sie noch so unglaubwürdig war. Der Einsatzstab verhängte gerade für alle Gäste in den Lokalen der Stadt eine Ausgangssperre. Die Anspannung war enorm.

An einem Nebentisch hatte ich inzwischen mit den Pressesprechern des Kanzleramts und des Innenministeriums eine kleine Gruppe gebildet, um die Krisenkommunikation zu organisieren. In den sozialen Medien gab es Videos und Fotos des Attentäters und von den Morden, von panisch laufenden Menschen, Blaulichteinsätzen und Aufnahmen von Blutlachen. Unzählige Hinweise kamen via Postings herein, falsche Bekennerschreiben, Jubel-Tweets von Islamisten, Aufrufe zur Rache durch Rechtsextreme und Dutzende Presseanfragen nationaler und internationaler Medien prasselten auf uns ein. Von den Agenturen Reuters, Associated Press, Deutsche Presseagentur, Agence France-Press. Von den Rundfunkanstalten aus Deutschland, ARD, ZDF und RTL, der britischen BBC, der NBC aus den USA und dem Schweizer SRF sowie von den Zeitungen *Bild*, *Frankfurter Allgemeine*, *Welt*, *Neue Zürcher*, *Le Monde*, *Guardian*, *New York Times*, dem *Wallstreet Journal* und noch vielen, vielen mehr. Wir entschieden, das einfachste Einmaleins der Krisenkommunikation anzuwenden: Alle sind an einem Ort, die Kommunikation erfolgt zentral von einer Stelle aus, in kurzen Abständen und regelmäßig. Davor wird der aktuelle Informationsstand festgestellt, daraus das Wesentliche gefiltert und das Wording – also was gesagt wird – erstellt, mit knappen, leicht verständlichen Sätzen, und dieses an alle Medien gegeben. Der Inhalt muss offen und transparent sein, um Widersprüche und Zweifel zu vermeiden. Klarheit ist das Um und Auf. Die größte Herausforderung ist, aus der völlig wirren Lage an Informationen den Kern herauszudröseln und dabei zu berücksichtigen, was dem Einsatzstab wichtig ist, etwa wie sich die Bevölkerung verhalten soll.

Ich schaute zwischendurch aus dem Fenster. Vielleicht würde ja einer der Angreifer gerade vorbeilaufen. Die Straße war leer. Hubschrauber kreisten über den Dächern. Es war eine beängstigende Stimmung in der Stadt. Plötzlich schaute mich Innenminister Nehammer aus einiger Entfernung sehr ernst, fast wütend an und schritt entschlossen auf mich zu. Ich verstand nicht und schüttelte den Kopf. Er sagte laut, dass wir sofort an einen anderen Platz gehen sollten: »Kein Panzerglas!«, und zeigte auf das Fenster, neben dem ich stand. Wie ich nun erfuhr, waren zwar alle anderen Fenster gepanzert, jenes in der Ecke, vor dem unsere Gruppe stand, aber nicht. Als ich der Lage trotzend Humor beweisen und mich bedanken wollte, dass mir der Minister quasi das Leben gerettet hat, rief mich der Chefredakteur des ORF an. Sie wollten ein Live-Statement – vom Kanzler oder vom Innenminister. So rasch wie möglich. Seit etwa 45 Minuten lief auf ORF, wie auf allen anderen Kanälen, eine Live-Sondersendung. Mit extrem hohen Einschaltquoten. Fast die gesamte Bevölkerung saß vor den TV-Geräten, um die dramatischen Ereignisse zu verfolgen. Die Menschen mussten total verunsichert sein. Irgendwo da draußen, so hieß es ja, lief noch ein Attentäter herum. Kanzler Kurz sagte nun in die Runde, dass die Bevölkerung informiert werden müsse. Zehn Minuten später wollte dann der Innenminister live im TV ein erstes Informationsupdate geben. Wir gaben ihm den Entwurf für ein Redemanuskript, er überarbeitete es mit letzten Informationen des Einsatzstabs. Was er sagte, ist in den Archiven nachzulesen. Das Wording auf dem Manuskript lautete zuletzt wie folgt:

»Bestätigung: Terroranschlag. Ausgehend von Seitenstettengasse in Wien 1. Bezirk.
Angriff noch nicht beendet (!).

Derzeit Großeinsatz Polizei. Cobra, Wega.
Derzeit Führungsstab im BMI. Mit Kanzler, BMI, alle
nötigen Kräfte. Ständig aktuelles Lagebild.
Leider Verletzte, vermutlich 1 Toter.
Derzeit Annahme mehrere Täter (!). Tragen Langwaffen.
Hohe Gefahr.
Appell an Bevölkerung:
Wer zu Hause ist, zu Hause bleiben.
Dort wo man ist (Lokal) rein gehen und drinnen bleiben.
Vermeiden: öffentliche Plätze.
Polizei tut alles, um Täter auszuschalten.«

Eine Stunde später gab der Bundeskanzler eine Stellung-
nahme ab. Auch ihm gaben wir ein Manuskript, das er rasch
überarbeitete. Auch sein Statement ist in den Archiven zu
finden. Das ihm zuletzt vorliegende Wording war dieses:

»Sg Damen und Herren.
liebe Österreicherinnen und Österreicher.
Schwere Stunden für Republik Österreich und Bundes-
hauptstadt Wien.
Wir sind Opfer eines widerwärtigen Terror-Akts.
Anschlag nach wie vor im Gang (!).
Danke an Einsatzkräfte.
Riskieren ihr Leben für unsere Sicherheit.
Polizei gelungen Täter auszuschalten., aber (!) mehrere
Täter noch auf der Flucht.
Danke an Rettungskräfte. Schwierige Stunden. Dienst
an Menschen.

*An die Angehörigen der Opfer: die Gedanken von uns
allen sind bei Ihnen.*

*Danke an internationalen Partnern für Mithilfe. Für
Solidarität und Unterstützung.*

*Einsatz Bundesheer angeordnet, für Objektschutz in
Bundeshauptstadt. Damit Polizei alle Kräfte frei, um Täter
zu fahnden.*

Bitte an Bevölkerung:

Zu Hause bleiben.

Wenn Anderer Ort - dort bleiben.

Nachrichten verfolgen.

*Ob morgen früh öffentliches Leben möglich hängt von
heutiger Nacht ab - ob alle Täter ausgeschaltet.*

Polizei tut alles.«

In dieser Nacht folgten noch ein weiteres Statement des
Kanzlers und eine Pressekonferenz des Innenministers
mit neuestem Lagebild und Verhaltensempfehlungen
für die Bevölkerung. Der Bundeskanzler nahm internationale Anteilnahmen und Solidaritätsbekundungen mit
der österreichischen Bevölkerung entgegen, unter anderem von EU-Kommissionspräsidentin Ursula von der
Leyen, Deutschlands Kanzlerin Angela Merkel, Frankreichs
Staatspräsident Emmanuel Macron, Großbritanniens Premier Boris Johnson und US-Präsident Donald Trump. Um
zwei Uhr nachts gab es im Innenministerium die vorläu-
fig letzte Pressekonferenz durch den Innenminister und
den Generaldirektor für öffentliche Sicherheit. Darin informierten sie, dass die Schulpflicht am nächsten Tag

aufgehoben sei und die Eltern ihre Kinder zu Hause lassen können. Dass der Täter ein Einzeltäter war, sollte sich erst am nächsten Tag herausstellen. Zudem sagte Karl Nehammer dabei die Worte, die tags darauf in den sozialen Netzwerken eifrig geteilt und symbolhaft für die nächsten Tage wurden: »Wer einen angreift, greift uns alle an.« Die nächste Pressekonferenz hielt der Innenminister in den Morgenstunden.

Wenige Stunden davor, um null Uhr, war der Corona-Lockdown in Kraft getreten. Das interessierte aber niemanden. Dabei hatte die gesamte Medienberichterstattung in den Wochen davor fast ausnahmslos der Coronapandemie und dem neuerlich bevorstehenden Lockdown gegolten, der angesichts explodierender Infektionszahlen und der Überfüllung der Intensivstationen in den Spitälern angeordnet worden war. Die größte österreichische Tageszeitung, die *Kronenzeitung*, behandelte noch am Tag des Terrorakts die Pandemie auf der Titelseite. Auf den Seiten zwei und drei berichtete sie über Kontrollen und Strafen bei Corona-Lockdown-Verstößen, im Leitartikel ging es ebenfalls um den Corona-Lockdown. Die Berichte auf den Seiten vier und fünf drehten sich um die finanziellen Auswirkungen des Lockdowns und die Auslastung der Spitäler. Die Seite sechs behandelte Corona international, Seite sieben war ein Inserat. Auf den Seiten acht und neun ging es um Corona und Sport sowie um Corona im Zusammenhang mit Halloween. Die Seiten zehn und elf behandelten ebenfalls die Pandemie. Die ersten elf Seiten also waren nur Corona, Corona, Corona. Dabei war dieser Tag keine Ausnahme. So ging es auch die Tage davor und über Wochen lang. Und nicht nur die *Kronenzeitung*, sondern alle Medien des Landes berichteten über Wochen fast über nichts anderes als die Pandemie. Am 3. November, dem Tag des Inkrafttretens des Lockdowns, fand man auf den ersten Seiten der *Kronenzeitung* über Corona kein Wort. Erst ab Seite acht. Die sieben Seiten davor waren der Nacht gewidmet, in der der Terror nach Österreich gekommen war. Das zehn Minuten lange Interview, das Bundeskanzler Kurz zum Corona-Lockdown aufgezeichnet hatte, wurde nie ausgestrahlt.

Nur einen Tag davor war es vollkommen unvorstellbar gewesen, dass ein Thema je größer sein könnte als die explodierenden Coronazahlen und der bevorstehende Lockdown. Und das ist die Erkenntnis Nummer eins, wenn man in der Welt zwischen Politik, Wirtschaft und Medien tätig ist: Das Unvorstellbare ist möglich.

Wahrheit
Die relative Öffentlichkeit nach Albert Einstein

Im Schulbuch des Fachs »Geschichte und Sozialkunde« der österreichischen Gymnasien der 1980er-Jahre war ein Foto von Heinrich Schliemann abgebildet. Der deutsche Archäologe gilt bis heute als großer Entdecker der antiken, untergegangenen Stadt Troja. Die Story geht so: Schliemann sei mit der Ilias in der Hand durch Kleinasien gereist und habe durch die Hinweise aus dem Epos des griechischen Dichters Homer die Mauern der historischen Stadt

Troja gefunden. Auf dem Hügel Hisarlik in der heutigen Türkei.

Das ist die objektive Wahrheit, wie sie in den Schul- und Geschichtsbüchern geschrieben steht. Für einen anderen ist diese Wahrheit allerdings nur relativ. Heute wissen nur wenige in archäologischen Fachkreisen, dass der schottische Archäologe Frank Calvert bereits vor Schliemann auf dem Hügel Hisarlik gegraben und die Mauern Trojas gefunden hatte. Schliemann stieß erst viel später mit seinen eigenen Grabungen dazu. Aber warum hat dann Schliemann die ganzen Lorbeeren abgeräumt? Er war schlau. Er packte die ausgegrabenen Artefakte zusammen und ließ zahlreiche Fotografien davon anfertigen. Diese wurden in Berlin und London unter seinem Namen veröffentlicht und verhalfen ihm somit zum internationalen Durchbruch. Die Berichte festigten seinen Ruf und Ruhm als erster Entdecker Trojas. Frank Calvert dagegen hatte keine Fotos gemacht, nichts veröffentlicht, folglich keine Publicity. Weshalb nicht er, sondern Heinrich Schliemann heute als Entdecker Trojas gewürdigt wird.

Solche Schicksale gibt es in der Geschichte einige. Ein weiteres Beispiel etwa ist die berühmte »erste Überquerung des Atlantiks per Flugzeug« durch Charles Lindbergh im Jahr 1929. Der Amerikaner gilt als der erste Pilot, dem dieses Meisterstück gelang. Wobei auch das relativ ist. Denn in Wahrheit hatte bereits neun Jahre davor der Brite John Alcock den Atlantik mit einem Flugzeug überquert. Allerdings mit einem Unterschied: Alcock hatte die Presse nicht über seinen historischen Flug informiert. Charles Lindbergh schon. Er ließ die *New York Times* an seinem Flugprojekt teilhaben. Und er schrieb ein Buch über diesen »ersten« Flug. Für dieses Werk wurde ihm der Pulitzerpreis verliehen. Er wurde zum »Mann des Jahres« am Cover des *Time Magazine* gekürt und sein Abenteuer wurde auch noch verfilmt, vom Ausnahmeregisseur Billy Wilder mit Hollywoodstar und Oscarpreisträger James Stewart in der Hauptrolle. Gegen so viel Publicity war John Alcock, der eigentliche erste Pilot, der den Atlantik überquerte, chancenlos.

Wozu wirklich gute Publicity in der Lage ist, zeigt eine Zahl, die nur der einschlägig informierten Fachwelt von Fluginteressierten bekannt ist: Lindbergh war nicht nur nicht der erste Pilot, der den Atlantik überquerte, er war auch nicht der zweite. Er war der 67.

Darüber, wie die Öffentlichkeit funktioniert, gibt es eine Vielzahl an Theorien – in der Publizistik und Kommunikationswissenschaft, der Soziologie, der Politikwissenschaft und Philosophie. Es gibt aber eine Theorie, die im Gegensatz zu allen anderen den entscheidenden Vorteil hat, naturwissenschaftlich nachgewiesen zu sein. Nämlich die Relativitätstheorie von Albert Einstein. Ihr zufolge ist die Raumzeit abhängig vom Bewegungszustand eines Körpers. Auf Medien bezogen könnte man also sagen: Ob das, was die Medien schreiben, stimmt, ist relativ. Die Beispiele von Schliemann und Lindbergh – oder besser gesagt von Frank Calvert und John Alcock – illustrieren, was mit der Relativität der Öffentlichkeit gemeint ist.

Allerdings ist eines klar: In der breiten Öffentlichkeit zählt nur die objektive Wahrheit. Objektiv wahr ist, dass

Charles Lindbergh als Erster den Atlantik überflog. Objektiv wahr ist, dass Heinrich Schliemann Troja entdeckte. Oder verkürzt gesagt: Wahr ist das, was in der Zeitung steht. Wenn man also möchte, dass die eigene subjektive Wahrheit zur objektiven Wahrheit für alle wird, sollte man dafür sorgen, dass die eigene Wahrheit auch in der Zeitung steht. Und genau darum geht es bei Public Relations: um den Kampf der subjektiven Wahrheiten um einen Platz in der Objektivität. Das ist die Erkenntnis Nummer zwei.

Wirkung
Am Anfang war der Speck – und davor Sunzi

Der Ursprung von Public Relations hat mit Sigmund Freud zu tun. Der Erste, der Public Relations zur Profession machte, soll nämlich Edward Bernays gewesen sein. Seine Mutter war die Schwester von Sigmund Freud, sein Vater der Bruder von Freuds Ehefrau. 1892 zog die Familie von Wien nach New York City. Im Ersten Weltkrieg arbeitete Bernays für das staatliche Komitee für öffentliche Information in den USA, wo er sich intensiv mit den Wirkungen der neuen Massenmedien – neben den Zeitungen kamen auch Radio und Film auf – auseinandersetzte. Dort lernte er, wie stark Medien die Masse beeinflussen können, etwa die amerikanische Öffentlichkeit davon überzeugen, in einen Krieg in Europa einzutreten. »Als ich aus dem Krieg zurückkam, wurde mir klar, dass Ideen ebenso wichtige Waffen sein können«, sagte er sechzig Jahre später in seinen Erinnerungen. 1922 heiratete Bernays Doris Fleischmann, eine Frauenrechtlerin, die aktiv in der Suffragettenbewegung war. Gemeinsam starteten Bernays und seine Ehefrau in den 1920er-Jahren eine Karriere zwischen Massenmedien und Wirtschaft und nannten sich dabei »Public Relations Counsel«. Sie begannen, Dienstleistungen anzubieten, die erst später als professionelle Werbe- und Public-Relations-Beratung bekannt werden sollten. Ihre Kunden waren große Unternehmen wie Lebensmittelkonzerne oder Tabakhersteller. Dabei nutzten sie die Ideen und Techniken von Sigmund Freud, um die Öffentlichkeit von Produkten und Marken zu überzeugen. Bernays soll mit seinem Onkel in Wien eine ständige Korrespondenz gepflegt haben. Unter anderem soll er der amerikanischen Öffentlichkeit eingebläut haben, dass das einzig echte original amerikanische Frühstück Speck mit Eiern sei, was bis dahin überhaupt nicht der Fall gewesen war.

Einer von Bernays' Kunden war die Beech-Nut Packing Company, die unter anderem Speck herstellte und verkaufte. Die Firma wollte den Absatz von Speck erhöhen und engagierte dafür Edward Bernays. Dieser recherchierte zunächst, welches Frühstück die Amerikaner am häufigsten zu sich nahmen. Das Ergebnis war: eine Tasse Kaffee, ein Glas Orangensaft und eine sogenannte »roll«, eine Art Semmel oder Brötchen. Sonst nichts. Bernays kontaktierte einen bekannten Arzt und ließ sich erklären, dass der menschliche Körper über Nacht Energie verliert und morgens daher einen Energieschub benötigt, etwa durch ein kräftiges Frühstück. Er fragte den Arzt, ob dieser 5.000

Kollegen aus der Medizin fragen könnte, ob sie seine These vom kräftigen Frühstück bestätigen würden. 4.500 Ärzte antworteten und unterstützten die Behauptung. Bernays versammelte daraufhin die Presse und präsentierte die 4.500 Antworten als eine Art »Studie«, der zufolge ein kräftiges Frühstück »wissenschaftlich empfohlen« werde. Am folgenden Tag druckten die Zeitungen auf ihren Titelseiten Headlines wie diese: »4,500 physicians urge heavy breakfast!«. Bernays platzierte parallel dazu Artikel mit der Botschaft, dass Eier mit Speck ein besonders kräftiges Frühstück seien. In der Folge stieg der Verkauf von Speck deutlich, auch der von Beech-Nut Packing. Noch heute werden siebzig Prozent allen Specks in den USA morgens verspeist. Eier mit Speck gelten bis heute als traditionell amerikanisches Frühstück und werden in allen gängigen Hotelketten des Westens als Standard angeboten.

Der Umgang mit der Öffentlichkeit ist wohl so alt wie die Menschheit. Einer der Ersten, der sich Gedanken zur eigenen Wirkung gemacht und uns diese schriftlich hinterlassen hat, war der chinesische General, Stratege und Philosoph Sunzi. Sein um 500 vor Christus entstandenes Buch *Die Kunst des Krieges* ist das früheste und bis heute eines der bedeutendsten Bücher zum Thema »Strategie«. Viele ostasiatische Konzernchefs wenden noch heute Sunzis Strategien an, wenn sie in der Karriere nach oben und mit dem Unternehmen expandieren wollen. Was das Werk so bedeutsam macht, ist, dass darin völlig neue Töne angeschlagen wurden. Während in Europa und Vorderasien Schlacht um Schlacht gefochten wurde, schrieb Sunzi Sätze wie »Das eigentliche Ziel des Krieges ist der Frieden«. Während bei den Griechen und Römern ganze Legionen von bis zu 60.000 Mann eingekesselt und zur Gänze abgeschlachtet wurden, formulierte Sunzi überraschend: »Wenn du einen Feind eingekreist hast, lass ihm einen Fluchtweg« oder »Behandle die Gefangenen würdig und sorge gut für sie«. Der General war überhaupt der Meinung, dass Krieg grundsätzlich vermieden werden sollte. Denn er würde Volk und Staat nur schaden. Sunzi zufolge ist »der beste Kämpfer der, der nicht kämpfen muss«. Er strich somit erstmals neben den archaischen Tugenden wie Kraft, Mut, Kühnheit und Kampfkunst auch die nicht körperlichen Eigenschaften hervor, wie die Fähigkeit, strategisch zu denken. Und er beschäftigte sich erstmals mit der Frage der Wirkung des eigenen Verhaltens. »Erscheine schwach, wenn du stark bist, und stark, wenn du schwach bist«, könnte noch heute als eine Regel der politisch-medialen Strategie durchgehen. Dabei wurde Sunzi damals schon richtig gefinkelt: »Wenn du etwas vorhast, tue, als ob du es nicht vorhättest. Wenn du etwas willst, tue, als ob du es nicht benutzen wolltest.« Oder noch raffinierter: »Wenn wir also angreifen können, müssen wir unfähig erscheinen. Wenn wir unsere Kräfte einsetzen, müssen wir untätig erscheinen. Wenn wir in der Nähe sind, müssen wir den Feind glauben lassen, dass wir weit weg sind. Wenn wir weit weg sind, müssen wir ihn glauben lassen, dass wir in der Nähe sind.« Zum ersten Mal schrieb mit Sunzi jemand über die Taktik des Understatements: »Gib Unterwürfigkeit vor, um die Arroganz des Gegners anzustacheln.« Dass Sunzi auch ein Philosoph war, zeigt eine seiner Empfehlungen, die heute als Top-Tipp in jedem Lebensratgeber stehen könnte: »Furcht ist der Name des Gegners, des einzigen Gegners.«

Auch im alten Rom wurden Strategien entwickelt, um die Öffentlichkeit zu beeinflussen, wie uns eine der ersten bekannten politischen Wahlkampagnen zeigt. 64 vor Christus kandidierte Marcus Cicero für das Amt des Konsuls, dem Anführer in der römischen Republik. Sein Bruder Quintus Cicero verfasste mit dem *Commentariolum petitionis*, der »kleinen Denkschrift zur Amtsbewerbung«, einen der ältesten erhaltenen Kampagnenpläne. Erstens ging es darin um den Gewinn der Unterstützung von »Freunden«, genauer gesagt das Erzeugen von Abhängigkeiten durch den Austausch von Leistungen, wodurch die »Freunde« Ciceros Bewerbung unterstützen würden. Zweitens zielte die Strategie auf das Wohlwollen der breiten Masse ab. Die Beziehung zu den Wählern sei geprägt durch die Förderung gemeinsamer Interessen, weshalb man ihnen die Umsetzung gemeinsamer Ziele versprechen sollte. Quintus riet seinem größeren Bruder, dabei stets »ehrlich und vertrauensvoll« zu wirken. Marcus hielt sich an den Rat und wurde zum Konsul gewählt.

Mit Öffentlichkeitsarbeit, ohne dass sie so hieß, setzte sich im 16. Jahrhundert der italienische Philosoph, Diplomat und Dichter Niccolò Machiavelli auseinander. Wollte ein Politiker erfolgreich sein, müsse er »die Kunst, den richtigen Schein zu erzeugen«, besitzen. In seinem Buch *Der Fürst*, einem der bekanntesten Werke der Weltliteratur zu den Themen »Macht« und »Strategie«, konstatiert Machiavelli: »Die Menschen urteilen im Allgemeinen nach dem Augenschein, nicht mit den Händen. Sehen nämlich kann jeder, verstehen können wenige. Jeder sieht, wie du dich gibst, wenige wissen, wie du bist. Und diese wenigen wagen es nicht, sich der Meinung der vielen entgegenzustellen.«

Der Umgang mit der Wirkung in der Öffentlichkeit begleitet uns Menschen also schon lange. Der Begriff »Public Relations« selbst wurde aber erstmals im Jahr 1882 an der Yale-Universität verwendet und hielt Einzug in den wissenschaftlichen Diskurs. Aber zur echten Profession, zu einem eigenen Dienstleistungszweig wurden die PR erst mit dem Aufkommen der Massenmedien an der Wende zum 20. Jahrhundert. Daher gilt Edward Bernays heute als Pionier oder »Vater« der PR. Die Rolle von Doris Bernays soll bei alldem eine tragende gewesen sein. So soll sie alle Texte, Reden und Rundschreiben verfasst haben, blieb aber stets im Hintergrund. Besonders spannend wäre natürlich nun, zu wissen, welche konkreten Techniken des Onkels Sigmund Freud Bernays tatsächlich benutzte, doch das ist bedauerlicherweise nicht überliefert.

Was aber sagt uns die Geschichte vom Speck? Sie zeigt, dass Public Relations nicht nur die Berichte in den Medien, sondern die realen Geschehnisse auf der Welt beeinflussen können, und sei es nur das Frühstück. Das ist die Erkenntnis Nummer drei.

Bildung
Mona Lisa, Marlon Brando
und der Islamische Staat

Es gibt wohl niemanden, der die Mona Lisa nicht kennt. Sie ist das berühmteste Gemälde der Welt. Aber das war nicht immer so. Bis ins Jahr 1911 war die Mona Lisa eines von vielen Werken eines zweifellos bekannten Künstlers der Renaissance. Allerdings kaum mehr bekannt als die anderen Gemälde aus dieser Zeit. Warum aber ist die Mona Lisa heute so berühmt?

Im Jahr 1904 begann als erste Zeitung der Welt der britische *Daily Mirror* damit, Fotos zwischen den Artikeln zu platzieren. Die *New York Times* begann erst 1922 damit. Mitten in diese Phase des technischen Wandels krachte im Jahr 1911 die Schlagzeile, dass aus dem weltberühmten Louvre ein wertvolles Ölgemälde gestohlen wurde: da Vincis Mona Lisa. In den Tagen darauf war ein Foto des Gemäldes auf fast allen Titelseiten der Welt zu sehen, auf der Titelseite der *Kronenzeitung* sogar ganzseitig. So spektakulär der Raub war, es kam noch spektakulärer. Im Jahr 1913 wurde die gestohlene Mona Lisa wiedergefunden. Die Sensation war perfekt. Ein zweites Mal zierte das Gemälde die Titelseiten quer über den Globus.

Es waren diese sensationellen Nachrichten und vor allem die Abbildung des Gemäldes, die ihm zu seiner heutigen Berühmtheit verholfen haben. Ähnlich erging es dem bis dahin kaum bekannten Salzfass Saliera aus dem Kunsthistorischen Museum in Wien, das erst zu Weltruhm kam, nachdem es gestohlen worden war. Bilder können aber noch viel mehr prägen, nämlich Kultur.

1947 fand in der kalifornischen Kleinstadt Hollister ein Treffen von Motorradfahrern statt. Zahlreiche Veteranen des Zweiten Weltkriegs hatten sich zu Motorradklubs zusammengetan. Vor wenigen Jahren waren sie von den Kriegsschauplätzen in Europa und Ostasien zurückgekehrt und fanden keinen Anschluss mehr, litten unter psychischen Folgen und taten sich mit Kameraden zusammen, denen es ähnlich erging. Dabei trugen sie oft Teile ihrer militärischen Ausrüstung – Helme, Gürtel, Tarnjacken und Stiefel. In Hollister trafen sich mehrere solcher Klubs, etwa die *Boozefighters* oder die *Pissed Off Bastards*. An die 5.000 Menschen waren in die Stadt gekommen. Das Treffen wurde zu einem Saufgelage. Am 4. Juli versuchte die Polizei, die ausartende Party zu beruhigen, wodurch die Situation eskalierte. Die Beamten mussten mit Schlagstöcken und Tränengas vorgehen, sechzig Personen wurden verhaftet, eine Handvoll wurde schwer verletzt.

Der Tumult war nach heutigem Wissen jedoch um vieles harmloser als zahlreiche Ausschreitungen davor und danach. Aber die Berichterstattung der Medien sollte dafür sorgen, dass das – maßlos übertrieben dargestellte – Ereignis über die Stadt hinaus im ganzen Land bekannt wurde. Der Fotograf Barney Peterson schoss ein Foto von einem betrunkenen Kriegsveteranen, der inmitten von Glasscherben auf einer Harley-Davidson saß und Bier trank. Er verkaufte das Foto an die Newsagentur Associated Press, die das Bild national bekannt machte. Schon

1947 gab es Berichte, dass das Bild gestellt war. 1997 sagte ein Augenzeuge von damals, dass der Fotograf den Mann zu der entsprechenden Pose auf dem Bike überredet hatte. Doch das Foto brannte sich in das kollektive Gedächtnis Amerikas ein und begründete den Mythos der »Rocker«. Einige Jahre später wurden in dem weltweiten Hollywood-Filmerfolg *Der Wilde* mit Marlon Brando die Tage in Hollister nachempfunden und das Bild der Rocker wurde zur US-Kultur.

Bilder können auch den Lauf der Geschichte bestimmen. Am 21. März 2020 wurde das Militär in die norditalienische Stadt Bergamo berufen, um beim Abtransport der Leichname der an Corona verstorbenen Menschen zu helfen, weil die örtlichen Friedhöfe und Krematorien überlastet waren. Die Bilder der mit Särgen voll beladenen Lastwägen gingen um die Welt – und versetzten diese in Angst und Schrecken. Dieses massenmediale Ereignis führte dazu, dass Länder wie Österreich, Deutschland, Dänemark, Neuseeland, Israel und viele mehr zu drastischen Maßnahmen griffen. Ohne diese Bilder hätten viele Länder das nicht getan. Welche Folgen das gehabt hätte, ist reine Spekulation, jedoch ist davon auszugehen, dass das Virus womöglich unterschätzt und viele Gesundheitssysteme überlastet worden wären.

Das Bild des »Napalm-Mädchens« Kim Phúc, das weinend und nackt vor einer Kriegsszene läuft, soll das Ende des Vietnamkriegs eingeläutet haben. Die Fotos vom Zerschneiden des Eisernen Vorhangs an der österreichisch-ungarischen Grenze im Juni 1989 sollen den Zerfall der DDR und des gesamten Ostblocks ausgelöst oder zumindest beschleunigt haben. Und die Schnappschüsse des US-Armee-Sergeant Ivan Frederick mit Demütigungen von Gefängnisinsassen in Abu Ghraib das Ende des Kriegs im Irak. Bilder – manchmal gestellt, manchmal nicht – von den Brennpunkten der Welt prägen die Geschicke und Kultur unserer Gesellschaft.

Im Jahr 2014 versuchte ich, ein solches historisches Bild herzustellen. Am Höhepunkt der ersten Ukraine-Krise fand in Wien eine Konferenz mit rund dreißig Außenministern Europas statt, darunter die Minister von Russland und der Ukraine, Sergei Lawrow und Andrij Deschtschyzja. Russland hatte die Krim völkerrechtswidrig annektiert, die Spannungen zwischen der NATO und Russland waren am Kochen. Beim »Familienfoto«, also dem Gruppenbild aller dreißig Politiker, tauschte ich vorab heimlich die Namenspickerln aus, mit denen die Stellen auf dem Boden markiert sind, wo welcher Politiker stehen soll. Ich klebte sie so, dass entgegen dem vorgesehenen Protokoll die Minister Russlands und der Ukraine direkt nebeneinander in der ersten Reihe stehen würden. Der russische Minister wollte dem Foto aber entgehen und brach verfrüht zur Abreise auf. Beim Eingang fingen wir ihn ab und sagten, dass doch in wenigen Minuten das Familienfoto gemacht werden würde, und führten ihn in den Saal, wo die Kameras bereits aufgebaut waren und die anderen Minister inzwischen eintrafen. Beide Minister waren verdutzt, da sie einen anderen Stehplatz vermutet hatten, positionierten sich aber entsprechend den Klebestreifen mit ihren Namen. Die Medien riefen »Hand-shake! Handshake!« und forderten die beiden auf, sich die Hand zu reichen, was eine Geste des Dialogs und ein Symbol des Bemühens um Frieden gewesen wäre. Doch Lawrow blickte zu mir herüber und sagte: »I don't like theater.« Der Handshake kam nicht zustande. Und damit auch kein historisches Bild.

Bilder können auch bewusst eingesetzt werden. Der Dschihadismus des IS, der so viele junge Menschen in seinen Bann zog, fußte auf einer groß angelegten Medienkampagne, die aus zwei Phasen bestand. Im Sommer 2014 kam es zur Bodenoffensive Israels im palästinensischen Gazastreifen, weil von dort aus immer wieder Raketen auf israelische Siedlungen abgefeuert wurden. Die sozialen Medien wurden förmlich geflutet mit fürchterlichen, herzzerreißenden Fotos getöteter Kinder und ihrer weinenden Väter und Mütter. Die Fotos sollten angeblich aus dem Gazastreifen stammen. Nachweislich war das nicht der Fall. Es handelte sich stattdessen um Bilder aus dem Bürgerkrieg in Syrien, die bewusst falsch dargestellt wurden, um die Wut auf Israel und »den Westen« allgemein anzuheizen.

Von Mitte Juli bis Mitte August 2014 wurden unter dem Hashtag #Gazaunderattack 6,5 Millionen. Tweets abgesetzt. Eines der dabei am häufigsten geposteten Fotos, das besonders herzzerreißend war, zeigte eine Szene im Hadath Media Center in Aleppo in Syrien. Fast alle der in der Kampagne verwendeten Fotos stammten aus einer ursprünglich schon 2011 gelaufenen Netzwerkkampagne in Syrien.

In Phase zwei wurden junge Menschen in Europa, bei denen der Hass auf fruchtbaren Boden gefallen war, für den Dschihad begeistert. Dabei organisierte der Islamische

Staat eine Kampagne, die auf junge, sich ohnmächtig und unverstanden fühlende Menschen eine besondere Faszination ausübte. Sie zielte auf die idyllische Vorstellung eines edlen, heldenhaften Endkriegs ab, dargestellt in reduzierter Einfachheit: Wir gegen das Böse, in Tagesabläufen, mit einfachen Regeln des Zusammenlebens, wo jeder Krieger in der Schlacht zum Helden wird und nach gefochtener Schlacht eine Braut abbekommt.

Für seine Kampagnen nutzte der IS bewusst die Ästhetik Hollywoods und die Techniken der westlichen Welt, um die im Westen sozialisierten muslimischen Jugendlichen zu erreichen. Er gab ein Online-Hochglanzmagazin heraus und gründete sogar eine eigene Nachrichtenagentur.

Damit nähern wir uns der Erkenntnis Nummer vier. Wir alle sind förmlich wie eine biologische Festplatte, auf der täglich Bilddateien abgespeichert werden. Wer an unsere Festplatte heranwill, muss das über Bilder tun. Erkenntnis Nummer vier: Das passiert – gerade jetzt und jeden Tag.

Unterhaltung
Die Schuld des Säbelzahntigers

Jack Lemmon und Walter Matthau gelten als kongeniales Duo des satirischen Hollywood, wie etwa in der köstlichen Satire *Extrablatt* aus dem Jahr 1974. Jack Lemmon gibt einen Sensationsreporter einer Boulevardzeitung, Walter Matthau dessen Chefredakteur. Die Medienbranche wird bis in ihre Einzelteile aufs Korn genommen. Sinnbildlich dafür steht jene Szene, in der Jack Lemmon seinen Chef anruft und hektisch darüber informiert, dass er allein und exklusiv einen gesuchten, eigentlich unschuldigen Verbrecher gefunden hat. Der Reporter gibt durch: »Sie haben ihm in den Bauch geschossen!« Die Reaktion des Chefredakteurs: »Wundervoll!« Only bad news are good news.

Im Sommer 1999 arbeitete ich für ein österreichisches Printmedium. In diesem Sommer fand ein absolutes Jahrhundertereignis statt: eine vollständige Sonnenfinsternis über Österreich. Im Vorfeld hatte sich ein regelrechter Hype darum entwickelt. An jeder Ecke und als Beilage in den Zeitungen waren speziell verdunkelnde Brillen aus Pappe erhältlich, mit denen man das himmlische Schauspiel beobachten konnte. Die Medien warnten davor, nicht ohne diese Brillen in die Sonne zu schauen. Weil sich das Licht konzentrieren und damit verstärken würde, könnte dies zu erheblichen Augenverletzungen bis hin zu vorübergehender Blindheit führen. Unser Verlag hatte entschieden, am Tag nach der Sonnenfinsternis eine Sonderausgabe herauszubringen – mit dem Titel »Das war das Jahrhundert-Ereignis!«. Einige Redakteure, darunter ich, wurden eingeteilt, die Ausgabe zu erstellen. Als leitender Redakteur für die Sondernummer wurde einer der blutdurstigsten Chronikjournalisten, für die das Blatt berüchtigt war, auserkoren. In einer Redaktionssitzung am Tag der Finsternis wurde ausgemacht, welche Storys es geben und wer sich darum kümmern würde. Ich hatte die Idee für eine Reportage in einem Krankenhaus, um zu berichten, ob es denn Leute gab, die ohne Brille in die sich verdunkelnde Sonne gesehen und sich die Augen verletzt hatten. Die Idee wurde aufgenommen. Gleich nach dem tatsächlich beeindruckenden Jahrhundertereignis machte ich mich auf den Weg ins Spital. Als ich dort ankam, gab es tatsächlich eine ganze Reihe an Menschen, die nicht die Brille genutzt und sich die Augen verletzt hatten. Einige klagten über einfache Reizungen, manche sahen schlecht, einige hatten ernstere Verletzungen. Ich rief den Chefredakteur an und informierte ihn: »Es gibt hier viele Verletzte.« Seine Antwort: »Gott sei Dank!«

Wenn junge Journalisten als Volontäre in der Redaktion ausgebildet werden, lernen sie oft die Metapher vom »beißenden Mann« kennen. Die Schlagzeile »Hund beißt Mann« interessiert niemanden, weil es ja normal ist. Die Headline »Mann beißt Hund« ist aber sensationell, das gehört in die Zeitung.

Sensationell ist, was über die Normalität hinausgeht. Der Leser nutzt unbewusst, also automatisch, bestimmte Filter, sagt die Medientheorie. Er überblättert Artikel und bleibt nur hängen, wenn bestimmte Bedürfnisse oder Interessen angesprochen werden. Dann hört er mit dem Überblättern auf und liest diesen Teil, der sein Bedürfnis geweckt hat. Alles, was uns nicht anspricht, wird weggefiltert und weggescrollt.

Durch unsere evolutionäre Entwicklung reagieren wir ganz konkret auf Bedrohungen. Kommunikationsanthropologen und Neurowissenschaftler machen den Säbelzahntiger dafür verantwortlich, dass unsere Vorfahren auf schlechte Nachrichten konditioniert wurden. Die Information, dass sich ein Raubtier in der Nähe befand, war damals eine lebensnotwendige und somit begehrte Nachricht. Unser Steinzeithirn hat sich seit damals nur ein wenig vergrößert – bei manchen mehr, bei manchen augenscheinlich weniger. Jedenfalls ist es nach wie vor auf Bedrohungen programmiert. Findet sich in der Zeitung also eine Bedrohung, wollen wir darüber lesen. Daher funktionieren bei uns bedrohliche Nachrichten besser als andere.

Weil Medieneigentümer ihr Produkt verkaufen und möglichst viele Leser erreichen wollen, setzen sie auf dieses Relikt aus der Urzeit. Nur bedrohliche Nachrichten sind Nachrichten, die sich verkaufen. Durch Bedrohungen fühlen wir uns am besten unterhalten. Das ist die Erkenntnis Nummer fünf.

Die PR-Branche hat sich in den Jahrzehnten ihrer Existenz natürlich an dieses Prinzip angepasst. Das potenziert das Spiel mit der Bedrohung. Nicht nur, dass Medien schon aus ökonomischen Gründen gern über schlechte Nachrichten berichten, werden die schlechten Nachrichten von den PR-Beratern auch noch inszeniert. Je bedrohlicher eine Schlagzeile, desto mehr Leser für das Medium. Je mehr Leser, desto besser für den Kunden des PR-Beraters. Das hat dazu geführt, dass die Medien derart voll von schlechten Nachrichten sind.

Man muss allerdings hinzufügen, dass die Inszenierung der Bedrohung in den letzten Jahren von der Realität bedauerlicherweise eingeholt, zuletzt sogar überholt wurde. Finanzkrise, Migrationskrise, Pandemie und Krieg in Europa sind keine PR. Sie lassen die inszenierten schlechten Nachrichten von früher von heutiger Warte aus betrachtet geradezu lächerlich erscheinen.

Beilager, Reiter und Kilobit

Bevor rund 4.000 Jahre vor unserer Zeit die Indoeuropäer mit Pferden, Streitwägen, Eisenwaffen und ihrer patriarchalischen Familienstruktur nach Griechenland kamen, lebten dort die sogenannten Alteuropäer. Diese waren matriarchalisch oder zumindest matrilinear strukturiert. Das heißt unter anderem, dass nicht die Frau zur Familie des Mannes zog, sondern der Mann zur Familie der Frau. Oberhaupt der Familie war daher die Mutter. So war auch eine Frau die Oberste des Stammes, eine Königin, die von Priesterinnen beraten wurde, die man Nymphen nannte. Angebetet wurde die große Göttin. Ein Grund, warum die Frauen die Oberhand hatten, war laut dem Mythologen Robert Graves, dass sie den Männern deren wichtige Rolle für die Fortpflanzung vorenthielten. Sie erzählten den Männern, eine Schwangerschaft käme durch ein Bad in heiligen Quellen zustande. Die Herren der Schöpfung wussten also nicht um ihre wahre Bedeutung im Beilager und den Schatz, den sie unter den Lenden trugen. Einmal im Jahr wählten die Priesterinnen einen jungen Mann zum Prinzen für die Königin. Er erlebte im Kreis der Nymphen ein Jahr lang so ziemlich alles Schöne, was es damals eben so zum Erleben gab, und zeugte in Zeremonien mit der Königin Nachwuchs. Am Ende des Jahres wurde er der großen Göttin geopfert. Dabei trugen die Priesterinnen Masken von Stuten, Hündinnen und Säuen und verspeisten den Prinzen roh. Mit seinem Blut wurden die Äcker gesprengt, damit sie fruchtbar wurden. Und ein neuer Prinz wurde auserkoren. Für ein Jahr. Zwar ein sehr schönes Jahr, aber ob es das letztlich wert war, ist wie so vieles relativ. Wie dem auch sei, wichtig dabei ist jedenfalls ein entscheidender Punkt: Schon in der Vorzeit war Informationsvorsprung ein Mittel der Macht.

Um Vorsprung ging es auch in der Renaissance. Im Jahr 1450 brauchte ein laufender Kurier sieben Wochen von Wien nach Nürnberg, wie es in Geschichtsbüchern dokumentiert ist. Deutsche Handelsstädte wie Lübeck, Köln, Aachen und Regensburg unterhielten eigene Systeme laufender Kuriere. Sie bezahlten zahlreiche Läufer dafür, dass diese Notizen, Verträge und Neuigkeiten schnellstmöglich per Fuß von einer Stadt zur anderen brachten.

Ein berittener Bote konnte pro Tag indessen rund sechzig Kilometer zurücklegen. Für die etwas mehr als 500 Kilometer von Wien nach Nürnberg benötigte er folglich rund acht Tage. Der Vorsprung, den der Reiter gegenüber dem laufenden Boten hatte, war enorm. Das wusste offenbar Jakob Fugger, der 1478 aus Venedig zurückkam, wo er die Kommunikation in Briefform kennengelernt hatte. Unter ihm begann die Familie Fugger, berittene Botensysteme mit Briefen einzusetzen. Heute gilt diese Neuerung als Grundlage für den Aufstieg und großen Reichtum der Fugger.

Informationsvorsprung hatte schon immer einen Wert. Es kommt nicht von ungefähr, dass sämtliche Staaten der Welt Geheimdienste unterhalten. Und die Erkenntnis der alteuropäischen Männer, als sie von ihrer Rolle bei der

Fortpflanzung erfuhren, muss wohl eine Revolution gewesen sein. So wie die Einführung berittener Boten, die erste Zeitung, Satellitenfernsehen und der Rundfunk.

In der Wissenschaft zählt man drei entscheidende Medienrevolutionen: Die erste war von der Mündlichkeit zur Schrift, wodurch Informationen speicherfähig wurden und ein Wissensspeicher entstand. Es folgte die Erfindung des Buchdrucks, mit dem die Wissensweitergabe in völlig neuer Dimension potenziert und beschleunigt wurde. Als dritte Revolution gilt der Übergang zu elektronischen Medien, also Rundfunk und Co. Für viele ist die Digitalisierung die vierte Revolution.

Als im Jahr 1999 David Bowies Song *Telling Lies* als erste Single eines Megastars weltweit exklusiv zum Download im Internet erhältlich war, konnte sie mit einer Geschwindigkeit von 56 Kilobit pro Sekunde heruntergeladen werden. Im Jahr 2022 beträgt die Rate im Schnitt fünfzig Megabit, also 50.000 Kilobit pro Sekunde. War ein berittener Bote etwa siebenmal so schnell wie ein Läufer, ist das Internet zehntausendmal schneller als vor rund zwanzig Jahren. Um wie viel produktiver die alteuropäischen Männer wurden, als sie über ihre Rolle aufgeklärt wurden, ist in der heutigen Forschung nicht konkret zu beziffern. In jedem Fall lautet die Erkenntnis Nummer sechs: Vorsprung zählt. Wer schneller ist, besitzt mehr Macht.

»Print the legend«

Wir sind wieder in Hollywood, wo 1962 der Film *Der Mann, der Liberty Valance erschoss* entstand. In diesem Werk an der Schwelle vom Spätwestern zum Politthriller stellt James Stewart den erfolgreichen Politiker Ransom Stoddard dar. In dessen jungen Jahren hatte der berüchtigte Bandit Liberty Valance mit seiner Bande die Stadt Shinbone terrorisiert. Niemand wagte es, sich dem gefährlichen Revolverhelden in den Weg zu stellen, bis der junge Stoddard allen Mut zusammennahm und den Outlaw niederstreckte. Durch die heroische Tat wurde er zum Volkshelden. Stoddard machte daraufhin Karriere in der Politik und führte ein ereignisreiches Leben. Am Ende des Films kehrt er in seine Heimatstadt zurück und eröffnet dem Chefredakteur der örtlichen Zeitung, dass nicht er Liberty Valance erschossen hat, sondern der unbeliebte Rancher Tom Doniphon. Ein Schock. War alles nur aufgebaut auf einer Lüge? Der ganze Mythos, die Karriere, die Heldenerzählung? Als Stoddard dem Redakteur sagt, er könne die Wahrheit nun publizieren, zerreißt dieser nach einer Weile seine Mitschrift, verbrennt sie und meint: »When the legend becomes fact, print the legend.« Die Übersetzung würde lauten: »Wenn die Legende zur Wahrheit wird, druck die Legende.« In der deutschen Synchronfassung wird der Text etwas verzerrt als »Wir wollen unsere Legenden behalten« wiedergegeben.

»Print the legend« steht seither als Ausspruch dafür, dass Medien selten, aber doch entgegen der Faktenlage berichten. Oft wird das heute als Meinungsjournalismus bezeichnet. Das geht über Beeinflussung oder Public Relations hinaus. Vielmehr geht es hier darum, ein den Kern einer Geschichte veränderndes Faktum auszusparen.

Es gibt zwei grundlegende Zugänge im Journalismus: den interpretativen und den Meinungsjournalismus. Letzterer war vor allem im Ersten Weltkrieg, als die Massenmedien ihren großen Aufstieg hatten, ausgeprägt. Bis zum Zweiten Weltkrieg war er die Regel. Nicht selten im Dienste von Staaten und wirtschaftlichen Interessen. Die Grenze zur Propaganda war dabei fließend. Nach dem Zweiten Weltkrieg – wohl auch als Lehre aus der dunklen ersten Jahrhunderthälfte – setzte sich der interpretative Journalismus durch, der auch erklärender oder aufklärender Journalismus genannt wird. Das wichtigste Gebot bei ihm ist Objektivität. Es zählt, möglichst viele Informationen, Aspekte und Hintergründe sowie alle unterschiedlichen Ansichten fair darzustellen und einzuordnen. Dazwischen werden die Meinungen der Autoren erlaubt, jedoch explizit ausgewiesen, als Kommentar, Kolumne, Editorial oder Glosse. Dabei orientieren sich die Journalisten meist an der Blattlinie, also einer prinzipiellen Ausrichtung des Mediums, die auch politisch sein kann. Heute werden Meinungsjournalismus und Blattlinie oft in einen Topf geworfen. So einfach ist das aber nicht.

Im deutschsprachigen Raum gilt es als allgemein anerkannt, dass Journalistinnen und Journalisten traditionell oder zumindest mehrheitlich links bis Mitte-links eingestellt sind. Das geht zurück auf mehrere Studien, die in Deutschland, der Schweiz und Österreich dazu veröffentlicht wurden. Unter anderem bekannten sich im Jahr 2010 63 Prozent der Medienvertreter in Österreich, »links der Mitte« zu sein. Siebzig Prozent der Mitarbeiter des öffentlich-rechtlichen Rundfunks SRG in der Schweiz bezeichneten sich als »links« und laut einer deutschen Studie wählen sechzig Prozent der Volontäre des öffentlich-rechtlichen Rundfunks die Grünen und 25 Prozent die Linke. Ich habe aber eine andere These dazu. Bekanntlich gibt es den Spruch »Wer als Junger nicht links ist, hat kein Herz. Wer als Erwachsener nicht konservativ ist, hat kein Hirn«. Aus eigener Erfahrung weiß ich, dass man gerade in jungen Jahren kritisch eingestellt ist, vieles hinterfragt. Viele heute Bürgerlich-Konservative hatten in den 1990er-Jahren selbst eine kritische Haltung in der sogenannten Globalisierungsdebatte. Erst mit der Zeit und dem Älterwerden, mit dem Beruf, dem Steuernzahlen, der Familiengründung, Kosten und Rechnungen, also erst mit dem Alltag passt man sich an und wird eher konservativ. Was heißt das für den Beruf des Journalisten? Für Journalisten ist es sozusagen die Job Description, immer jung zu bleiben, immer kritisch zu sein und immer zu hinterfragen.

Von der Frage nach der Einstellung der Journalisten zu trennen ist die Frage, wo sie ihre Meinung kundtun. Ob in einem Kommentar, wo sie ihre subjektive Meinung ausdrücken, während sie sich in der Berichterstattung weiterhin der Objektivität verpflichtet fühlen. Oder ob sie das in Form von Meinungsjournalismus tun, bei dem ihre politische Ansicht auch in die Berichterstattung einfließt.

In den letzten Jahren ist ein Wandel festzustellen. Der Meinungsjournalismus ist wieder im Kommen, zumal er an den publizistischen Lehranstalten wieder verstärkt unterrichtet wird. In vielen Medien lesen sich Artikel heute wie Kommentare. Fakten werden einseitig wiedergegeben, andere ganz ausgespart, damit der Bericht ins Weltbild passt. Beigetragen zu dieser Entwicklung haben auch die Neuen Medien. Viele Internetmedien, Blogs und Newsportale bekennen sich ausdrücklich dazu, mit ihren Artikeln eine konkrete politische Weltanschauung zu unterstützen, nicht nur in Kommentaren, sondern auch in der Berichterstattung. Die politische Ausrichtung tendiert dabei oft ins Radikale, sowohl links als auch rechts, was generell zu einer Polarisierung beiträgt. Immer wieder strapaziert wird daher heute der Lehrsatz des bekannten deutschen Journalisten Hans Joachim Friedrich: »Journalisten sollen sich nicht mit einer Sache gemeinmachen, auch nicht mit einer guten Sache.« Auch wenn sie persönlich für etwas eintreten, sollten sie sich nicht in ihrer Arbeit davon beeinflussen lassen.

Wie schwierig es ist, die Emotion aus dem Job zu lassen, erkennt man auch auf der anderen Seite, dem Bereich der Pressesprecher, wie ich es selbst immer wieder erlebt habe. Einmal ganz besonders.

In den Jahren 2014 und 2015 kooperierte die Terrororganisation Islamischer Staat mit Gruppen in Nordafrika, speziell im krisengebeutelten Libyen. Dort gibt es aber auch große Ölvorkommen, weshalb internationale Konzerne in den libyschen Wüsten Öl gewinnen und zum Schutz für ihre Mitarbeiter bei den Ölfeldern eigene Sicherheitsfirmen beauftragen. Dazu werden meist ehemalige Soldaten eingestellt, die gut ausgerüstet sind und die Ölgewinnungsanlagen bewachen. Einer dieser Sicherheitsleute war der 39-jährige Österreicher Dalibor S. Am 6. März 2015 kam im Außenministerium die Schocknachricht an: »Österreicher von IS als Geisel genommen.« Der Sicherheitsmann Dalibor S. bewachte mit acht weiteren Männern der Firma Petroleum Security Guard ein Ölfeld nahe der Stadt Sirte, das von der Ölfirma Vaos betrieben wurde. Er hatte von seinem Stützpunkt aus das Herannahen von mehreren Fahrzeugen mit bewaffneten Männern aus der Wüste beobachtet und entschieden, den Angreifern mit einem eigenen Fahrzeug entgegenzufahren und Gespräche zu beginnen. Draußen in der Wüste, mit etwas Distanz zur Ölanlage, trafen die Fahrzeuge aufeinander, die Männer stiegen aus und es kam offenbar zu einem Dialog. Kurz darauf wurden Dalibor S. und seine Männer überwältigt. Er und acht weitere Männer wurden von den Terroristen auf einen Lastwagen geladen und entführt. Dann verlor sich die Spur.

Über befreundete Geheimdienste konnte das Österreichische Heeres-Nachrichtenamt von einem Stützpunkt im benachbarten Tunesien aus die weiteren Entwicklungen des 6. März rekonstruieren. In einer Sitzung mit Vertretern des Geheimdiensts wurde den Mitgliedern des Außenamts, darunter auch ich, dargelegt, was sich genau ereignet hatte und die darauffolgenden Tage passiert war. Auf für mich damals erstaunlich professionelle Weise konnten die Agenten des heimischen Nachrichtendiensts die Bewegungen der Entführer in Libyen nachzeichnen und einzelne Verstecke ausmachen. Zudem trat man über verschiedene Mittelsmänner in Gespräche mit vor Ort operierenden Klans ein, um an die konkrete Splittergruppe der Entführer heranzukommen. Es wurde eine bestimmte Dschihadistenmiliz als Entführer ausfindig gemacht, mit der man in Gespräche treten wollte. Die österreichische Regierung setzte einen eigenen deutschen Spezialisten für Geiselnahmen im arabischen Raum ein, ein ehemaliges Mitglied der deutschen Bundesregierung. Er hatte schon viele Geiseln lebend aus den Fängen von Terrorgruppen befreit.

Im Jahr 2016 ereilte uns dann die Nachricht, dass der Spezialist offenbar erfolgreich war. Er bereite in diesen Stunden die Übergabe der Geisel vor, hieß es. Dalibor S. sollte schon in der kommenden Nacht nach Tunesien gebracht und von dort wenige Tage später nach Italien geflogen werden. Von dort sollte es dann nach Österreich weitergehen. Wir im Ministerium waren in Euphorie. Ich war völlig aus dem Häuschen. Ein Jahr lang hatte ganz Österreich um Dalibor S. gezittert, vor allem mit seiner Familie mitgelitten, die Unglaubliches durchmachen musste. Nun sollte er tatsächlich frei- und nach Hause kommen.

Ich erinnere mich noch genau, dass ich im Eckbüro neben dem Wappensaal im ersten Stock des Ministeriums stand, den Laptop öffnete und die Pressemitteilung verfasste, um sie für den morgigen Tag vorzubereiten. Es war eine der schönsten Pressemitteilungen, die ich je verfasst hatte: »Eilt. Der am 6. März 2015 in Libyen entführte Österreicher Dalibor S. konnte heute wieder nach Österreich zurückgebracht werden, informiert das österreichische Außenministerium. Dalibor S. geht es den Umständen entsprechend. Er wurde heute vormittags am Flughafen in Wien von Experten des Außenamts und des Innenministeriums in Empfang genommen. Die Behörden haben bereits die engste Familie persönlich informiert, die in diesen Stunden mit ihrem Mann und Vater wieder zusammentrifft, informiert das Außenministerium.«

Wir warteten bis weit über Mitternacht hinaus, bis uns endlich die Bestätigung der Übergabe der Geisel überbracht werden sollte. Stündlich wurden wir informiert, was sich an der Grenze zwischen Tunesien und Libyen zutrug. Unsere Leute hatten den Mittelsmann kontaktiert, dieser die Entführer, ein Treffen wurde vereinbart, die Geisel sollte demnächst an unsere Leute übergeben werden. Ich weiß noch heute, dass ich in dieser Nacht elf Flaschen Coca-Cola trank. Dann, tief in der Nacht, die Nachricht: Die Geisel befinde sich auf dem Weg in den Stützpunkt. Die Übergabe sei vollzogen. Jubel! Wir umarmten uns. Es war ein wundervolles Gefühl.

In den frühen Morgenstunden kam dann der eine Anruf, der uns wie ein Blitz in die Glieder fuhr: Fehlalarm. Es war eine andere Geisel. Nicht Dalibor S., sondern ein Holländer. Im Außenministerium machte sich große Enttäuschung breit. Echte Niedergeschlagenheit. Ich war fassungslos. Komplett am Boden. Zwei Jahre später, im Jahr 2017, erhielten wir die Nachricht, dass Dalibor S. tot war. Er war schon am Tag der Entführung, am 6. März 2015, wenige Stunden nach der Entführung und nur unweit des Ölfelds erschossen worden. Alle Bemühungen danach waren sinnlos gewesen. Libysche Sicherheitsbehörden hatten erst jetzt, Jahre später, die Leichname von Dalibor S. und seinen Kollegen entdeckt. Ich hätte an diesem Morgen nichts lieber getan, als die Presseaussendung zu versenden. Der emotionale Drang war enorm. Aber es war unmöglich, denn es war leider nicht wahr. Ich verstand aber, dass Journalisten immer wieder in die Situation kommen, etwas berichten zu wollen, was nicht ganz stimmt, wenn sie ein Märchen wahr werden lassen könnten. Beim Verfassen dieses Buches stellte ich fest, dass ich den Text der Presseaussendung über Dalibors Befreiung und Heimkehr bis heute nicht gelöscht habe und dieser sich nach wie vor in meinem Ordner befindet. Es ist die einzige Presseaussendung, die ich noch gespeichert habe.

Wir kommen aber nun langsam zur Erkenntnis Nummer sieben und erinnern uns an den Mann, der Liberty Valance erschoss: Legenden, Mythen und Triumphgeschichten sind großartig. Spannende Artikel und packende Reportagen können einen begeistern und überzeugen. Aber ob sie stimmen, sollten Sie als Leser immer mit gesunder Skepsis betrachten. Denn die Überbringer der Information, die Journalisten und Pressesprecher, sind selbst nicht frei von Meinungen, Emotionen und Überzeugungen. Es ist daher ratsam, mehr als nur ein Medium zu konsumieren, immer eine zusätzliche Quelle heranzuziehen oder schlicht und einfach nicht immer gleich alles zu glauben.

Fazit 1
Der Rahmen – Demokratie, Diktatur und Wissenschaft

Diese sieben Erkenntnisse sind für einige womöglich neu, vielen aber längst bekannt. Sie orientieren sich entlang der vier Funktionen von Medien: Information(svorsprung), Bildung, Kontrolle und Unterhaltung. Die für die Politik zentrale Funktion ist jene der Kontrolle. Medien werden als »vierte Macht« bezeichnet, nach der Exekutive, Legislative und Judikative, weil sie der Politik und den Mächtigen auf die Finger schauen. So ist das in Demokratien, wo Medien durch die Pressefreiheit geschützt sind. Wo wir aber die Demokratie verlassen, endet diese Freiheit und daher auch die Kontrollfunktion. Daher enden dort auch Public Relations und Message Control.

Die Methoden von Diktaturen, um Nachrichten und Medien zu steuern, sind nicht Teil dieses Buches. Diese Methoden sind auch keine PR-Maßnahmen im Rahmen demokratischer Regeln und Institutionen. Derartige Methoden sind erstens zutiefst abzulehnen. Zweitens stellen sie auch keine besondere Leistung dar, bestehen sie doch darin, Medien einfach auszuschalten, Redaktionen zu schließen oder zu besetzen und Nachrichten unter Androhung von Gewalt durchzusetzen. In manchen Fällen erleiden Medienvertreter auch den Tod. Dieses Buch beschäftigt sich daher ausnahmslos mit den Systemen der Öffentlichkeit in Demokratien. In den meisten Fällen stammen die beschriebenen Strategien, Ereignisse und

Anekdoten aus den USA, Großbritannien, Deutschland, Frankreich und Österreich.

Dieses Buch erhebt keinen Anspruch, eine wissenschaftliche Arbeit zu sein. Es erhebt auch keinen Anspruch auf die Vollständigkeit aller Strategien, Taktiken und Geheimnisse der politischen Kommunikation. Ziel dieses Buches ist es, die politmediale Welt zusammenfassend begreiflich zu machen. Wie sie begann, wie die Wissenschaft sie sieht, wie sie funktioniert, wer darin etwas zu sagen hat und wohin sie sich weiterentwickeln wird.

Fazit 2
Message Control und Spindoktoren

Der Begriff »Public Relations« ist nicht neu. Der Begriff »Message Control« ist eng damit verwandt, wobei dessen Herkunft unbekannt ist. In der deutschsprachigen Version von Wikipedia wird er als »Steuerung der Botschaft einer Organisation an die Öffentlichkeit« definiert. Laut dem Eintrag sei der Begriff »seit etwa 2019 besonders in Österreich im Zusammenhang mit der Kommunikationsstrategie von Sebastian Kurz (Österreichs Bundeskanzler von 2017 bis 2021) aufgetaucht«. In der englischen Ausgabe gibt es den Begriff überhaupt nicht. Er kommt lediglich als ein sehr knappes Unterkapitel im englischsprachigen Beitrag über Sebastian Kurz vor. In drei Sätzen wird dort erläutert, dass Kanzler Kurz Regeln einführte, um der Kommunikation der Regierung und der Ministerien ein einheitliches

Auftreten zu verpassen, aus dem kein Kabinettsmitglied durch eigene Positionen herausstechen sollte. Journalisten hätten die Regierung dafür kritisiert, durch Methoden wie dem Ausweichen von Fragen Einfluss auf die Berichterstattung zu nehmen. Sebastian Kurz selbst sagte, es sei nie darum gegangen, die Medien zu kontrollieren, sondern »uns selbst zu kontrollieren, was wir sagten und wie wir es sagten«. Die Bevölkerung hätte ein Recht darauf, dass die Regierung mit einer Stimme und verständlich informiert.

Neu ist das Konzept freilich nicht. Jeder Politiker ist bemüht, seinen Auftritt in der Öffentlichkeit bestmöglich zur Geltung zu bringen. Dafür sorgen sollen verschiedene Akteure, etwa Pressesprecher, Informationsdirektoren, Regierungssprecher, PR-Berater oder Kampagnenmanager. Für einige davon hat sich der Begriff »Spindoktor« eingebürgert. Gemeint ist damit laut dem deutschen *Tagesspiegel* ein »Politikexperte und politischer Ideengeber, der das Image eines Spitzenpolitikers für die Öffentlichkeit aufbaut und politische Ideen formuliert und so den Worten und Botschaften eines Politikers den richtigen, positiven Dreh (Spin) gibt«. Als einer der ersten Spindoktoren gilt heute Pierre Salinger, der ab 1959 der Pressesprecher von US-Präsident John F. Kennedy war. Wobei der Begriff »Spin Doctor« selbst erst im Jahr 1977 erstmals vom amerikanischen Schriftsteller Saul Bellow bei einer Vorlesung mit dem Titel »Wie man Präsident wird mithilfe von Spindoktoren« erwähnt wurde. Einzug in die Medienwelt hielt der Begriff letztlich 1984, als die *New York Times* über die Hintergründe des TV-Duells zwischen den

Präsidentschaftskandidaten Ronald Reagan und Walter Mondale berichtete.

Werden in diesem Buch nun alle Geheimnisse von PR und Message Control preisgegeben? Alle Strategien, Taktiken und Tricks? Als würde ein mittelmäßiger Zauberer den Ehrenkodex brechen und verraten, wie die Zaubertricks seiner Kollegen funktionieren. Oder verhält es sich eher so wie mit der original Wiener Sachertorte. Ihr Rezept ist bekannt und in zahlreichen Backbüchern nachzulesen. Dennoch schmeckt die Sachertorte nirgendwo auf der Welt so wie im Hotel Sacher. Das Rezept allein reicht wohl nicht aus. Es geht auch um Handwerk und Erfahrung.

Die in diesem Buch genannten Taktiken und Strategien sind als Zutaten in den bestgeführten Küchen der internationalen Politik zu finden. Einige davon sind demokratiepolitisch unverzichtbar, einige mehr als hinterfragenswert, manche unnötige Wichtigtuerei. Aber sie alle trachten nach dem einen einzigen Ziel: in der demokratischen Auseinandersetzung der subjektiven Wahrheit, der sie dienen, einen Platz in der Objektivität zu verschaffen.

2

THEORIE

Seit 25 Jahren bin ich in der Sphäre zwischen Medien und Politik tätig. Dabei sind mir vier Sätze sehr vertraut, die ich von unzähligen Politikern aller Parteien, Interessenvertretern und Wirtschaftsbossen immer wieder gehört habe, gefühlt tausendmal. Diese Sätze hatten immer die Gestalt eines empörten Ausrufs. Sie gehen in etwa so: »Das ist ja total verkürzt!«, »Warum komme ich nicht vor?«, »Das habe ich doch so nicht gemeint!« und »Was haben die gegen mich?«. Gemeinsam ist allen vier Ausrufen das Unverständnis darüber, warum die subjektive Wahrnehmung eines Ereignisses nicht mit der objektiven Darstellung in den Medien übereinstimmt.

Verkürzung und Vollständigkeit
»Das ist ja total verkürzt!«

Vollständigkeit gilt allgemein als Tugend. In vielen Bereichen ist sie eine Notwendigkeit. Im Journalismus sind dieser Tugend jedoch natürliche Grenzen gesetzt. Das hat einen sehr einfachen Grund: Die meisten Nachrichtensendungen in Europa dauern im Durchschnitt dreißig Minuten. Das gilt für die *Tagesschau* des deutschen Senders ARD ebenso wie für die *Zeit im Bild* des österreichischen ORF. Um alle Nachrichten des Tages in diesem Zeitkorsett unterzubringen, dauert ein durchschnittlicher Beitrag über ein Ereignis kaum länger als zwei Minuten. In den kürzeren Flash-News sind die Beiträge noch viel kürzer, oft nur eine halbe Minute. Journalisten müssen deshalb den konkreten Sachverhalt binnen kürzester Zeit darstellen und erklären. Ein Originalton (O-Ton), also ein Zitat eines Politikers oder Wissenschaftlers, kann daher nicht länger als einige Sekunden dauern. Weil einfach nicht mehr Zeit ist. Es ist eine durchaus verantwortungsvolle Aufgabe von Journalisten, in dieser Kürze trotzdem die vielen Aspekte, die jeder Sachverhalt mit sich bringt, möglichst vollständig einzubauen. Alles unterzubringen, ist aber nie möglich. Entscheiden darüber muss der Redakteur selbst, die Letztverantwortung trägt der Chefredakteur.

Die notwendige Verkürzung führt immer wieder zu folgender Situation: Ein Fernsehteam interviewt einen Politiker, nennen wir ihn Bundesminister Müller. Allein aus Höflichkeit dauert das Gespräch länger als nur wenige Sekunden, sondern ein paar Minuten. Man würde den Herrn Bundesminister ja fast beleidigen, stellte man ihm nur eine einzige Frage. Bundesminister Müller hat also durchaus Zeit, dass er seine Sicht einigermaßen ausführlich und vollständig darlegen und mit mehreren Argumenten untermauern kann. Wenn das TV-Team sich dann verabschiedet, hat der Bundesminister das gute Gefühl, alles Nötige gesagt und ein überzeugendes Bild abgegeben zu haben. Wenn er später die Nachrichtensendung schaut und der entsprechende Beitrag kommt, traut er seinen Augen nicht. Aus dem vier Minuten langen Interview wurden lächerliche zwölf Sekunden herausgeschnitten. »Das ist ja total verkürzt!«, ruft Bundesminister Müller.

Das passiert natürlich nicht nur im TV. Das gilt für das Radio genauso und es gilt auch für Online-, Print- und soziale Medien. Wo der Rundfunkredakteur nur wenig Zeit hat, haben die Textjournalisten nur begrenzt Platz. Auf dem Nachrichtenportal Twitter ist die Zeichenzahl für eine abgesetzte Nachricht auf 280 eingeschränkt. In gedruckten Zeitungen gibt es für einen Artikel nur eine bestimmte Zahl an Spalten und Zeilen, in denen die Journalisten die gesamte Story unterbringen müssen. Man kann das den jeweiligen Journalisten natürlich nicht vorwerfen, ja nicht einmal ihren Chefredakteuren oder Medieneigentümern. Sie müssen ihr Produkt schließlich so gestalten, dass es für die breite Masse ansprechend ist – eben kurz und knackig.

Ausnahmen bilden besonders Interessierte, die gerne ausführliche Nachrichten konsumieren oder aus beruflichen Gründen konsumieren müssen. Für diese eher kleine Gruppe gibt es aber ausreichend Angebot. Der Punkt ist nur: In diesen Journalen und Magazinen vorzukommen, interessiert Bundesminister Müller nicht so wirklich, zumal es dort weniger Zuschauer und Leser gibt, also weniger Reichweite. Der Bundesminister will dort vorkommen, wo viele Menschen zusehen und zuhören, wo er die breite Masse erreicht, wo es kurz und knackig zugeht.

Es ist eine der primären und schwierigsten Aufgaben von Presse- und PR-Mitarbeitern, den Kunden diese einsteinschen Prinzipien von Raum und Zeit, also von Spalten und O-Ton-Sekunden, zu erläutern und zu vermitteln, wie sie am besten damit umgehen.

Relevanz und Substanz
»Warum komme ich nicht vor?«

Im Sinne des »Gatekeeping« fungieren Journalisten als Wächter. Die Medien stehen wie Wächter an einem Tor und entscheiden, welche Nachrichten sie durchlassen.

Nehmen wir wieder Bundesminister Müller als Beispiel. Er ist unglücklich, dass er in den letzten Fernsehnachrichten nur acht Sekunden vorkam, obwohl er doch so viel zu sagen hat. Er und sein Team entscheiden, eine Pressekonferenz abzuhalten, um der breiten Öffentlichkeit zu erklären, was er vorhat und warum das für die Menschen und das Land von Vorteil ist. Die Medien kommen und der Bundesminister spricht eine halbe Stunde lang ausführlich über seine Vorhaben und Pläne, die er »Müllers Maßnahmenpaket« nennt. Danach stellen einzelne Journalisten noch Fragen, die der Minister souverän und kompetent wie immer beantwortet. Der Bundesminister und sein Team sind zufrieden.

Abends laufen die TV-Nachrichten. Müller und sein Team warten gespannt auf den Beitrag über das Maßnahmenpaket. Zunächst kommt ein Beitrag über tagesaktuelle Ereignisse im Ausland. Es folgt ein Beitrag über das Topthema der Innenpolitik, über das der Minister jedoch nicht referiert hat. Es kommt ein weiterer Beitrag, dann noch einer, dann Wirtschaft, Kultur, Sport und langsam dämmert es dem Bundesminister, dass da kein Beitrag mehr über »Müllers Maßnahmenpaket« kommen wird. Als die Nachrichten zu Ende sind, ruft der Bundesminister: »Warum komme ich nicht vor?«

Medien sind nicht nur Wächter, sie sind auch Bestimmer. Sie legen fest, welche Themen relevant und berichtenswert sind. Hierbei handelt es sich um das »Agenda-Setting«, das Setzen von Themenschwerpunkten. Aufgebracht wurde dieser Begriff 1963 von dem Sozialwissenschaftler Bernard C. Cohen, der meinte: Medien können zwar nicht beeinflussen, wie Menschen über Themen denken, aber Medien können bestimmen, über welche Themen sich die Menschen überhaupt Gedanken machen können. Indem Medien auswählen, über welche Themen sie berichten, können sich die Menschen auch nur mit dieser Agenda auseinandersetzen.

Oft wird den Medien vorgeworfen, sie würden bewusst Gatekeeping und Agenda-Setting betreiben, also zum Beispiel gezielt über einen und nicht über einen anderen Politiker berichten. In manchen Fällen kann das sogar der Fall sein, aber die Regel ist das nicht. In den meisten Fällen wird die Agenda schlicht und ergreifend von der Realität gebildet. Wie, wann und wo die Entscheidung getroffen wird, worüber man berichtet, ist unterschiedlich und kann von aktuellen Gründen beeinflusst werden. All diese Entscheidungen werden nach verschiedenen Kriterien, die den Nachrichtenwert bestimmen, getroffen. Ganz allgemein wird danach entschieden, ob etwas »neu« ist, ob es für das Publikum relevant ist, ob es besonderen Schaden verursacht oder besonderen Nutzen aufweist, ob es Interesse weckt, im Idealfall sensationell oder gar spektakulär ist.

Wichtig ist: Journalistinnen und Journalisten – ich war selbst mal einer – sind genauso Menschen. Sie kommen morgens gegen neun Uhr in die Arbeit und gehen gleich in die Redaktionssitzung. Dort fragt sie der Ressortleiter: »Was schreibst du heute?« Und sie müssen eine Antwort haben. Und das jeden Tag. Von Montag bis Freitag und oft noch Samstag oder Sonntag dazu. Das ist schon ein gewisser Druck, jeden Tag aufs Neue eine Story zu finden. Da nimmt man dann auch mal das, was ganz naheliegt. Natürlich versuchen sie stets, die Kriterien des Nachrichtenwerts so gewissenhaft wie möglich zu erfüllen. Oft ist es aber am einfachsten, zu berichten, was alle anderen auch berichten. Womöglich sogar schon seit einiger Zeit. Wenn also eine Finanzkrise wie 2009 über die Welt hereinbricht, dann ist es für eine sehr lange Zeit am naheliegendsten und auch einfachsten, über Themen der Finanzkrise zu berichten. Jeden Tag. In jeder Sendung. In jedem Newsfeed. Und das über Jahre hinweg. Wenn dann wie 2015 eine Migrationskrise kommt, dann ist natürlich die logische Folge, dass darüber berichtet wird. Und wenn dann so etwas kommt wie eine Pandemie, gilt das sowieso. Ganz zu schweigen, wenn ein Krieg ausbricht, wie der Angriffskrieg Russlands gegen die Ukraine. Der Agenda-Setter ist somit die Realität.

Wenn also Bundesminister Müller mitten in der Finanz, Migrations- oder Coronakrise eine Pressekonferenz gibt, um über »Müllers Maßnahmenpaket« zu informieren, kann es gut sein, dass die diensthabenden Journalisten entscheiden, dass etwas anderes gerade relevanter, interessanter und sensationeller ist.

Objektivität und Sympathie
»Warum mögen die mich nicht?«

Wie brutal das Gatekeeping sein kann, erfuhr ich in meinen Anfängen als Pressesprecher. Ich traf auf einen Redakteur einer großen österreichischen Zeitung, die als sehr einflussreich gilt, ebenso der Redakteur. Ich wollte ihm eine Story von einem bestimmten Politiker anbieten. Also bereitete ich die Geschichte besonders gut auf, angereichert mit Zahlen und brandaktuellen Neuigkeiten. Als ich sie dem Redakteur anbot, antwortete dieser: »Den Politiker mag ich nicht. Ist keine gute Geschichte.« Ich fragte: »Weil Sie ihn nicht mögen, bringen Sie die Story nicht?« »Ja.« Ich war verdutzt, nahm es aber zur Kenntnis. Nur wenige Tage später plauderte ich mit demselben Journalisten allgemein über die aktuelle politische Lage. Plötzlich hatte ich den Einfall, ihm dieselbe Story anzubieten, aber die Zitate einen anderen Politiker sagen zu lassen. Die Antwort war: »Super Geschichte! Bringe ich morgen.« Die Story erschien tatsächlich – mit dem Foto und Zitat des Politikers, den der Redakteur offensichtlich mochte.

Laut der Gatekeeping-Theorie können die persönlichen Vorlieben und Abneigungen, Interessen und Einstellungen eines Journalisten sehr wohl eine gewisse Rolle bei der Themenwahl spielen, meist nicht bewusst, sondern unbewusst. David Manning Whites Studie über Gatekeeping zeigte, dass nur knapp zehn Prozent aller verfügbaren Nachrichten berichtet und diese nach subjektiven Kriterien des Journalisten ausgewählt wurden. Die Ergebnisse wurden jeweils zehn Jahre später in neueren Studien bestätigt. Für Politiker, Unternehmer, Firmen, Interessengruppen oder auch Künstler und Sportler ist es daher ratsam, sich mit den Wächtern gut zu stellen. Dafür engagieren sie Pressesprecher, Presseagenten und PR-Berater, die sich um die Beziehungen zu den Wächtern kümmern.

Die Medienforscher Claude Shannon und Warren Weaver haben in den 1940ern mit ihrem »Sender-Empfänger-Modell« quasi das Einmaleins der Medienwissenschaften entwickelt. Jemand sendet eine Nachricht, das Medium überträgt sie, jemand anderer empfängt die Nachricht. Gatekeeping geht jedoch darüber hinaus und entspricht mehr dem »Reiz-Reaktions-Modell«. Dieses besagt, dass ein bestimmter Reiz in der Kommunikation eine konkrete Reaktion zur Folge hat. Es geht also um das Wie: Wie muss man kommunizieren, um eine gewünschte Reaktion zu erzielen?

Nehmen wir erneut als Beispiel Bundesminister Müller, der mit seinem Team entschieden hat, eine Maßnahme zu setzen, die wirklich sensationell und spektakulär ist. Und neu. Und relevant. Diesmal kommen die Medien nicht daran vorbei. Denn die Öffentlichkeit verlangt schon lange nach dieser Maßnahme, weil sie populär ist und von einer Mehrheit als sinnvoll erachtet wird. Interessengruppen, Kommentatoren und Experten rufen schon länger nach ihr. Aber die Parteifreunde von Bundesminister Müller lehnen die Maßnahme ab, weil sie eine bestimmte Klientel der Partei negativ betrifft. Der Bundesminister hat lange Rücksicht auf seine Parteifreunde genommen, aber jetzt ist Schluss. Er hat entschieden, die Maßnahme umzusetzen. Er lässt eine Pressekonferenz einberufen, informiert die Medien und gibt zusätzlich noch ein Zeitungsinterview.

Am nächsten Tag kommt Bundesminister Müller ins Büro und wirft einen Blick auf die Zeitung. Als er die Überschrift liest, knallt er das Blatt wütend auf den Tisch und ruft: »Warum mögen die mich nicht?!« Die Zeitung titelt: »Minister Müller knickt ein! Maßnahme kommt«. Aus Sicht von Bundesminister Müller hätte die Schlagzeile doch ganz anders lauten sollen. Nämlich: »Minister Müller greift durch! Maßnahme kommt«. Es sind nur zwei Wörter anders, aber der Kern der Geschichte ist ein komplett anderer. Offensichtlich mag der Journalist ihn nicht, denkt sich Bundesminister Müller.

Also was jetzt? Knickt Bundesminister Müller ein oder greift er durch? Womit der Bundesminister hier kämpft, ist ein Rahmen, der durch das Gatekeeping und Agenda-Setting der Medien einen gewissen Spielraum lässt. Ähnlich einer Schwankungsbreite in der Statistik, etwa bei Umfragen. Und so ist es leider auch bei Medien und den Sachverhalten, über die sie berichten. Entweder war Bun-

desminister Müller zu der Maßnahme gezwungen, weil er
so unter Druck stand, und »knickte ein«. Oder er handelte entschlossen, nahm keine Rücksicht auf seine Parteifreunde und »griff durch«. Die Maßnahme an sich ist in
beiden Fällen dieselbe. Die Story des Journalisten stimmt
folglich so oder so. Es kommt aber auf den Spin an. Dieser
Ausdruck hat sich in all den Jahrzehnten der Zusammenarbeit zwischen Medien, Pressesprechern und deren Betreuten entwickelt. Den »Dreh« oder im Englischen »Spin«
bezeichnet der deutsche *Tagesspiegel* als »die Fähigkeit zur
Kommunikation von Politik, zur Vermittlung politischer
Sachthemen«. Gemeint ist eben dieser Spielraum zwischen
den beiden Interpretationen.

Verständlichkeit und Sachlichkeit
»Das hab ich ja so gar nicht gemeint!«

Jeder Artikel hat eine Überschrift (Headline) und einen
Vorspann (Header), der meist in Fettbuchstaben die ganze
Geschichte in zwei bis fünf Zeilen zusammenfasst. Wenn
nun schon ganze Sendungen und Artikel aus Zeit- und
Platzgründen kurz und knackig sein müssen, was heißt
das erst für den Vorspann? Ein ganzer Sachverhalt passt ja
unmöglich in eine Headline und einen Vorspann.

Die Headline auf der Titelseite der österreichischen *Kronenzeitung* besteht laut Redakteuren des Boulevardblatts im
Idealfall aus zwei mal zehn Anschlägen, also Buchstaben.
Das sind kaum mehr Wörter als bei der *Bild*, die meistens

mit fünf oder sechs, manchmal etwas mehr, seltener sogar noch weniger auskommt. Auch bei sogenannten Qualitätsmedien sind die Überschriften nicht wesentlich länger. Auf der Seite eins der *New York Times* besteht die Überschrift aus mindestens fünf, maximal zwanzig Wörtern, meistens aus zehn bis 15.

Eine Überschrift und ihr Vorspann müssen mehrere Kriterien erfüllen. Der deutsche Publizist Wolf Dietrich Schneider fasste es einmal so zusammen: »Die Überschrift ist die Nachricht über der Nachricht.« Studenten der Journalismusakademien lernen, die »sieben W« in Titel und Vorspann unterzubringen, also Wer, Was, Wann, Wo, Wie, Warum und Woher stammt die Information. Dabei handelt es sich um eine Abwandlung der »Lasswell-Formel«: »Wer sagt was in welchem Medium zu wem mit welchem Effekt?«

Allgemein hin verlangen Chefredakteure heute von ihren Mitarbeitern, dass die Titel vier Ansprüche erfüllen: Sie sollen den Leser erstens fangen, sein Interesse wecken und ihm damit Lust machen, die Zeitung zu lesen und folglich zu kaufen. Der Inhalt soll zweitens aktuell sein und eine Neuigkeit beinhalten. Drittens sollte der Inhalt stimmen. Und viertens – das ist wohl die schwierigste Aufgabe – muss sie einen umfassenden, oft sehr komplexen Sachverhalt auf einen Halbsatz verdichten und dabei den Kern der Sache zum Ausdruck bringen. Hier sind wir beim Knackpunkt: Der Journalist entscheidet, was der Kern der Sache ist.

Diese Erfahrung macht auch Bundesminister Müller. Soeben hat er einer Zeitung ein Interview gegeben, das er professionell hinter sich gebracht hat. Dabei hat er ausführlich und kompetent rund zwanzig Fragen beantwortet. Harte Fragen, aber er hat sehr gut geantwortet. Das Interview wird noch am selben Tag seinem Pressesprecher zur Autorisierung geschickt. Worum geht es dabei?

Der Journalist verwendet nicht den exakten Wortlaut von Bundesminister Müller in seiner Gesamtheit, sondern lässt teilweise Verschachtelungen, Redundanzen, unwesentliche Halbsätze und dergleichen weg, damit sich das Interview einerseits flüssig liest, andererseits allein aus Platzgründen, damit das Interview in die paar Spalten passt, die der Chefredakteur dem Journalisten zur Verfügung gestellt hat. Damit Bundesminister Müller die Gelegenheit hat, nach den Kürzungen und dem Feinschliff durch den Journalisten zu prüfen, ob der Sinn seiner Aussagen nach wie vor gegeben ist, bekommt sein Sprecher das Interview vor dem Erscheinen nochmals zugeschickt. Bundesminister Müller liest sich das Interview gemeinsam mit seinem Mitarbeiter durch, ändert noch ein oder zwei Kleinigkeiten und schickt es dann zurück. Das Interview ist nun autorisiert. Währenddessen hat sich der Redakteur der Zeitung schon Gedanken darüber gemacht, welchen Teil des Interviews er als Titel nehmen wird und was er in den Vorspann schreiben möchte.

In dem Interview ging es um eine Tour d'Horizon der gesamten Innenpolitik. Bundesminister Müller gab Antworten auf Fragen zu allen derzeit relevanten Themen, Maßnahmen und Ereignissen, antwortete überlegt, geschliffen und mit seinem ihn auszeichnenden Sachverstand. Eine

Frage war etwas heikel. Sie drehte sich um eine chauvinistische Aussage, die sein Parteichef und Bundeskanzler einige Tage davor getätigt hatte. Dafür musste der Kanzler ein paar Tage lang heftige Kritik einstecken und in den sozialen Medien einen gewaltigen Shitstorm über sich ergehen lassen. Bundesminister Müller war freilich loyal und würde seinen Parteichef niemals kritisieren. Also hatte er im Interview die Beweggründe des Kanzlers erklärt, wie es zu dem Fehler kam, was ja nur allzu verständlich war, dass der Kanzler nach bestem Wissen und Gewissen gehandelt habe, er es nur gut gemeint hätte, der Halbsatz nun ganz so schlimm ja auch wieder nicht gewesen sei und jedem so ein kleiner Halbsatz mal über die Lippen kommen könne und er letztlich zu hundert Prozent hinter dem Kanzler stehe, so wie übrigens die gesamte Partei. Abschließend fragte der Journalist, ob Bundesminister Müller denn selbst auch den chauvinistischen Halbsatz gesagt hätte, wenn er doch ohnehin so harmlos war. Bundesminister Müller antwortete: »Ich hätte das so nicht gesagt. Aber noch einmal, ich stehe zu hundert Prozent hinter dem Kanzler. Es ist ja kein Schwerverbrechen, so etwas zu sagen, das kann jedem passieren.«

Der Pressesprecher hat das autorisierte Interview an den Journalisten zurückgeschickt, die Zeitung geht in Druck. Am folgenden Morgen kommt Bundesminister Müller wie jeden Tag ins Büro, Kaffee und Zeitung werden serviert. Er wirft einen Blick auf das Interview und ruft: »Aber das habe ich doch so nicht gemeint!«

Bundesminister Müller ist in dem Blatt auf einem Foto mit erhobenem Zeigefinger abgebildet. Es ist eines der Fotos, die während des Interviews geschossen wurden. Die Überschrift in großen Buchstaben: »Ich hätte das so nicht gesagt!« Der Vorspann: »Mit Bundesminister Müller übt nun erstmals ein Parteifreund offen Kritik am Bundeskanzler für dessen chauvinistische Aussage. Zudem erklärt Müller seine weiteren Vorhaben und nimmt Stellung zur Kritik an seinen Plänen.« Bundesminister Müller ist fassungslos. Er war sich doch so sicher gewesen, dass er den Kanzler eben nicht kritisiert hatte. Noch dazu wurde nach seiner Erinnerung das Foto mit dem Zeigefinger an einer ganz anderen Stelle des Interviews aufgenommen und nicht da, als er über den Kanzler und dessen Aussage gesprochen hatte. Außerdem war die Debatte um den Halbsatz sowieso lächerlich und viel wichtiger wäre doch gewesen, was er über seine wichtigen Vorhaben gesagt hatte. Diese würden die Menschen im Land viel mehr betreffen als Debatten um chauvinistische Halbsätze. Das wäre doch das eigentlich Wesentliche des Interviews gewesen, war sich Bundesminister Müller sicher. Das war aber offenbar nicht das Wesentliche für den Journalisten. Für ihn war die Debatte um die chauvinistische Aussage des Kanzlers jene, die die Menschen interessierte und ihr Bedürfnis an Sensationen und Aufregungen am meisten befriedigte.

Bundesminister Müller ist jedenfalls wütend. Er greift zum Telefon und ruft den Journalisten an, der mit ihm das Interview geführt hat. Etwas ungehalten verlangt er eine Klarstellung. Der Journalist bleibt cool, lässt den Politiker austoben und antwortet: »Ich werde online die Aufmachung des Artikels in Ihrem Sinne ändern.« Bundesminister Müller ist nun etwas erleichtert und geht seiner Arbeit nach. Wenig später stürzt der Pressesprecher herein und zeigt seinem Chef die neue Version. Titel: »Chauvinismus ist ›kein Schwerverbrechen‹«. Und der Vorspann: »Bundesminister Müller unterstützt die chauvinistische Aussage des Kanzlers, weil ›jeder so etwas schon gesagt hat‹. Zudem erklärt Müller seine weiteren Vorhaben und nimmt Stellung zur Kritik an seinen Plänen.«

Müller war fassungslos. Es war ein und dasselbe Interview mit ein und denselben Aussagen, die er selbst gemacht hatte. Keine Zeile, kein Wort, kein Buchstabe war verändert worden, aber dennoch gab es zwei vollkommen unterschiedliche Interpretationen. Ihm wurde klar: Was er gesagt hatte, war sachlich korrekt, aber es konnte so oder so verstanden werden.

Das Kaffeehaus
On the record und Hintergrund

Natürlich wollen auch die Wächter selbst in gutem Kontakt mit den Stellen stehen, von denen sie ihre Informationen beziehen. Das sind zunächst einmal Neuigkeiten, also aktuelle, neue Informationen, Insidertipps, eventuell auch Aufdeckerinformationen. Und zweitens sind es Hintergrundinformationen. Dabei erkundigen sich Journalisten etwa bei einem Mitarbeiter eines Politikers über die Gründe für Entscheidungen, über Rahmenbedingungen, fragen nach Zahlenmaterial, das einer Entscheidung zugrunde liegt, und dergleichen. In der Medienbranche ist es daher üblich, sich untereinander immer wieder auszutauschen – am Telefon, am Rande von Pressekonferenzen und Presseterminen, in Kaffeehäusern und auch bei abendlichen Veranstaltungen und Empfängen.

Ich selbst pflegte als Presseverantwortlicher des Außenministers und später des Bundeskanzlers den Austausch intensiv. Ein normaler Tag begann in der Regel zwischen halb neun und neun Uhr mit einem Frühstück in einem der Wiener Kaffeehäuser gemeinsam mit einem Journalisten oder Kommentator. Ein Kännchen Kaffee, ein Glas frisch gepresster Orangensaft für den Durst, zwei weich gekochte Eier im Glas, dazu ein Salzstreuer samt Löffel sowie ein Schnittlauchbrot oder eine Buttersemmel für den Hunger. Etwa eine Stunde lang gab es einen regen, interessanten Austausch. Ich versuchte dort, einen Spin zu erklären. Der Journalist wiederum versuchte, die neuesten Insiderinformationen herauszusaugen. Von etwa zehn Uhr bis mittags wurde geschrieben und telefoniert oder es gab Sitzungen. Mittags wieder ein Treffen mit einem Vertreter aus der Medienszene in einem Kaffeehaus. Backhendlsalat oder einfach ein Sacherwürstel mit Senf und Kren wurden verspeist, während neueste veröffentlichte Umfragen interpretiert und die politischen Pläne der Parteien inhaltlich-strategisch seziert wurden. Danach ein doppelter Espresso. Nachmittags dann wieder telefonieren, texten, Sitzungen. Am Abend gab es meist eine Veranstaltung – eine Podiumsdiskussion, eine Programm- oder Buchpräsentation oder Sonstiges. Als Fingerfood wurden kleine Fleischlaibchen mit Kartoffelpüree, miniaturisierte Hühnerschnitzelchen mit Erdäpfelsalat serviert. Und wieder gab es dazu den Austausch in der Medienszene, wo sich Journalisten, Kommentatoren, Meinungsforscher und Presseleute aller Parteien gegenseitig Gerüchte und Anekdoten erzählten. Je später der Abend, umso wilder die Gerüchte – und umso wahrer. Im Wein liegt die Wahrheit, wie schon die alten Römer wussten.

All diese Gespräche finden im sogenannten »Hintergrund« statt, aus dem sich spätestens seit dem Aufkommen der Massenmedien in der Mitte des 20. Jahrhunderts eine eigene Branche entwickelt hat, die sich auf den Umgang damit spezialisiert hat, nämlich die Public Relations. Nicht nur in der Politik, auch in Wirtschaft, Kultur und Sport werden eigens Pressesprecher, PR- und Kommunikationsberater engagiert, um in diesem Hintergrundbereich zwischen Medien und handelnden Akteuren, Firmen und Organisationen professionell zu beraten und zu vermitteln. Pressesprecher und PR-Berater erfüllen somit zwei Interessen: Sie sind einerseits Servicedienstleister für die Medien, um diesen die entsprechenden Informationen zu verschaffen. Andererseits sind sie auch Berater für die Akteure, damit deren Bild in der Berichterstattung positiv aufgenommen wird. Sie sind Vermittler, quasi Makler zwischen Medien und Akteuren.

Im Lauf der letzten Jahrzehnte haben sich gewisse Regeln herausgebildet. Teilweise sind sie informell, teils ganz offiziell. Etwa in Deutschland. Dort werden die Regeln für den »Hintergrund« in der sogenannten »Satzung der Bundespressekonferenz« definiert. Hier wird in drei Stufen unterteilt: »Unter eins« – bedeutet, dass die Information bei direkter Nennung des Urhebers wörtlich wiedergegeben werden kann. Beispiel: »Bundeskanzler Scholz sagte: ›Angesichts der aktuellen Krise hat die Bundesregierung eine Maßnahme gesetzt.‹« »Unter zwei« heißt, die Information und das Umfeld der Quelle dürfen zwar wiedergegeben, aber nicht direkt zitiert werden. Beispiel: »Wie aus Kreisen der Regierung zu erfahren war, hat der Bundeskanzler angesichts der aktuellen Krise Maßnahmen veranlasst.« »Unter drei« darf die Information nicht öffentlich verwertet werden. Der Journalist hat sie ausschließlich für seinen eigenen Hintergrund erhalten. Das Gesagte kann aber Anlass für weitere Recherchen sein oder in Artikel und Kommentare des Journalisten indirekt einfließen.

Jedes Gespräch zwischen Journalisten und Politikern oder PR-Leuten beginnt folglich damit, festzulegen, ob es »on the record« oder »off the record« stattfindet, wie in den angelsächsisch geprägten Ländern unterschieden wird, wobei der Gesprächsinhalt im ersten Fall zur Veröffentlichung bestimmt ist und im zweiten nicht. In Österreich spricht man meist nur von »On« oder »Off«. Ersteres ist sehr klar definiert. Was im »On« gesagt wird, darf zitiert werden. Das »Off« dagegen ist ein Graubereich, der nicht eindeutig definiert ist und von einigen als das verstanden wird. Das hat in der Vergangenheit in der österreichischen Politik immer wieder zu Missverständnissen geführt. Bundesminister Müller kann ein Lied davon singen.

Ich selbst hatte mir angewöhnt, vor einem Gespräch dem Medienvertreter klar darzulegen, zu wie tief vertraulichen Aussagen ich unter welcher Voraussetzung bereit war, um dann mit ihm gemeinsam den Modus festzulegen. Und ich habe bis auf sehr wenige Ausnahmen damit immer gute Erfahrungen gemacht. In diesem Hintergrund, also der Sphäre von »off the record«, entstanden im Lauf der Jahrzehnte wechselseitige Beziehungen zwischen Medien und den Objekten ihrer Berichterstattung, die immer wieder als eine zu starke Nähe zwischen Medien und Politik kritisiert, problematisiert und debattiert wurden.

Das digitale Kaffeehaus
Die vier großen Sorgen und ein Ausblick

Mit dem Aufkommen der sozialen Medien seit Mitte der 2000er-Jahre hat sich in der Medienstruktur einiges drastisch verändert. Dabei gibt es vor allem vier große Sorgen, die sich Wissenschaftler und Medienethiker heute machen.

Zunächst befürchtet man in Bezug auf die neuen Möglichkeiten, mächtige Akteure wie Politiker, Parteien oder Firmen könnten die traditionellen Medien mit den sozialen Medien umgehen. Im Zeitalter der traditionellen Medien Print und Rundfunk musste man als Politiker ja mehr oder weniger zwingend mit den Medien sprechen, um mediale Präsenz zu generieren. Heute – so die Sorge – können Politiker und sonstige Akteure ihre Botschaften über andere Kanäle unter die Leute bringen, eben über soziale Medien. Donald Trump hat 87 Millionen Follower auf Twitter. Joe Biden hatte 2021 vierzig Millionen Follower auf Twitter, auf Facebook elf Millionen und auf Instagram 18 Millionen. Bei Frankreichs Präsident Emmanuel Macron waren es im selben Jahr neun Millionen auf Twitter, 4,5 auf Facebook und drei auf Instagram.

Teils scheint die Sorge der Wissenschaft also berechtigt, teils aber auch nicht, denn Direktkommunikation gab es immer schon – früher in Form von Briefen an die Bevölkerung, Rundschreiben, Postwürfen, Veranstaltungen mit Freibier, Roadshows, Plakaten und letztlich simple bezahlte Werbung in traditionellen Medien. Hinzu kommt, dass nicht nur die Akteure an Schlagkraft auf Social Media gewonnen haben, sondern auch die Medien selbst. CNN hat mit allen Kanälen zusammen auf Facebook und Twitter jeweils über sechzig Millionen Follower, ebenso die *New York Times*. Die BBC kommt auf vierzig Millionen Twitter-Follower und 23 Millionen auf Instagram. Damit kann man den mächtigen Akteuren weiterhin gehörig auf die Füße treten.

Zweitens fürchtet man, dass journalistische Medien als Quelle der Glaubwürdigkeit verloren gehen. Tatsächlich aber haben sich das Verhalten der Menschen und der Zweck ihrer Kommunikation rein funktional kaum verändert. Im Grunde funktionieren die sozialen Medien ähnlich wie ein Kaffeehausbesuch. Im Kaffeehaus beginnen Gespräche mit »Hast du schon gelesen ...«, dann werden dazu Meinungen ausgetauscht. Ähnliches passiert auf Twitter: Jemand postet einen Link, kommentiert diesen und los geht's mit der Debatte. Als glaubwürdig gelten Links nach wie vor im

Besonderen dann, wenn ein journalistisches Medium die Quelle ist. Weiterhin erfüllen also die journalistischen Medien auch in den Social Media die Funktion als glaubwürdige Quelle von Informationen.

Die dritte Sorge ist, dass durch die modernen Kommunikationstechnologien die vier Funktionen der Medien – Information, Bildung, Kontrolle und Unterhaltung – verloren gehen. Diese Sorge scheint unberechtigt, denn die Technologie entwickelt sich zwar weiter, aber der springende Punkt ist: Die Funktionen der Medien bleiben. Was sich verändert, ist die Morphologie der Medien, aber nicht ihre Aufgabe für die Bedürfnisse der Menschen und ihr Zusammenleben. Informationsvorsprung wird immer einen Wert haben. Bildung speist sich aus dem Wissen durch die Berichterstattung. Die Mächtigen, im Idealfall in Demokratien, werden durch die Medien kontrolliert und Unterhaltung lässt sich weiterhin verkaufen. Diese vier Funktionen gab es immer schon und sie werden weiter bestehen. Genauso wie die Versuche, diese vier Funktionen für sich und seine Ziele zu nutzen – den Vorsprung, um Profit zu machen, die Kontrolle, um die Macht zu lenken, die Bildung, um die Masse zu beeinflussen, und die Unterhaltung, um mit ihr Geld zu verdienen.

Die vierte große Sorge ist die Frage, wie Medien generell wirtschaftlich überleben sollen, wenn die Kunden heute nur noch gratis Informationen akzeptieren. Onlinewerbung finanziert kein Verlagshaus, traditionelle Werbung wird weniger, der Verkauf von Abonnements sinkt, gleichzeitig kann man mit Digitalabos und Bezahlschranken kaum ein Auskommen finden. Die *Washington Post*, die als Vorzeigemodell dafür gilt, ist durch Investments des neuen Eigentümers, dem Milliardär und Amazon-Gründer Jeff Bezos, abgesichert. Zusätzlich fließen immer größere Teile der Werbeumsätze in Google, die Videoplattform YouTube sowie in soziale Netzwerke. Dieser wirtschaftliche Druck betrifft letztlich den Journalismus selbst. Heute werden immer mehr Dienste, die einst von Menschen geleistet wurden, von Computer erledigt. TV-Stationen können sich fertige Videoprodukte herunterladen, etwa Highlights von Sportübertragungen oder Kulturveranstaltungen, und das weit kostengünstiger, als es von eigenen Redakteuren, Cuttern und Technikern im Studio machen zu lassen. Der Druck steigt noch weiter, denn in den sozialen Medien erfüllen die User, die mit den Medienfunktionen Information, Bildung und Unterhaltung Geld verdienen, selbst sämtliche Rollen. Erfolgreiche YouTuber und Influencer sind Inhaber, Herausgeber, Redakteur, Fotograf, Anzeigenverkäufer, Vertrieb, Schnitt, Produzent und vieles mehr.

Aber auch hier gibt es eine Konstante, nämlich die drei grundlegenden Formen des Konsumverhaltens der Medienkonsumenten. Erstens: Menschen werden weiterhin Fenster putzen, im Auto fahren und in Büros und Werkstätten arbeiten – und sie werden dabei auditiv unterhalten und informiert werden wollen. Zweitens: Menschen werden weiterhin zwischendurch Pausen machen, etwas essen oder trinken und sich danach kurz über die Nachrichten des Tages informieren wollen. Und drittens: Menschen werden sich weiterhin abends zu Hause auf eine Couch

fallen lassen und wollen dabei mit Geschichten in bewegten Bildern berieselt werden. Diese drei grundlegenden
Bedürfnisse haben wir Menschen seit Jahrtausenden und
werden sie weiterhin haben.

Das waren also die vier großen Sorgen – teils unberechtigt, teils berechtigt. Was heißt das aber nun konkret? Was
passiert durch die Digitalisierung? Natürlich haben die
sozialen Medien Auswirkungen auf das Sender-Empfänger-Modell, indem das Medium in seiner Rolle als Vermittler an Bedeutung verliert. Und das Reiz-Reaktions-Sche-
ma wird womöglich direkter. Es gibt viel mehr Reize und
wir reagieren schneller darauf. Ein Posting, in dem ich jemanden beleidige oder lobe, wird viel direkter Emotionen
beim Betroffenen auslösen. Das Gatekeeping, die Wächterfunktion der Medien, wird dagegen schwächer. Heute werden die Konsumenten, sprich die User, zunehmend selbst
zu den Wächtern ihrer eigenen Accounts. Sie entscheiden
selbst, welche Nachricht hereindarf und welche nicht. Das
Agenda-Setting der Massenmedien verblasst, weil jeder
Nutzer selbst seine eigene Agenda setzt.

Wenn wir die Medientheorie heranziehen, hat der Uses-
and-Gratification Approach (Nutzen-Belohnungs-Ansatz)
in den sozialen Medien eine stärkere Bedeutung bekommen. Dieser Ansatz des Medienwissenschaftlers Elihu
Katz stammt schon aus den 1960er-Jahren. Beim Reiz-Reaktions-Modell wird ein Reiz ausgeübt und der Empfänger
wird durch diesen Reiz stimuliert. Der Nutzen-Belohnungs-
Ansatz sagt indessen: Nicht die Akteure und die Medien bestimmen, mit welchen Reizen die Konsumenten stimuliert

werden, sondern der Konsument entscheidet aus der Fülle an Reizen selbst, von welchem er sich stimulieren lässt.

Politisch könnte man eine völlige Liberalisierung und Dezentralisierung des Medienverhaltens beschreiben. In den 1980ern, am Höhepunkt des Fernsehens, schauten bei der samstäglichen *Peter Alexander Show* im gesamten deutschsprachigen Raum vierzig Millionen Menschen zu, allein in Österreich fast drei Millionen. Es gab Einschaltquoten von achtzig Prozent. Im Jahr 2022 kämpfen die TV-Stationen in Deutschland um Quoten von zehn bis 18 Prozent und um Zuschauerzahlen zwischen zwei und vier Millionen. Seltene Ausnahmen bilden Übertragungen von Großereignissen, vor allem im Sportbereich. Einzelne YouTuber erzielen weit bessere Quoten. Politisch betrachtet hatten die Quoten der 1980er-Jahre, als die Hälfte der Bevölkerung gemeinsam den Samstagabend vor den Fernsehgeräten verbrachte, einen sozial- und wohlfahrtsstaatlichen Charakter mit einer gemeinsamen Öffentlichkeit und staatlicher Identitätsstiftung. Die heutige Entwicklung der Medienstruktur deutet auf eine zunehmende Liberalisierung hin, in der Individualität und eigenverantwortlicher Medienkonsum und die persönliche Mediengestaltung dominieren.

3
PRAXIS IM VERHALTEN

3.1 Der Kampf um die Medien

In den letzten siebzig Jahren hat sich im Bereich Öffentlichkeitsarbeit viel getan. Eines ist dabei aber immer gleich geblieben, nämlich der Kampf um die Gunst der Medien.

Im Jahr 1960 endete in den USA die achtjährige Präsidentschaft von Dwight D. Eisenhower. Richard Nixon hatte als dessen Vizepräsident dieses Amt erstmals bekannt gemacht, indem er es stärker als seine Vorgänger ausfüllte. Nixon war allen Amerikanern ein Begriff und galt in den Medien als unumstrittener Nachfolger für das Amt des nächsten Präsidenten. Die Demokraten stellten einen unbekannten Senator aus Massachusetts namens John F. Kennedy auf. Dieser war noch dazu sehr jung und unerfahren, die Öffentlichkeit gab ihm kaum eine Chance. Außerdem war Kennedy Katholik, was damals im Gegensatz zu heute noch eine Rolle spielte. Noch nie hatte ein Katholik gewonnen. Alle Präsidenten davor waren fast ausnahmslos Protestanten. Die Chancen standen für Kennedy also denkbar schlecht.

Im April 1960 regte der TV-Sender NBC an, erstmals eine Debatte der beiden Bewerber um das Amt live im Fernsehen zu übertragen. Das Ereignis gilt heute in der Medien- und Politikforschung als bedeutsamstes in der amerikanischen Wahlkampfgeschichte des 21. Jahrhunderts. Man könnte sagen, es war der Urknall der modernen politmedialen Welt. Vor allem schuf es den Mythos, dass Bilder und Eindrücke wichtiger sind als Inhalte und Aussagen.

Umfragen nach der Debatte zeigten, dass bei jenen, die via Radio zugehört hatten, Nixon mehrheitlich vorne lag, bei den 66 Millionen TV-Zusehern dagegen Kennedy.

Nixon war unrasiert, auf Schminke hatte er verzichtet. Zudem wirkte er leicht kränkelnd und müde und begann, im Scheinwerferlicht zu schwitzen. Sein grauer Anzug schien mit dem Hintergrund des Studios zu verschmelzen. Kennedy dagegen wirkte frisch, dynamisch, gesund und eloquent. Zusätzlich war er sonnengebräunt, attraktiv und charmant. Kennedy wurde danach der breiten Öffentlichkeit bekannt und entwickelte plötzlich einen für die Politik bisher völlig ungewöhnlichen Starfaktor. Richard Nixon schrieb Jahre später: »Ich hätte mich daran erinnern sollen, dass ein Bild mehr sagt als tausend Worte.«

Das *Forbes*-Magazin nannte später einmal drei Gründe dafür, warum Kennedy eine derart charismatische Wirkung hatte, die heute das Einmaleins der PR-Beratung bilden.

Erstens: Er landete Pointen. Zu viele Politiker »warten« nicht auf das Publikum. Kennedy war laut *Forbes* ein Meister in der Interaktion mit dem Publikum, indem er jeden Punkt, der ihm wichtig war, bewusst betonte und danach eine kurze Pause einlegte, um zu warten, dass das Publikum das Gesagte aufnehmen konnte. Zweitens: Kennedy gestikulierte kraftvoll und einfach. Wenn er auf einen Fehler hinwies, machte er den stechenden Zeigefinger. Wenn er das Publikum adressierte, öffnete er die Hand. Zeigte er sich entschlossen, machte er eine Faust. Drittens: Er stand aufrecht und schien an seine Botschaft zu glauben. Kennedys Körperhaltung vermittelte große Selbstsicherheit. Er hat gewirkt, als würde er zu seinen Themen stehen und keine Selbstzweifel haben.

Aus heutiger Sicht sind diese Weisheiten fade Kalauer, die in jedem mittelmäßigen PR-Seminar vorgebracht werden. Damals waren sie revolutionär. Pierre Salinger, Kennedys Pressesprecher, gilt heute als erster Spindoktor der modernen Medienwelt. Er erfand 1961 das Format der Live-Pressekonferenz des Präsidenten im Weißen Haus, das heute allen ein Begriff ist. Er begleitete den Präsidenten auf Schritt und Tritt. Die *New York Times* beschrieb seinen Stil mit »Witz, Enthusiasmus und viel Geringschätzung für Details«. Senator Edward Kennedy sagte einmal über ihn: »Sein Geschick, sein Genie und sein Urteilsvermögen in der Kunst der Kommunikation waren legendär.« Und weiter: »Er war in den besten und schwierigsten Zeiten eine ständige Präsenz und viele Mitglieder meiner Familie suchten seinen Rat in allen wichtigen Fragen des Alltags.«

Pierre Salinger legte ein Jahr nach dem Attentat auf Präsident Kennedy das Amt als Sprecher des Weißen Hauses nieder. Er stellte sich in den Dienst von Robert Kennedy und dessen Karriere. Das Attentat auf Robert Kennedy im Jahr 1968 verkraftete er nur schwer. Er verließ die USA und lebte den Rest seines Lebens in Frankreich.

Der Aufstieg der Spindoktoren und die Grenzen von Spin

Es heißt, die schmerzhafteste Niederlage ist, wenn man mit den eigenen Waffen geschlagen wird. Die Taktik, den Gegner mit dessen Waffen zu schlagen, gibt es freilich auch in der Politik, wie sich etwa in der Mitte der 1990er-Jahre in Großbritannien zeigte.

Im Jahr 1997 war die Ära von Margaret Thatcher schon sieben Jahre lang vorbei. Dennoch stand nach wie vor alles im Zeichen der »Eisernen Lady«, wie die längstdienende britische Premierministerin genannt wurde. Zu stark waren ihre Fußspuren, die sie in der Weltpolitik hinterlassen hatte, allen voran ihre prägnante Wirtschafts- und Sozialpolitik, die vorrangig aus einer Liberalisierung und dem Zurückdrängen des Staates bestand. Ihr neuer Nationalismus hauchte den Briten neues Selbstbewusstsein ein. Thatcher hatte wieder das »Groß« in Großbritannien betont. Im Kampf um einen völlig unwirtlichen Haufen Inseln zwischen der Antarktis und Südamerika schickte Thatcher zur Verwunderung der Weltöffentlichkeit die britische Kriegsmarine in Richtung der 12.000 Kilometer entfernten Inseln los. Im Mai erreichten die Streitkräfte ihr Ziel, versenkten ein argentinisches Kriegsschiff, lieferten sich zahlreiche Gefechte und entschieden im Juni 1982 den Falklandkrieg gegen die argentinische Armee für sich. Damit wurde Thatcher zur »Iron Lady«.

1997 regierten die konservativen Tories schon 17 Jahre lang und dominierten durch eine rechtskonservative, wirtschaftsliberale Politik, die den Geschmack der Mehrheit in der britischen Bevölkerung traf und auch von der größten Zeitung des Landes, *The Sun*, wohlwollend unterstützt wurde. Die britische Arbeiterpartei dagegen galt als verzopft und den alten linken Ideen nachtrauernd. Der neue Labour-Partei-Chef Tony Blair und seine Spindoktoren Alastair Campbell und Peter Mandelson erkannten, dass sie die Mehrheit nur zurückgewinnen würden, wenn sich die Arbeiterpartei der Realität des »Thatcherismus« stellte. Sie rückten Labour in die »politische Mitte«. Unter dem Marketingschlagwort »New Labour« vertrat Blair bewusst eine Politik der freien Wirtschaft, die er als »dritten Weg« einer »modernen Sozialdemokratie« bezeichnete. Blair bekannte sich dazu, die Reformen der konservativen Margaret Thatcher nicht rückgängig zu machen, schrieb das Parteiprogramm um und ließ die Pläne zur Verstaatlichung streichen. Gleichzeitig erhöhte er aber die Ausgaben für Gesundheit, förderte die soziale Wohlfahrt und führte einen Mindestlohn ein. Darüber hinaus betrieb er eine scharfe Sicherheitspolitik und widmete sich dem Kampf gegen den Terror. Blairs »dritter Weg« wirkte wie ein rundes Paket, mit dem Besten aus allen Parteien, das ihm 1997 einen großen Wahlerfolg bescherte.

Der Begriff des Spindoktors erlebte Ende der 1990er durch den politischen Erfolg des britischen Premierministers einen regelrechten Hype. Blair setzte vor allem auf die Fähigkeiten seines Medienberaters Alastair Campbell. Dessen Einfluss auf Blair soll derart stark gewesen sein, dass er bisweilen inoffiziell die »Nummer zwei in der Downing

Street« genannt wurde. Wie kaum jemand vor ihm und womöglich nach ihm soll er die Medien im Griff gehabt haben. Tony Blair schilderte später in seinen Memoiren, Campbell sei der Erfinder der Marke »New Labour« gewesen. Überhaupt sei Campbell ein »Genie« gewesen, so Blair. Bei der britischen Presse war Campbell ebenso gefürchtet wie respektiert. Die konservativen Tories sagten später, sie hätten gegen Blair deshalb verloren, weil sie in ihren Reihen niemanden gefunden hätten, der Campbell Paroli bieten konnte. Er war Blairs Pressesprecher, Chefstratege, schrieb Blairs größte Reden und fungierte als Kommunikationschef seines gesamten Regierungsteams. Berichtet wird, dass er den Ministern vorgab, was sie in der Öffentlichkeit kommunizieren sollten.

Der Tonfall soll dabei nicht unbedingt die feinste englische Art aufgewiesen haben. Einer der erbittertsten Gegner Campbells war der Kolumnist der konservativen Zeitung Times, Matthew Parris. Als Campbell im Jahr 2007 seine Erinnerungen an die Regierungszeit mit Blair in einem Buch verarbeitete, bezeichnete er darin Parris als »kleinen Scheißkerl«. Parris ließ das nicht auf sich sitzen. Er schrieb eine Kolumne und befand darin: »Lieber ein kleiner Scheißkerl als ein großes Arschloch.« Man kann erahnen, welchen Tonfall die Medienszene in England damals ab und an untereinander pflegte.

Als ein weiterer Schlüssel zum Erfolg Blairs gilt das Kunststück, die größte britische Boulevardzeitung auf seine Seite zu ziehen. Ähnlich wie die Bild in Deutschland oder die Kronenzeitung in Österreich dominiert The Sun die

öffentliche Debatte auf der britischen Insel. Mit ihrer Blattlinie, die rechtskonservativ, antieuropäisch und mitunter
antideutsch ist, erreicht sie rund drei Millionen Leser täglich. Spindoktor Alastair Campbell behauptete später in seinen Erinnerungen: »Erst habe ich Murdoch dazu gebracht
und er dann seine Mitarbeiter.« Rupert Murdoch ist ein
australischer Medienunternehmer, der mit seiner Medien-
armada, zu der die *Sun* zählt, Blair regelrecht zum Wahlsieg gepeitscht hat. Das Kunststück, Murdoch für »New Labour« zu gewinnen, konnte aber nicht der Verdienst von
Alastair Campbell allein gewesen sein. Blair musste selbst
dabei mitgemischt haben, wurde gemunkelt. Darauf deutet
zumindest hin, dass Murdoch Tony Blair zum Patenonkel
seiner Tochter machte.

Nach einhelliger Meinung war das größte Geheimnis
von Campbells Erfolg sein Talent, ein Thema so zu drehen, ihm so einen Drall oder Spin zu verleihen, dass es die
größtmögliche Aufmerksamkeit erhielt. Es gibt aber Grenzen des Spins. Einmal hat es auch Campbell damit übertrieben, mutmaßlich sehr weit.

Im Jahr 2003 musste das britische Unterhaus darüber abstimmen, ob sich Großbritannien am Irakkrieg beteiligt oder nicht. Premier Tony Blair stand auf der Seite der USA und wollte eine britische Beteiligung an dem
Militärschlag. Dementsprechend machte Campbell bei
den Medien Stimmung. Das Unterhaus entschied für den
Krieg. Die Basis für das Votum war ein Geheimdienstbe-
richt, als »September-Dossier« bekannt, in dem dargestellt
wurde, dass der Irak über Massenvernichtungswaffen ver-

füge, die binnen 45 Minuten einsatzbereit wären. Später wurde Campbell vorgeworfen, er hätte Informationen der Nachrichtendienste beeinflusst. Er soll Fakten als sachlich falsch dargestellt und darauf eingewirkt haben, dass der Bericht viel übertriebener ausfiel, als die tatsächlichen Geheimdienstinformationen es zuließen. Ziel sei gewesen, den Bericht so zu verändern, dass er den Behauptungen des amerikanischen Präsidenten George W. Bush entsprach, der damals um Unterstützung für den Krieg im Irak warb. Campbell wies die Vorwürfe zurück. Er forderte eine Entschuldigung von Andrew Gilligan und der BBC. Zudem verlangte er die Bekanntgabe der anonymen Quelle. Erst schützten Gilligan und die BBC ihre Quelle. Aber aufgrund öffentlichen Drucks und den Forderungen der Labour-Regierung outete die BBC den Waffenexperten David Kelly als ihren Informanten. Wobei die BBC wiederum betonte, die Quelle sei durch ein Leak im Verteidigungsministerium bekannt geworden. Jedenfalls war der Waffenexperte Kelly durch die Veröffentlichung seines Namens so geschockt, dass er sich das Leben nahm. Er schnitt sich die Pulsadern auf. Blair setzte kurz darauf eine Kommission ein, die die gesamte dramatische Causa untersuchen sollte. Im Zuge der Aufklärung kam zwar zu Tage, dass Campbell tatsächlich Formulierungsvorschläge gemacht hatte, die Begriffe zuspitzte und die Lage dramatisierte. Die Kommission sprach ihn aber dennoch frei. Campbell argumentierte, er hätte zwar die Formulierungen um Fakten herum verändert, die Fakten selbst jedoch nicht. Campbell gab nie, auch nicht nach seiner Karriere, ein Fehlverhalten zu. Der Mehrheit der Kommentatoren in Großbritannien war aber klar, dass der Freispruch zwar formal, nicht jedoch moralisch zulässig war. Womöglich dämmerte das aber auch Campbell selbst. Denn obwohl er freigesprochen wurde, zog er sich sehr bald nach dieser vom BBC-Journalisten Andrew Gilligan öffentlich gemachten Affäre aus seinem Amt zurück. Allerdings nicht ohne Worte in der für ihn typisch feinen, englischen Art: »Fuck Gilligan!«

Das Ringen um den Boulevard und um die Mitte

Ähnlichen Voraussetzungen wie Tony Blair in Großbritannien sah sich fast zeitgleich der deutsche Kanzlerkandidat der Sozialdemokraten, Gerhard Schröder, gegenüber. Die deutsche Politik war seit Beginn der 1980er-Jahre von der konservativen CDU/CSU bestimmt worden. Die deutsche Bevölkerung galt mehrheitlich als bürgerlich, konservativ und wirtschaftsliberal.

So wie in England die *Sun* rechtskonservativ eingestellt war und lange den Thatcherismus der Tories unterstützte, galt die deutsche *Bild* als Unterstützerin der konservativen CDU, insbesondere von Kanzler Helmut Kohl. Die Dominanz von Kohl in der deutschen Innenpolitik war enorm, spätestens seit er 1990 zum »Kanzler der Wiedervereinigung« geworden war. Wobei Kohl mit dem linken *Spiegel* auf Kriegsfuß stand. Kohl war bekannt dafür, unwirsch zu reagieren, war daher aber auch authentisch. Der *Spiegel* widmete ihm Titelseite um Titelseite, stets sehr kritisch, teils ging der

Spiegel schon fast im Kampagnenstil gegen den Kanzler vor. Ein paar Mal erwischten *Spiegel*-Reporter den Kanzler aber doch. Die wenigen »Interviews«, sofern man das so nennen kann, waren sehr kurz und lesen sich wie folgt.

Kohl: »Von allen Ihren Kollegen stellen Sie in Deutschland die dümmsten Fragen! Aber ich gewinne trotzdem die Wahl, was immer Sie ...«

»Sie kommen hierher mit einer vorgefassten Meinung. Mich interessiert Ihre Frage jetzt wirklich überhaupt nicht!«

»Interview mach ich ganz gewiss jetzt keines. Mach ich sonst nicht, warum soll ich's heute machen?«

»Lesen Sie Ihr Magazin am Montag, da haben Sie für den Rest der Woche zu tun!«

Während er zwar mit dem Hamburger *Spiegel* ab 1977 diese innige Feindschaft pflegte, verstand er sich sehr gut mit der *Bild* im Eigentum des Axel-Springer-Verlags. Der ehemalige Chefredakteur der *Bild*-Zeitung, Hans-Hermann Tiedje, wurde Kohls Kommunikationsberater, der spätere Chefredakteur der *Bild*, Kai Diekmann, war später Trauzeuge Kohls gewesen. Ebenso gut war Kohl mit dem Medienmogul Leo Kirch, der am Springer-Verlag beteiligt war und dem große Privatsender gehörten. Mit Kirch ging Kohl nach seiner politischen Karriere eine Partnerschaft ein. Das Honorar, das Kirch an Kohl für Beratungstätigkeit zahlte, sorgte 1999 für einige Aufregung.

So wie Tony Blair »New Labour« in die politische Mitte rückte, propagierten Schröders Spindoktoren nun »die neue Mitte« für die SPD. Dabei ging es um eine pragmatische Politik, die nicht an linken Idealen festhielt, sondern sich mit der freien sozialen Marktwirtschaft arrangierte. Das traf damals mehrheitlich auf die Zustimmung der deutschen Bevölkerung.

Was Schröder genauso wie Tony Blair versuchte, war, die größte Boulevardzeitung für sich zu gewinnen, die bislang auf der Seite der Konservativen gestanden war. Dazu machte er einen cleveren Schachzug: Er bestellte den langjährigen *Bild*-Journalisten Béla Anda zum Sprecher seiner Regierung. So erhielt er einen direkten Draht zu dem großen Boulevardmedium. Legendär wurde damals Schröders Spruch: »Zum Regieren brauche ich nur ›Bild‹, ›Bams‹ und Glotze«, neben der Zeitung also die *Bild am Sonntag* und das Fernsehen. Mit der pragmatischen Politik der »neuen Mitte« und dem Boulevard im Rücken gewann Schröder die Bundestagswahl und eroberte das Kanzleramt, das er nach einer Periode noch einmal erfolgreich verteidigen konnte.

Auf Schröder folgte erstmals eine Frau im Kanzleramt. 16 Jahre lang war Angela Merkel Kanzlerin und gilt damit als eine der prägendsten europäischen Politikpersönlichkeiten der letzten Jahrzehnte. Ihre Medienpolitik wird nicht einhellig bewertet, eines sagen aber alle: Sie machte sich oft rar. Ob zu rar, ist umstritten.

Anders als ihre Vorgänger im Kanzleramt suchte sie weniger Nähe zur Presse. Während sich sowohl Kohl als auch Schröder bewusst gut mit dem Boulevard stellten, herrschte bei Merkel nach allgemeinem Urteil der Kommentatoren eine gewisse Distanz. Gleichzeitig legte sie sich auch mit keinem Medium an. Sie behandelte alle Medien gleich distanziert. Sie sei »frei von Kumpeleien« gewesen. Gerade dadurch habe sie es aber geschafft, dass irgendwann »fast alle Medien einer Meinung mit Merkel« waren, sagten Kommunikationsexperten zum Ende ihrer Amtszeit.

Wiederum andere sahen das völlig konträr und erkannten in Merkels Umgang mit den Medien durchaus eine konkrete, sehr schlaue Strategie. Sie hat als erste Frau im Amt auf ganz neue, aber breitenwirksame Medien gesetzt. So gab sie beispielsweise der Illustrierten *Die Bunte* regelmäßig Interviews. Dort offenbarte sie Kartoffelsuppe als ihre Lieblingsspeise oder gab zu, als Jugendministerin täglich eine Packung Zigaretten geraucht und einmal zu viel Kirsch-Whiskey getrunken zu haben. Sie sprach auch mit Jugendmagazinen und gab ihre Lieblings-Emojis (Smiley, Herz und die Torte zum Geburtstag) preis. Und sie ließ sich für das US-Magazin *Glamour* fotografieren, ein Blatt, das in der Regel Hollywoodstars wie Jennifer Lawrence oder Reese Witherspoon ablichtete. In all diesen sehr breitenwirksamen, aber politikfernen Medien sind über die Jahre erstaunliche Informationen über die Privatperson Angela Merkel bekannt geworden. Die oft kühl und unnahbar wirkende Kanzlerin wurde für die Menschen damit greifbar. Mit Auftritten in der Tagespolitik machte sich die Kanzlerin dagegen rar, so viel steht fest. Trotzdem oder vielleicht gerade deshalb wird sie im politmedialen Marketingkontext in den künftigen Jahren für nur einige wenige Aussagen bekannt bleiben.

Sowohl in der Migrationskrise 2015 als auch in der Zeit der Pandemie 2020 seien die Medien »Frau Merkel auf dem Schoß« gesessen, wurde im Deutschlandfunk von Medienwissenschaftlern analysiert. Von einigen Kommentatoren wurde als Grund dafür angeführt, dass laut verschiedener Studien Medienvertreter in Deutschland mehrheitlich politisch links oder Mitte-links eingestellt seien. Und dass Merkel auch politisch-inhaltlich die Mitte suchte und teils darüber hinaus in den linksliberalen Bereich strahlte. Das Magazin Cicero bezeichnete die Politikerin im Jahr 2017 als »erfolgreichste sozialdemokratische Kanzlerin der Geschichte«. Sie stieg aus der Atomenergie aus, in der Sozialpolitik profitierte sie von den harten Reformen ihres Vorgängers, die sie teils sogar entschärfte, in der Migrationspolitik verfolgte sie liberale Positionen.

Mit der Zeit gehen und auf moderne Technologien setzen

Das Jahr 2017 war geprägt von einer Unzufriedenheit der Bevölkerungen in den europäischen Staaten mit ihren jeweiligen Regierungen und den Institutionen der EU. Die Migrationskrise hatte für viele offenkundig gemacht, dass die EU nur begrenzt in der Lage war, Krisen zu lösen. Hinzu kam in vielen Ländern ein Gefühl, dass man nur mehr vom Wohlstand, Aufbau und Ruhm früherer Generationen zehrte und in die Gegenwart nichts mehr nachkomme. Es herrschte gefühlter Stillstand. In Frankreich ergriff Emmanuel Macron in dieser Situation seine Chance. Medien befinden heute im Rückblick auf 2017, was Macron damals angetrieben habe, sei sein Wille gewesen, zu gestalten. Als Minister durchlebte er Jahre des Stillstands und der Entscheidungsschwäche unter der Regierung seines Vorgängers, des sozialistischen Präsidenten François Hollande. Einem Regierungskollegen soll der damalige Wirtschaftsminister Macron angekündigt haben: »Wenn ich an die Macht komme, werde ich alles mit einem Eispickel zertrümmern.« Als er dann tatsächlich kam, setzte er unzählige Maßnahmen in Gang und begann, das Land ordentlich umzukrempeln. Dabei hielt er sich nicht an die reine linksliberale Doktrin. Seine Politik war unternehmerfreundlich, entlastete auch die oberen Einkommensgruppen und er zog eine Entrümpelung des gewerkschaftsdominierten Arbeitsrechts samt Lockerungen im Kündigungsschutz durch. Unternehmen mit weniger als fünfzig Mitarbeitern erlaubte er, Arbeitszeiten und Gehälter ohne die Branchenvereinbarungen mit den Gewerkschaften festzulegen. Zudem schaffte er die Vermögenssteuer ab und beschränkte sie auf Immobilien, um Steuerflüchtlingen die Rückkehr nach Frankreich und die Schaffung neuer Arbeitsplätze zu ermöglichen. Als die linke Opposition begann, ihn als »Präsidenten der Reichen« zu brandmarken, kündigte Macron einen nationalen Plan zur Überwindung der Armut in Frankreich an. Dazu reformierte er das Arbeitslosengeld mit der Pflicht zur Arbeitssuche, jedoch als bedingungsloses Grundeinkommen. Letztlich kam es unter seiner Führung auch zu einer Verschärfung des Asylrechts. Heute gilt seine Politik als liberal, sowohl wirtschafts- als auch sozialliberal, und proeuropäisch.

Macrons Stil wurde von der linksliberalen französischen Zeitung Le Monde nach der ersten Phase seiner Amtszeit mit der Beschreibung »samtenes Lächeln, eiserne Faust« zusammengefasst. Das eher bürgerliche Blatt Le Figaro berichtete einmal, dass Macron alle seine Minister zu einer Sitzung versammelte, um sie dort verbal niederzubügeln. Sie hätten sich erdreistet, Insiderinformationen aus der Regierung an Medien zu geben. Der Präsident soll dort verlangt haben, dass er und sein Team die alleinige Hoheit über die Informationen hätten, die an die Presse gehen. Zudem schaffte er die Doorsteps vor der Regierungssitzung ab, wo traditionell die Minister am Rande der Ministersitzung an den Kamerapulks der Medien vorbeigingen und ein paar Sätze in die Mikrofone sagten. Das Beraterteam rund um Macron hätte die Macht übernommen und sei zu einer Art Parallelregierung geworden, die die Minister nach ihrer Pfeife tanzen lasse, fasste Le Monde zusammen.

Im Sommer 2021 startete Emmanuel Macron als einer der ersten Regierungschefs einen eigenen Kanal auf der asiatischen Videoplattform TikTok. In dunklem T-Shirt, braun gebrannt, dahinter die französische Fahne begann Macron, von seinem Urlaub an der Côte d'Azur aus mit der Jugend zu kommunizieren. Seit damals ließ er regelmäßig kurze Videos von sich drehen und veröffentlichte diese auf TikTok und Instagram. Macron gewährte dabei Einblicke, lieferte Erklärungen und beantwortete Fragen – über die vierte Coronawelle oder die Vorteile der Impfung zum Beispiel. Für weltweites Aufsehen in den sozialen Netzwerken sorgte ein spezieller Versuch, ein Jahr vor seiner zweiten

Wahl bei der jugendlichen Zielgruppe einen viralen Hit zu landen. Dazu nutzten seine Strategen populäre Größen der Jugendkultur. Macron ging eine Partnerschaft mit zwei französischen YouTube-Stars ein, die sich schon 2017 politisch gegen die rechtsnationale Politikerin Marine Le Pen engagiert hatten.

Die Partnerschaft bestand aus drei Akten. Zunächst veröffentlichte Macron in den sozialen Medien eine Videobotschaft mit dem Aufruf an die beiden, sie mögen ihre Präsenz doch nutzen, um die Coronaregeln zu erklären. Würden sie die Marke von zehn Millionen Views erreichen, dürften sie in den Élysée-Palast kommen. Die beiden stiegen darauf ein. Sie bastelten einen Musikvideoclip, der ein viraler Hit wurde. Das Video knackte die Marke und wenig später lud Macron die beiden in seinen Amtssitz ein. Dort nahmen sie ein gemeinsames Video auf. Zu sehen: der Präsident in einem Ratewettbewerb mit den beiden YouTubern. Unter anderem mussten die YouTuber raten, ob es stimmt, dass Macron den französischen Starfußballer und Weltmeister Kylian Mbappé betreut. Sie tippten auf »Nein«. Die Auflösung kam von Mbappé persönlich, der im Video sagte: »Unmöglich.« Der Clip endete mit dem Auftritt einer französischen Rockgruppe im Garten des Palasts. Das Video wurde ein Megahit und verhalf Macron zu einem Popularitätsschub in der jüngeren Wählergruppen.

Die Nirvana-Taktik

In der Medienszene in Österreich erzählte man sich in den 2000er-Jahren folgende Geschichte: Charly Blecha, legendärer Parteisekretär der SPÖ unter Bundeskanzler Bruno Kreisky in den 1970ern, habe Kreisky einst einmal gesagt: »Chef, wir brauchen die Wissenschaft, die Justiz und die Medien. Dann regieren wir ewig.« Ob es diese Aussage tatsächlich je gab, kann kaum mehr geklärt werden. Unbestritten ist jedoch, dass die SPÖ unter Kreisky die Medienpolitik neu erfand und dabei eine bis dahin nicht bekannte Brillanz entwickelte. Ein Beitrag des österreichischen Radiosenders Ö1 unter dem Titel »Kreisky, der Journalistenkanzler« schlussfolgerte, Kreisky hätte die Medien als eine Chance gesehen, die er »wie keiner vor ihm und vielleicht auch wie kaum einer nach ihm für sich und seine politischen Anliegen zu nützen gewusst hat«.

Schon ab den späten 1960er-Jahren erkor der damalige SPÖ-Chef einen kleinen Kreis an Journalisten der wichtigsten Medien aus, um die er sich speziell kümmerte und exklusiv betreute. Überliefert sind Anrufe Kreiskys bei seinen favorisierten Journalisten zu später Stunde, in denen er diese um Rat fragte und mit ihnen plauderte, sie mit Insiderwissen und Hintergrundinfos versorgte. Er lud sie zu Runden ins Kanzleramt ein und nahm sie auf seine Reise in den Nahen Osten und zu sonstigen Staatsbesuchen mit.

Auch wusste Kreisky wie kein anderer österreichischer Politiker vor ihm, das neue Medium Fernsehen zu nutzen. Nicht nur, dass er den Chefredakteur der SPÖ-Arbeiterzeitung zum Chefredakteur des ORF machte, nutzte er die TV-Nachrichten geschickt, um sich dort mit regelmäßiger Präsenz in Szene zu setzen. Dazu erfand er auch das »Pressefoyer« nach dem wöchentlichen Ministerrat, wo er in einer lockeren Form einer Pressekonferenz die Medien zu sich holte. Eine aus damaliger Sicht herausragend geniale Neuerung, um die Öffentlichkeit über die Tätigkeit der Regierung zu informieren. Sie signalisierte außerdem Offenheit und Öffnung, passend zur Ausrichtung von Kreiskys genereller Politik.

Zudem war sich der Kanzler der ungeheuren Schlagkraft der *Kronenzeitung* bewusst und pflegte regen Kontakt mit deren mächtigen Herausgeber Hans Dichand. Kreisky war ein wahrer Meister der Medienarbeit. Er verband Charisma mit Instinkt und Schläue mit Wissen. Und er nutzte die neuen Technologien und Methoden der Information früher als alle anderen. Ein Weggefährte schrieb vor wenigen Jahren über Kreisky, dass der Kanzler der Erste gewesen sei, der mit der über Jahrzehnte üblichen Gepflogenheit brach, politische Probleme zuerst innerhalb der Partei oder der Regierung zu diskutieren, bevor man an die Öffentlichkeit ging. Davor war der Weg immer der gleiche: zuerst Debatte in der Partei, dann Kommunikation nach außen und Überzeugung der Bevölkerung. Kreisky stellte diesen Mechanismus auf den Kopf: Zuerst machte er Stimmung in der Öffentlichkeit, um danach durch den medialen Druck seine Partei zu überzeugen. Dazu der Wegbegleiter von damals: »Er wollte mit der Öffentlichkeit Politik machen.«

Die Nachfolger Kreiskys kamen vielleicht nicht an seine Genialität in der Pressearbeit heran, aber die Fähigkeit der SPÖ im Umgang mit Medien und ihre Affinität zur Öffentlichkeitsarbeit waren über Jahrzehnte um Welten stärker ausgeprägt, als das bei der konservativen ÖVP der Fall war. Während Kreisky all seine ÖVP-Widersacher wie Hermann Withalm oder Josef Taus medial deutlich schlug, wurde auch Kanzler Franz Vranitzky um ein Vielfaches besser medial verkauft als die Parteichefs der ÖVP Alois Mock, Josef Riegler oder Erhard Busek. Aus dem damaligen Umfeld der SPÖ-Medienhandwerker gingen später zahlreiche bekannte und erfolgreiche Medienmanager hervor: Gerhard Zeiler als späterer Generalintendant des ORF, danach Chef des deutschen Senders RTL und Time-Warner-Manager. Hans Mahr als Geschäftsführer der *Kronenzeitung* und später RTL-Chefredakteur. Oder Josef Kalina, heute Inhaber einer der größten PR-Agenturen des Landes. Es war überhaupt ein internationaler Trend der 1990er-Jahre, dass die Mitte-links-Parteien speziell durch ihren Vorsprung in der Pressearbeit auf der Erfolgswelle schwammen.

Die SPÖ hatte über Jahre das Handwerk der Öffentlichkeitsarbeit weiterentwickelt, perfektioniert, orientierte sich an internationalen Trends und war der Volkspartei stets um Meilen voraus und hoch überlegen. Als Sebastian Kurz im Jahr 2017 Obmann der ÖVP wurde, hatte die Partei keine gute Bilanz bei Bundeswahlen vorzuweisen. In den rund fünfzig Jahren davor, zwischen 1967 und 2017 mit den Kanzlern Josef Klaus bis Werner Faymann und

Christian Kern, hatte es zwölf Nationalratswahlen gegeben. Von diesen zwölf Wahlen errang die ÖVP bei einer
den Sieg. Elf gewann die SPÖ. Elf von zwölf. Oft verwendete man eine Metapher aus der Musik, um diese Dominanz
zu beschreiben: Die SPÖ beherrschte die Medienorgel
besser. Sie hatte das größere und bessere Instrumentari-
um, sagte man.

Bleiben wir bei der Musik und gehen nochmals in der
Zeit etwas zurück. Anfang der 1990er-Jahre gab es international und auch in Österreich eine Auseinandersetzung
zwischen zwei Gruppen der Jugendkultur: Auf der einen
Seite standen die sogenannten Popper, dazu zählten auch
Mods und Scooterboys, auf der anderen die Hardrocker
und Heavy-Metal-Anhänger. Die erste Gruppe fuhr Vespa-
Motorroller und hörte Undergroundmusik und Independent, etwa von Bands wie U2 oder The Cure. Die zweite fuhr
schwere Motorräder und hörte Hardrock von Rockbands
wie Metallica oder Aerosmith. Die beiden Gruppierungen waren verfeindet, nicht selten kam es zu Schlägerei-
en und Tumulten. Hardrocker veranstalteten Wettbewerbe
wie Vespa-Weitwerfen, Popper fuhren ab und an mit ihren
Rollern in die von ihnen als Proletendiscos bezeichneten
Rockerklubs, um handgreifliche Auseinandersetzungen zu
provozieren. Popper und Rocker waren spinnefeind. Sie hatten nichts gemeinsam.

Im Jahr 1993 passierte dann etwas Unerwartetes. Eine Mu-
sikgruppe aus Seattle veröffentlichte die Single *Smells Like
Teen Spirit* und landete einen internationalen Hit. Die Band
hieß Nirvana. Mit ihrem Leadsänger Kurt Cobain elektri-

sierte sie eine ganze Generation. Das Erstaunliche dabei war: Die Popper fanden die Musik gut und bezeichneten sie als Poppermusik. Aber auch die Rocker waren begeistert und ordneten den Nirvana-Titel als Heavy-Metal-Song ein. Irgendetwas war passiert. Es entstand eine seltsame Orientierungslosigkeit, die Dinge verschwammen und vermischten sich. Die Konturen der bis dahin verfeindeten Gruppierungen begannen, sich aufzulösen. Nicht nur, dass alle Nirvana gut fanden, plötzlich hörten ehemalige Popper die Rockerband Metallica und ehemalige Rocker hörten auf einmal U2. Eine neue Jugendkultur entstand.

Was aber war geschehen? Wie war das möglich? Bis heute rätseln Musikwissenschaftler und es gibt nach wie vor unterschiedliche Theorien und keine einhellige Erkenntnis. Im Jahr 1993 war ich selbst Mitglied einer Musikband und konnte diese Entwicklung mitverfolgen. Meine Theorie ist relativ simpel und ich habe das Gefühl, durchschaut zu haben, was passiert war: Nirvana spielte Melodien der Popper, aber mit Instrumenten des Heavy Metal. Die in Moll gehaltenen dunklen Melodien der Nirvana-Songs hätten gut und gerne von The Cure oder anderen Undergroundbands stammen können. Aber sie wurden mit metallisch hartem Schlagzeug und härtest verzerrten Gitarrensounds des Heavy Metal umgesetzt. Es waren Poppermelodien im Heavy-Metal-Sound.

Das war es auch, was Sebastian Kurz und die von ihm initiierte Bewegung machte. Man hielt an den Melodien der ÖVP fest, aber gleichzeitig hatten der einstige JVP-Chef Kurz und die Mitglieder seines Teams über all die

Jahre das mediale Handwerk der SPÖ-Medienorgel und die Methoden Bruno Kreiskys studiert. Und sie begannen, die Instrumente der SPÖ zu nutzen. Man begriff die Prinzipien der Medien und versuchte, sie mit den Idealen der Partei zu vereinen. Dazu gehörte, dass man Vollständigkeit stets hochhalten muss, aber Verkürzung nötig ist. Dass Substanz zählt, aber Relevanz ebenso. Dass Objektivität ein hohes Gut ist, aber Sympathie eben auch eine Rolle spielt. Und dass Sachlichkeit immer geboten ist, aber ohne Verständlichkeit nicht funktioniert. Kurz hatte schlicht die Methoden von Kreisky kopiert. Ich nannte das später einmal »Nirvana-Taktik«.

Ist Sebastian Kurz also quasi der Kurt Cobain der österreichischen oder europäischen Politik? Die politischen Gegner von Kurz werden diesen Vergleich als ein frevelhaftes Vergehen an dem bedauerlicherweise früh verstorbenen Nirvana-Musiker betrachten. Der geniale Rockstar Cobain wurde am Höhepunkt seiner Karriere tot aufgefunden. Ob der Vergleich mit Kurz passt, wird nie endgültig geklärt werden. Fest steht jedenfalls nur, Sebastian Kurz ereilte ebenfalls ein früher – politischer – Tod.

An dieser Stelle muss noch einmal daran erinnert werden, dass es in der Politik um viel mehr geht als nur um Publicity. Es geht darum, eigene Ideale und Vorstellungen umzusetzen. Sowohl Kreisky als auch Vranitzky waren einerseits zwar hervorragende Kommunikatoren, aber das war selbstverständlich nicht der alleinige Grund für ihre Wahlerfolge, sondern vielmehr die Inhalte ihrer Politik, die jeweils zu dieser Zeit den Bedürfnissen der Bevölkerung mehrheitlich entsprachen. Genauso war das freilich bei Kurz. Auch er war zweifelsohne ebenfalls ein starker Kommunikator, aber für seinen Erfolg zeichnete verantwortlich, dass er zu seiner Zeit die Politik machte, die mehrheitlich auf die Zustimmung der Bevölkerung traf. Seine Politik war einerseits bürgerlich-konservativ – mit dem Abbau von Schulden, dem erstmaligen Erreichen eines faktischen Nulldefizits und der Senkung von Steuern. Gleichzeitig setzte er viel stärker als seine Vorgänger auf soziale Wärme, indem kleine Pensionen erhöht wurden und ein Steuerbonus für Familien eingeführt wurde. Zudem setzte er mit Härte in der Migrationspolitik auf Wertkonservatismus .

Mit Kreisky und Vranitzky hat Kurz übrigens noch etwas gemeinsam: Seine Kanzlerschaft wurde nicht durch demokratische Wahlen beendet. Seine Gegner sagen, er sei über echte Korruption gestolpert. Wegen der Vorwürfe, die ihm und anderen gemacht wurden, gibt es Untersuchungen, die 2022 noch nicht abgeschlossen waren. Kurz sei über sein wahres Gesicht gestolpert, das zum Vorschein gekommen war, sei er doch nichts als ein Blender gewesen, sagen die Gegner. Seine Fans sehen seinen Abgang als einen nicht demokratisch legitimierten Sturz durch eine vereinigte linke Schmutzkübel-Armada, für die es ein Naturgesetz zu sein scheint, dass nur ein SPÖ-Politiker Kanzler sein darf. So verwundert es auch nicht, dass die Auswirkungen auf die Republik unterschiedlich betrachtet werden. Für die einen wurde großes Unheil von Österreich abgewendet, so wie in *Herr der Ringe* das friedliche Auenland vor dem bösen Mordor geschützt wurde. Für die anderen ist ein Erlöser frühzeitig von bösen Kräften aufgehalten worden, so wie der Nibelungenheld Siegfried von Hagen hinterrücks gemeuchelt wurde. In dieser Erzählung wäre ein Mobiltelefon, aus dem die zweifelhaften Textnachrichten stammen, die zum Rückzug des Kanzlers führten, quasi das Lindenblatt, das Kurz auf die Schulter gefallen war und ihn an dieser Stelle verwundbar machte. Es wird nicht überraschen, dass ich als Autor dieser Zeilen der zweiten Gruppe angehöre.

3.2. Offensive und das Nutzen des Momentums

»Nutze das Momentum!« wurde zur geflügelten Phrase in der Polit- und Medienbranche. Im Lateinischen beschreibt der Begriff die »Dauer einer Bewegung«. Im Englischen ist »momentum« die physikalische Bezeichnung für einen Impuls. Seit einigen Jahrzehnten wird in den USA und Großbritannien der Begriff auch im Bereich Politik und Medien verwendet und kam von dort in den deutschen Sprachraum. Am ehesten ist er mit »Schwung« zu erklären. Ein Impuls, sprich ein Ereignis, das eine mediale Berichterstattung auslöst, die dann für eine gewisse Dauer nicht verloren gehen kann oder soll und die positiv genutzt werden sollte. Ein Momentum wird dabei von einem Ereignis ausgelöst, das entweder fremdbestimmt passiert oder durch einen selbst. Wofür man ein Momentum in der Politik und Wirtschaft brauchen kann, soll in diesem Kapitel dargestellt werden.

Das erste Momentum

Ursprünglich kommt der Begriff aus dem amerikanischen Sport der 1960er. Er wurde verwendet, um zu beschreiben, dass in einem Team durch ein Ereignis, etwa einen Torerfolg, ein neuer Team- oder Kampfgeist entstand. Wurde etwa ein Tor erzielt, löste das ein Momentum in der Mannschaft aus. Ein gewonnenes Spiel konnte ein noch größeres Momentum, eine Siegesserie, auslösen. Und so weiter.

Erstmals politisch verwendete den Begriff der republikanische Politiker George Bush senior. Er hatte für die US-Präsidentschaftswahl 1980 einige Vorwahlen gewonnen und soll daraufhin gesagt haben: »Was wir jetzt haben, ist Momentum ... wie sie im Sport sagen.« Am Ende reichte das Momentum für ihn nicht aus. Bush musste sich Ronald Reagan geschlagen geben, der ihn in der Folge aber als Vizepräsidenten nominierte. Acht Jahre später wurde Bush dann selbst Präsident.

Das dramatische Momentum

Sein Sohn, George W. Bush, sollte Jahre später die Erfahrung machen, dass ein Momentum nicht zwingend durch ein positives Ereignis ausgelöst werden muss, sondern auch durch ein negatives, wie durch die schrecklichen Ereignisse am 11. September 2001. Die Werte von Präsident Bush junior waren davor schon bald nach seiner Wahl im Jahr 2000 gefallen. Debatten über umstrittene Stimmauszählungen, der Ausstieg der USA aus den Klimazielen des Kyoto-Abkommens und der Verlust der Mehrheit der Republikaner im Senat rüttelten an Bushs Umfragewerten. 9/11 löste ein riesiges Momentum aus, weil eine lang anhaltende mediale Berichterstattung folgte. Der amerikanische Präsident konnte das Momentum nutzen. Er stellte sich an die Spitze der Verteidiger westlicher Werte, denen der Angriff gegolten habe. Ein Volk rückt in so einer traumatischen Lage zusammen und stellt sich hinter einen Anführer, wenn der angemessen agiert, und vergisst für eine Zeit lang parteipolitische Zugehörigkeiten. Bush dankte medienwirksam den Helden, allen voran öffentlichen Kräften wie den Feuerwehrleuten. Die kollektiv getroffene amerikanische Öffentlichkeit verlangte Vergeltung, weshalb Bush auch eine große Mehrheit hinter sich hatte, als US-Truppen in Afghanistan einmarschierten, um gegen die Taliban vorzugehen, die den mutmaßlichen Hintermann der Terrorattacke, Osama bin Laden, versteckten. »We will smoke them out«, kündigte Bush an.

Ein dramatisches Momentum kann sogar dazu führen, eine große Karriere eines Menschen auszulösen. Zum Beispiel kann es für einen kleinen Senator einer Polizeibehörde in einer deutschen Stadt zum Sprungbrett für eine ganz große Karriere werden.

1962 kam es in Norddeutschland zu einer Sturmflutkatastrophe. In der Nacht vom 16. auf den 17. Februar erreichten die Flüsse Elbe und Weser nie zuvor gemessene Höchstpegelstände und verursachten Deichbrüche und schwere Überschwemmungen, die 340 Menschen das Leben kosteten. Es war ein Schock für die gesamte Republik. Als Krisenmanager fungierte der Innensenator der Stadt Hamburg, der durch seine mediale Präsenz in dieser Nacht in ganz Deutschland bekannt wurde und in der Folge hohes Ansehen und Popularität erlangte. Die SPD machte den populären Krisenmanager wenige Jahre später zunächst zum stellvertretenden Parteivorsitzenden und nur kurz darauf zum Fraktionschef im deutschen Bundestag. 1969 wurde er Verteidigungsminister, 1972 Finanz- und Wirtschaftsminister. 1974 schließlich wurde Helmut Schmidt von den Deutschen zum Bundeskanzler gewählt. Der blieb er bis 1982.

Ein Momentum zieht in der Regel große mediale Präsenz nach sich, weil viel über das Ereignis und seine Auswirkungen berichtet wird. Um so ein Momentum zu nutzen, ist es erforderlich, dass man selbst diese mediale Präsenz in Anspruch nimmt.

Im Jahr 2020 wurde die Welt vom Coronavirus getroffen. Die Dramatik der Lage war uns lange Zeit nicht bewusst. In einem Telefonat mit Israels Premierminister Benjamin »Bibi« Netanjahu sagte dieser Kanzler Sebastian Kurz Anfang März sinngemäß: »Ihr in der EU habt keine Ahnung, was auf euch zukommt«, und versetzte den österreichischen Regierungschef in Alarmstimmung. Das wirkliche Ausmaß der Bedrohung wurde aber erst Mitte März klar, als international öffentlich bekannt wurde, dass rund zwanzig Prozent der Erkrankten ins Spital mussten und rund zwei Prozent am Virus verstarben. Diese Information brachte der damalige Gesundheitsminister Rudolf Anschober zunächst vertraulich am 11. März aus einer Ministertagung in Brüssel mit in eine Sitzung der türkis-grünen Regierung, in der letzte Zweifler, die das Virus für eine harmlose Grippe hielten, überzeugt wurden.

Die Pandemie hatte als völlig neues Thema eine plötzliche, enorme mediale Präsenz. Niemand war zu Lebzeiten je mit einer Pandemie konfrontiert gewesen. Für Wochen, ja Monate beherrschte dieses Thema die Medien fast alleine. Die Berichterstattung fokussierte sich natürlich auf die Regierung. Es war klar, dass die Medien wissen wollten, wie gehandelt wird, welche Regeln gelten. Diese Entscheidungen traf die Regierung, weshalb deren Pressekonferenzen in den Fokus rückten. Wie nie zuvor hatten politische Entscheidungen unmittelbare und gravierende Auswirkungen auf die Menschen. Wenn Schulen geschlossen und Geschäfte zugesperrt werden, wenn ich nicht mehr zur Arbeit kann und – überhaupt – wenn ich gar nicht mehr außer Haus gehen darf, dann betrifft das mein Leben in einer Direktheit, die noch wenige Wochen davor völlig undenkbar war.

In dieser Zeit hatte die Regierung das in diesem Fall dramatische Momentum auf ihrer Seite. Niemanden interessierte, was die Opposition sagte. Sie traf keine Entscheidungen. Es war nur relevant, was die Regierung sagte und entschied. Die österreichische Regierung handelte laut späteren Umfragen aus Sicht der Bevölkerung entschlossen und machte einiges richtig. Die Zustimmungswerte stiegen in schon sehr lange nicht mehr da gewesene Höhen. Die Volkspartei hatte die Wahlen mit 37,5 Prozent gewonnen und kletterte nun in den Umfragen auf weit über vierzig Prozent. Die Grünen als kleinerer Koalitionspartner stiegen auf 16 Prozent. Der damalige Kanzler Sebastian Kurz erzählte später, dass er aufgrund der Warnungen aus Israel frühzeitig um die gefährliche Beschaffenheit des Virus wusste, weshalb Österreich als erstes Land in Europa einen Lockdown verhängte und als zweites Land nach Tschechien auf Masken setzte. Österreich galt international als »First Mover«. Dass ein Momentum eine begrenzte Dauer hat, zeigte sich auch in diesem Fall. Schon wenige Monate später trübte sich die Stimmung in der Bevölkerung ein. Die Umfragewerte der Regierungsparteien gingen wieder zurück und stabilisierten sich rund um die Ergebnisse der letzten Wahl.

Das historische Momentum

Ein historisches Momentum löste der Zusammenbruch der DDR mit dem Fall der Berliner Mauer 1989 aus. Die Bilder sind unvergessen. Doch schon im Frühjahr des Jahres 1990 war die Euphorie des Mauerfalls der Ernüchterung gewichen. Auf die überwältigende Ergriffenheit des historischen Moments folgte der Alltag. Die großen Emotionen und Illusionen verblassten. Das Ausmaß der exorbitanten Staatspleite des Ostens wurde nach und nach bekannt und der Bevölkerung im Westen dämmerte, dass sie den Aufbau im Osten wohl mit ihrem eigenen Steuergeld finanzieren musste.

Die SPD griff diese Stimmung auf. Es entspann sich ein Streit zwischen Kohl und Lafontaine über Zeitpunkt und Finanzierung der Wiedervereinigung Deutschlands. Lafontaine warnte vor explodierenden Kosten, einer Überschuldung und höheren Steuern. Kohl aber hielt weiter am historischen Momentum fest und plädierte für die rasche Wiedervereinigung. Er sprach davon, dass die neuen Bundesländer im Osten zu »blühenden Landschaften« werden sollten. Am Ende überwog doch noch das historische Momentum und Helmut Kohl gewann die Wahl. Selbst die Linken, die normalerweise Begriffe wie »Vaterland«, »Stolz« und »Volk« skeptisch sahen, wollten der Geschichte diesmal eine Chance geben.

Ein historisches Momentum ergriff auch ein Politiker der israelischen Arbeiterpartei, Schimon Peres. Eigentlich hatte Peres das Image des ständigen Verlierers. Er gewann nie eine Wahl, trat bei fünf Parlamentswahlen an und verlor alle. Bei einer Parteitagsrede rief er einmal in den Saal: »Die Leute sagen, ich sei ein Verlierer. Ich frage euch: Bin ich ein Verlierer?!« Er erwartete »Nein-Rufe, doch es kam stattdessen ein Ja. Überliefert ist, dass es in der Knesset, dem israelischen Parlament, den Spruch gab: »Peres verliert sogar, wenn er gegen sich selbst antritt.« Dennoch bekleidete der von allen geachtete Peres unzählige Ämter, war zweimal Regierungschef, von 1984 bis 1986 und von 1995 bis 1996, mehrmals Vizepremier zudem Außenminister und von 2007 bis 2014 Staatspräsident. Seine Erfolge erzielte Peres nicht bei Wahlen, sondern durch seine historisch bedeutende Rolle für den Staat Israel, dessen Werdegang er von den Anfängen an der Seite von Staatsgründer David Ben-Gurion an bis zu seinem Tod maßgeblich mitbestimmte. Der prägendste Moment war sicherlich der Oslo-Friedensprozess, durch den der ewig schwelende Nahostkonflikt zwischen Israel und den Palästinensern vorübergehend beigelegt und für längere Zeit entschärft wurde, wofür er gemeinsam mit Jitzchak Rabin und Palästinenserführer Jassir Arafat den Friedensnobelpreis erhielt.

Bei seinem Staatsbesuch in Österreich als Präsident im Jahr 2014 hatte ich den Auftrag, ein Gastgeschenk zu organisieren. Ich besorgte eine originale Haggada, ein Gebetsbuch, das die Juden für das Pessachfest verwenden, die in seinem Geburtsjahr 1923 herausgegeben wurde. Ich konnte sehen, dass er über das Geschenk verblüfft war und sich freute. Ein Jahr später erzählte er in Israel beim Besuch des österreichischen Außenministers Sebastian Kurz, dass er beim letzten Pessach seiner Familie aus der Haggada aus Österreich vorgelesen habe.

Der konservative Jean-Claude Juncker, von 2014 bis 2019 EU-Kommissionspräsident, machte Erfahrungen mit zwei historischen Momenten. Einen erlebte er selbst, einen verpasste er. Zwei Wochen vor dem Fall der Berliner Mauer hatte er einen Autounfall und fiel ins Koma. Er erwachte aus dem Tiefschlaf am Tag des Mauerfalls. Im Halbschlaf verfolgte er im TV, wie die Mauer niedergerissen wurde. Er schlief wieder ein und wachte erst zwei Tage später wieder auf. Die Bilder hatte er in der Zwischenzeit vergessen. »Es ist nicht zu fassen, ich habe einen Meilenstein der Geschichte verpennt«, sagte Juncker später. Im September 2009 war er aber dann live dabei, als durch die Pleite der US-Großbank Lehman Brothers die Finanzkrise ausbrach und die Weltwirtschaft erschütterte. Als Vorsitzendem der Eurogruppe, dem Gremium der Finanzminister aller Eurostaaten, kam ihm nun eine Schlüsselrolle in der Bewältigung der Krise zu. Er war einer der Autoren des Stabilitäts- und Wachstumspakts, der die Währung und Wirtschaft der EU nachhaltig stabilisierte. Sein Management in dieser Phase wurde trotz tagesaktueller Kritik später hochgeschätzt und war nicht zuletzt ausschlaggebend dafür, dass er in der Folge zum Kommissionspräsidenten gewählt wurde.

Das selbst erschaffene Momentum

Man kann natürlich auch aus eigener Kraft ein Momentum kreieren. Die Agenda wird zwar in der Regel von den Medien gesetzt, aber es können auch die Akteure selbst aktives Agenda-Setting betreiben, indem man die eigentliche Funktion der Medien aushebelt und durch aktive Kommunikation die Agenda bestimmt. Dafür gibt es in der Vergangenheit unzählige Erfolgsbeispiele.

Eine der bekanntesten Marken einer von der Politik gesetzten Agenda ist der »New Deal« des demokratischen

US-Präsidenten Franklin D. Roosevelt. Der »New Deal« war die Marketingklammer einer Serie von Wirtschafts- und Sozialreformen als Antwort auf die Weltwirtschafts- krise nach dem Börsencrash am Schwarzen Freitag 1929. John F. Kennedys Programm im Jahr 1960 hieß »New Fron- tier«. Damit wollte er der Nation Pioniergeist einimpfen. Man befinde sich auf einem Weg der »unbekannten Mög- lichkeiten« und »unerfüllten Hoffnungen«. Symbolhaft dafür stand die Eroberung des Weltraums. Im Wettstreit mit der Sowjetunion konnten die USA 1969 die erste Etap- pe durch die Mondlandung für sich entscheiden. Ronald Reagan setzte 1980 auf Patriotismus mit dem Programm »Let's make America great again« und George W. Bushs Agenda war der »Krieg gegen den Terror«.

Das innenpolitische Momentum

In Österreichs Politik waren die letzten zwanzig Jahre von derart heftigen innenpolitischen Ereignissen geprägt, dass es einige Momenta zu nutzen gab. ÖVP-Kanzler Wolfgang Schüssel regierte ab dem Jahr 2000 mit der als rechtsext- rem eingestuften FPÖ. Deren Chef, Jörg Haider, hatte mehr als zehn Jahre lang die großen Parteien SPÖ und ÖVP mit populistischer Politik aus der Opposition heraus vor sich hergetrieben. Jetzt war er in der Regierung und musste zei- gen, was er draufhat. Im Jahr 2002 implodierte die FPÖ an internen Machtkämpfen. Beim sogenannten »Putsch von Knittelfeld« sprengten FPÖ-Rebellen die Regierung in die

Luft. Schüssel ergriff das Gesetz des Handelns, bewahrte Ruhe und ging staatsmännisch in Neuwahlen. Es folgte ein historischer Triumph für seine ÖVP mit einem Zuwachs von rund 15 Prozentpunkten.

Im Jahr 2008 regierte in Österreich eine Koalition aus sozialdemokratischer SPÖ und bürgerlicher ÖVP. Die SPÖ war frustriert. Über ihren Vorsitzenden, Kanzler Alfred Gusenbauer, sagte man, er habe die Wahlen 2006 zwar gewonnen, aber die Regierungsverhandlungen gegen die ÖVP verloren. Parteiinterne Kritiker warfen ihm vor, er hätte sich über den Tisch ziehen lassen und ihre Ideale verraten. Diesmal implodierte die SPÖ und Gusenbauer musste als SPÖ-Chef und Kanzler abdanken.

Ich erinnere mich noch, damals als Pressereferent in der Volkspartei, als am 16. Juni der Rücktritt von Kanzler Alfred Gusenbauer mit dem Fußballspiel Österreich gegen Deutschland bei der Europameisterschaft 2008 zusammenfiel. Ich dachte damals, ein derart historisches Ereignis werde ich wohl nie mehr erleben. Zehn Jahre später, während der Wirren um das Ibiza-Video, sollte ich eines Besseren belehrt werden.

Damals jedenfalls war die ÖVP nicht imstande, das offenkundige dramatische Momentum zu nutzen. Sie rief zwar Neuwahlen aus, entfaltete dann aber keine Dynamik. Der ganze Wirbel hatte eine enorme mediale Präsenz zur Folge. Die Medien wollten mit Omnipräsenz darüber berichten. Die ÖVP nutzte diese Präsenz aber nicht, sie blieb passiv. Stattdessen ergriff der Nachfolger Gusenbauers, Werner Faymann, nun die Gelegenheit, das mediale Vakuum zu füllen. Er war als Regierungschef neu, stellte den Medien seine Pläne vor und lud die ÖVP ein, weiterzuregieren. Die ÖVP geriet in einen Schmollwinkel, aus dem sie kaum noch herauskam. Faymann entschied die Wahl für sich und regierte von 2008 bis 2016 mit der ÖVP als Juniorpartner.

»Der Letzte, der bei der Tür hereinkommt, ist der Neue.« Dieser Satz ist verbunden mit dem Zweikampf zwischen den beiden österreichischen Bundeskanzlern Christian Kern und Sebastian Kurz. Im Frühjahr 2016 war Werner Faymann noch Kanzler. Der SPÖ-Politiker koalierte mit der bürgerlichen ÖVP. Die sogenannte »Große Koalition« war bekannt für Stillstand und Reformmüdigkeit. Der Frust der Bevölkerung gegenüber Politikern war enorm. Als großer Hoffnungsträger galt der junge Außenminister Sebastian Kurz von der ÖVP. Er machte im Ausland eine gute Figur, hatte den Verhandlungsort Wien mit den Iran-Verhandlungen und Gesprächen wieder auf die Weltbühne geholt, genoss im Inland hohe Popularitätswerte und hatte in der Migrationskrise ein klares Profil entwickelt. Er war der logische neue starke Mann. In dieser Situation kam es innerhalb der Sozialdemokratie zu einer Revolte. Werner Faymann wurde zum Rückzug gezwungen und der Manager der staatlichen Eisenbahnen, Christian Kern, übernahm den Parteivorsitz und das Amt des Bundeskanzlers. Er strahlte Hoffnung und Erneuerung aus. Es kam zum sogenannten »Kern-Effekt«. Die Sache schien gelaufen, auch für den jungen Sebastian Kurz. Mit seinen damals 28 Jahren sah er allerdings keinen Druck und empfand die erste Phase laut Zeitzeugen als entlastend.

»Parteifreunde« hielten jedoch an dem Plan fest, Kurz bei der nächsten Wahl als Spitzenkandidaten für die ÖVP aufzustellen. Die Freunde erinnerten an all die »Effekte« in der österreichischen Innenpolitik, die es vor dem »Kern-Effekt« schon gegeben hatte. Zunächst gab es den »Faymann-Effekt«, als dieser neu ins Kanzleramt kam und einen »Effekt« auslöste, mit dem er die Wahl 2008 gewann. Der Effekt des »Neuen« hat es aber an sich, dass er mit jedem Tag älter wird. Irgendwann wird der »neue« Politiker als alt und vergleichbar mit all den anderen Politikern wahrgenommen. Der Effekt verblasst. Im Jahr 2009 gab es dann den »Pröll-Effekt«. Nach ihrer Niederlage 2008 hatte die ÖVP den damaligen Landwirtschaftsminister Josef Pröll als Parteichef aufgestellt. Er war populär, zog in den Umfragen an der SPÖ vorbei und beendete den »Faymann-Effekt«. Doch auch der »Pröll-Effekt« verlor nach und nach an Schwung. 2011 musste Josef Pröll aus gesundheitlichen Gründen sein Amt niederlegen. Als ÖVP-Chef folgte Außenminister Michael Spindelegger. Es kam zum nach ihm benannten »Spindi-Effekt« – bis etwa 2013, als auch dieser verblasste und die Wahl für die ÖVP erneut verloren ging. Danach übernahm der Wirtschaftsminister der ÖVP, Reinhold Mitterlehner, den Vorsitz der Partei. Sein Spitzname in seiner Studentenverbindung lautete »Django«. Es kam nun also zum »Django-Effekt«. Doch auch dieser verlor nach und nach an Kraft. Er wurde spätestens durch den »Kern-Effekt« bei der Übernahme des Kanzleramts durch Christian Kern beendet.

Fazit: Jeder Effekt eines neuen Politikers endet irgendwann – und wird von dem Politiker abgelöst, der als Neu-

er die Arena betritt. Die »Freunde« des damaligen Außenministers Kurz argumentierten: Würde Sebastian Kurz als
neuer ÖVP-Chef das Ruder übernehmen, würde ein »Kurz-
Effekt« ausgelöst, mit dem ein Wahlsieg möglich wäre.
Und sie sollten recht behalten. Im Mai 2017 trat Reinhold
Mitterlehner als ÖVP-Chef zurück. Kurz übernahm, ging
in Neuwahlen, löste einen Effekt aus, nutzte das innen-
politische Momentum und entschied die Wahl zugunsten
der ÖVP.

3.3. Defensivverhalten und Ablenkungsmanöver

Während man in der Offensive von Agenda-Setting spricht,
geht es beim »Agenda-Cutting« um das richtige Defensiv-
verhalten. Anstatt zu versuchen, ein Thema auf die mediale Agenda zu setzen, trachtet man beim Agenda-Cutting
danach, ein Thema aus den Medien wieder herauszube-
kommen. Dazu gibt es eine ganze Reihe an Methoden, die
im folgenden Kapitel beleuchtet werden.

Bigger News

Das Ablenkungsmanöver ist eine der ältesten Taktiken und
hat viele verschiedene Ausprägungen. Eine Taktik in der
PR-Branche wurde im angelsächsischen Raum als »Bigger
News« bekannt, also »größere Neuigkeiten«. Wenn man

durch ein mediales Problem unter Druck steht oder einfach in den Medien über ein unangenehmes Thema berichtet wird, dann kann man mit »Bigger News« gegensteuern, indem man medial ein Thema setzt, das für eine größere mediale Präsenz sorgt.

Vor der deutschen Bundestagswahl 2002 standen die Zeichen für Kanzler Gerhard Schröder denkbar schlecht. Zwei Drittel der Bürger fanden laut Umfragen ihre Situation schlechter als im Vorjahr, das Wirtschaftswachstum stagnierte. Im Sommer lag die SPD in den Umfragen mit 34 Prozent weit hinter der CDU/CSU von Herausforderer Edmund Stoiber mit 41 Prozent. Die Medien schrieben bereits Kanzler Stoiber herbei. Dass Schröder das Ruder noch herumreißen könnte, galt als äußerst unwahrscheinlich. Alles deutete darauf hin, dass diese miese Stimmung bis zur Wahl bleiben und die SPD dort einen Denkzettel erhalten würde. Zwei Faktoren gelten heute als ausschlaggebend, dass es ihm doch noch gelang. Zunächst kam es zum Ereignis des Jahrhunderthochwassers. Weite Teile entlang der Elbe versanken in einer wahren Flutkatastrophe. Schröder leistete ein gutes, medienwirksames Krisenmanagement ab, begab sich ins Katastrophengebiet und zeigte sich mitfühlend mit den Opfern. Stoiber hingegen war abwesend, womit er teilnahmslos wirkte. Diese Bigger News, die eigentlich auch ein dramatisches Momentum darstellten, waren förmlich vom Himmel gefallen. Der letztendliche Hauptgrund für die Mobilisierung seiner Wählerschaft dürfte aber Schröders entscheidendes Wahlkampfthema im September gewesen sein. Die USA bereiteten einen Krieg gegen den Irak vor. Bis zum Sommer schien es, als hätten die USA die NATO hinter ihrem Vorhaben, die CDU unterstützte die Pläne für den Einmarsch in das von Diktator Saddam Hussein geführte Land. Umfragen bescheinigten jedoch, dass zwei Drittel der Deutschen eine Beteiligung am Irakkrieg ablehnten. Das wusste Schröder zu nutzen. Er entschied sich, dieses Thema als Bigger News zum Top-Wahlkampfthema zu machen. Im September zündete er seinen Wahlkampfturbo mit den Worten »Solidarität ja, Abenteuer nein.« Unter seiner Führung werde es keine deutsche Beteiligung an einem Krieg im Irak geben, donnerte er in einer Rede. Damit spitzte er den Wahlkampf auf diese Frage zu und trieb die CDU mit Stoiber in die Ecke. Bis zur Wahl überholte Schröder seinen Herausforderer auf den letzten Metern und ging mit einem hauchdünnen Vorsprung von 6.000 Stimmen mit 38,5 zu 38,5 Prozent noch als Sieger hervor.

Bigger News sahen Kommentatoren etwa auch im Jahr 2017 beim republikanischen Präsidenten Donald Trump. Am 4. August drohte Trump Nordkorea mit »Feuer und Zorn«, wenn das kommunistische Regime nicht die Tests mit Nuklearwaffen einstellen sollte, was einer unverhohlenen Drohung mit Krieg gleichkam und die Weltöffentlichkeit in große Angst versetzte. Die Drohung kam ausgerechnet einen Tag, nachdem das *Wallstreet Journal* berichtet hatte, Sonderermittler Robert Mueller hätte eine Sonderkommission eingerichtet, um die Verbindungen Trumps mit der Beeinflussung der Wahlen durch Russland zu untersuchen.

Wag the dog

Während Bigger News lediglich mit medialen Schlagzeilen arbeiten, gibt es eine ähnliche Taktik, in der vermeintlich gleich ein ganzer Krieg angefangen wird, um von einem innenpolitischen Thema abzulenken. Dabei befinden wir uns aber im Bereich der Mutmaßung und reinen Spekulation. Die Rede ist dann von »wagging the dog«, im Deutschen bekannt als »wenn der Schwanz mit dem Hund wedelt«. Dazu gibt es auch einen gleichnamigen Film. In der politischen Satire *Wag the Dog* wird dem Präsidenten der USA der sexuelle Missbrauch einer Minderjährigen vorgeworfen. Um davon abzulenken, inszeniert sein Team einen fiktiven Krieg.

In der Realität wurde tatsächlich spekuliert, ob die USA nicht die eine oder andere Militäraktion nur deshalb starteten, um von innenpolitischen Problemen abzulenken. Als Beispiel dafür kann der Zweite Golfkrieg 1991 genannt werden. Unbeabsichtigte Aktualität erlangte der Film fast zeitgleich mit seiner Veröffentlichung durch die »Lewinsky-Affäre«. Dem US-Präsidenten Bill Clinton wurde vorgeworfen, eine sexuelle Beziehung mit seiner Praktikantin Monica Lewinsky eingegangen zu sein und dazu gelogen zu haben. Das Ganze war ein weltweiter Skandal und beschäftigte die amerikanische Innenpolitik über Monate. Der mediale Rummel begann im Jänner 1998 mit dem Auftauchen von Tonbändern, auf denen Lewinsky von der Beziehung erzählte. Clinton stritt die Beziehung ab. Trotzdem blieb das Thema in den Medien, weil es einfach zu sensationell war. Im Juni wurde der Praktikantin Immunität zugesichert, sollte sie vor einer Jury aussagen. Im August musste der Präsident dann die Beziehung eingestehen und erklärte in einem Interview die Umstände. Im Dezember 1998 starteten die USA die Operation »Desert Fox«. Die Luftstreitkräfte bombardierten über mehrere Tage den Irak – mit dem Ziel, für Iraks Diktator Saddam Hussein die Möglichkeiten zur Herstellung von Massenvernichtungswaffen zu verringern. Ob bewusst oder nicht, ist natürlich reine Spekulation. Die militärische Operation sowie die internationalen Reaktionen verdrängten die Lewinsky-Affäre jedenfalls für eine gewisse Phase aus der medialen Berichterstattung.

Die Lewinsky-Affäre setzte sich später fort, nachdem ein Kleidungsstück der Praktikantin auftauchte, auf dem sich das Ejakulat des Präsidenten befunden haben soll. Nun drehte sich alles vor allem um den Vorwurf, Clinton hätte gelogen, was ihm ein Verfahren wegen Meineid einbrachte sowie ein Amtsenthebungsverfahren. Im März 1999 starteten die USA die Militäraktion gegen Serbien, um den Kosovo zu befreien, und bombardierten drei Monate lang strategische Ziele. Das britische Medium *Independent* nannte den Einsatz gegen Serbien »Wag the dog, Teil 3«. Beweise für diese Taktik gibt es freilich keine. Es wäre auch tatsächlich mehr als unmenschlich, um von einem innenpolitischen Thema abzulenken, einen Krieg anzuzetteln, in dem nichts Geringeres als Menschenleben aufs Spiel gesetzt werden.

SNU – strategisch notwendiger Unsinn

In den Regierungen von Österreichs Kanzler Sebastian
Kurz erkannten dessen Strategen ein immer wiederkeh-
rendes Muster in der Öffentlichkeit. Die sozialen Medien
setzten in periodischen Abständen von rund fünf Tagen
kollektiv ein neues Thema auf die Agenda, um sich damit intensiv und emotional zu beschäftigen – meistens
in Form von Empörung. In Österreich würde man sagen,
dass alle fünf Tage »eine neue Sau durchs Dorf getrieben
wurde«. Urheber der Aktionen waren meist die Opposition
oder andere Gegner der Regierung. Eine falsche Aussage
eines Ministers, eine Panne bei einer Maßnahme, ein feh-
lerhaftes Verhalten und schon kam es zur Empörung der
Regierungsgegner, zu einem Shitstorm in den sozialen
Medien und tags darauf zu Ermahnungen und Belehrun-
gen in den Leitartikeln. Kaum war das Thema nach fünf
Tagen genug durchgekaut, wurde ein neues Thema gezün-
det. Naturgemäß war es so, dass die Empörung hauptsächlich der Regierung galt, also dem Ministerteam rund um
Kanzler Kurz, weil dieses im Zentrum der Politik stand.
Erstaunlich war aber, wie Umfragen zeigten, dass die re-
gelmäßigen Empörungswellen in den sozialen Medien an
der Bevölkerung meist vorbeigingen. Die Menschen inte-
ressierten die meist künstlich erzeugten Aufregerthemen
kaum, oft bekamen sie diese überhaupt nicht mit.

Die Strategen der Regierung standen diesen ständigen
Empörungswellen der Regierungsgegner einigermaßen
hilflos gegenüber. Nach einer gewissen Zeit begannen sie,

von sich aus bewusst Themen zu setzen, die in den sozialen Medien zur Empörung führten. Allerdings solche Themen, die der Regierung kaum schadeten und der Mehrheit der Bevölkerung egal waren. Die Regierungsstrategen nannten diese bewusst gesetzten Themen zunächst »Bullshit-Themen«. Ziel war es, die künstlich wirkende Empörung von Opposition und Regierungsgegnern auf ein Thema zu kanalisieren, das für die Regierung und die Bevölkerung unerheblich war.

Eines Tages schöpfte ein *Kronenzeitung*-Journalist Verdacht und er schrieb auf Twitter, vermutlich zynisch gemeint, dass er vermutete, es gebe eine geheime Regierungsabteilung, die bewusst »strategisch notwendigen Unsinn« produziere, um die Medien mit unsinnigen Debatten zu beschäftigen. Er nannte die Abteilung launig »SNU«. Das führte dazu, dass sich im Regierungsteam der Begriff »SNU« einbürgerte – als Bezeichnung für die Taktik, wöchentlich neue SNU-Themen zu suchen und zu setzen. Oft funktionierte das nicht, aber ab und zu. Dazu gehörten vor allem Themen im Bereich Klima- und Umweltpolitik, wie etwa ein Streit zwischen den Regierungsparteien darüber, ob der Klimaschutz eher durch Fortschritt oder durch Verzicht umgesetzt werden würde. Oder ein Streit über Bau- und Verkehrsprojekte. Oder über den Umgang mit Problemwölfen. Aber auch Kleinigkeiten, wie zum Beispiel der Streit, wer die Ankündigung einer Lockerung bei den Regeln der Coronapandemie machen durfte.

Einer der Strategen verplauderte sich eines Tages gegenüber einer Journalistin auf einer Klausurtagung der Regierung. Die Journalistin fragte, wie es möglich sei, dass die Regierungsparteien noch vor wenigen Tagen erbittert stritten, nun aber bei der Klausur so harmonisch waren. Der Stratege erklärte, der Streit sei bloß SNU gewesen. Die Journalistin machte dies daraufhin in einer Kolumne öffentlich. Diese Offenbarung führte aber erstaunlicherweise zu keiner Empörungswelle. SNU selbst eignete sich also offenbar nicht als SNU. Zur Gründung einer eigenen Abteilung für SNU kam es übrigens nicht. Und das war auch nie geplant.

Dead Cat Strategy

Diese Taktik ist eine Metapher für ein Ablenkungsmanöver. Dabei spricht man ein dramatisches Thema an, um von einem anderen, unerwünschten Thema abzulenken. Die Metapher mit der Katze ist im angelsächsischen Bereich verbreitet. Wenn ich wegen einem Problem unter Druck gerate, dann werfe ich einfach eine tote Katze auf den Tisch. Alle werden nur mehr über die tote Katze reden und nicht mehr über mein Problem.

Die Formel geht zurück auf einen australischen Wahlkampfberater im Team von Boris Johnson. Im Wahlkampf um das Amt des Londoner Bürgermeisters sagte Johnson in einem Interview: »Eins ist vollkommen sicher: Wenn eine tote Katze auf den Esstisch geworfen wird – und ich meine nicht, dass die Leute empört, aufgeschreckt, angewidert sein werden. Das ist wahr, aber irrelevant. Der entscheidende Punkt, sagt mein australischer Freund, ist, dass jeder schreien wird: ›Du meine Güte, Kumpel, da liegt eine tote Katze auf dem Tisch!‹ Mit anderen Worten, sie werden über die tote Katze sprechen – das, worüber sie sprechen sollen – und sie werden nicht über das Problem sprechen, das dir so viel Ärger bereitet hat.«

Vier Methoden der kontrollierten Sprengung – burying bad news

Jeder oder zumindest viele haben eine Leiche im Keller. Jeder hat schon einmal Mist gebaut, einmal etwas Dummes geschrieben, gesagt, getan, wovon es eine E-Mail, ein Foto oder Video gibt und wo es gut wäre, wenn es niemals rauskäme. Ab und zu passiert es aber, dass man weiß, dass es rauskommen wird. Weil es sich nicht verbergen lässt oder man bereits weiß, dass schon von Medien recherchiert wird. Wenn man den Zeitpunkt selbst noch in der Hand hat, dann empfiehlt sich eine »kontrollierte Sprengung«. Das heißt, man veröffentlicht den Mist selbst, aber kontrolliert. Nämlich in einem Medium oder mit einem Journalisten, dem man vertraut und von dem man weiß, dass er die Story nicht riesig als große Sensation bringen wird. Und auch mit dem richtigen Spin, damit es nicht ganz so schlimm ausfällt.

Die hohe Kunst der gezielten Sprengung ist das »Verräumen«, wie es in Österreich genannt wird. Im Englischen spricht man von »burying bad news«. Dazu gibt es im

117

Grunde genommen konkret vier Techniken, die einem die PR auf zweifelhafte Weise oft wie folgt anleitet.

Erstens: Verräumen Sie Ihre News in Bigger News, das heißt, mit der Veröffentlichung noch so lange zu warten, bis es ein sehr großes Thema gibt, das für viele Schlagzeilen sorgt. Wenn der Fokus der Öffentlichkeit dann auf dem großen Thema liegt, sprengt man die eigene Sache, indem man sie selbst veröffentlicht – in der Hoffnung, dass sie in den Bigger News untergeht. Studien zeigen, dass rund sechzig Prozent der Internetnutzer nur auf die oberen Ergebnisse auf der Startseite klicken. Wenn also Big News die Startseite dominieren und der Mist erst weiter unten zu finden ist, kann es gelingen, dass ein negatives Thema verräumt wird.

Zweitens: Verräumen Sie Ihren Mist in der Saure-Gurken-Zeit der Ferien. Wenn die Menschen alle im Urlaub sind, dann lesen sie keine Zeitungen, weil es sie nicht interessiert und sie einmal abschalten wollen. Ein Beispiel für diese Taktik betrifft den Umgang mit faulen Krediten durch die Investmentfirma Goldman Sachs. Gegen Ende des Jahres 2009 kam heraus, dass Goldman Sachs Mist gebaut hatte, indem sie faule Kredite an Kunden verkauft hatten. Die Firma stellte sich bei den diesbezüglichen Presseanfragen so lange tot, bis der Heiligabend da war. Erst am 24. Dezember bestätigte Goldman Sachs der *New York Times* die Malversationen, was dazu führte, dass der Skandal in den Weihnachtsfeiertagen regelrecht verräumt wurde.

Drittens: Verunmöglichen Sie einen Faktencheck. Seriöse Medien müssen, um eine Story aufzudecken, die Fakten gegenchecken. Die Strategen von Goldman Sachs schafften es, die Aufdeckerstory für ihre Zwecke so lange hinauszuzögern, indem sie der Zeitung den Gegencheck verunmöglichten. Weil sie entweder das Telefon nicht abhoben oder die Fragen schlicht nicht beantworteten. Das kann natürlich auch eine Taktik sein, die Story gänzlich zu verräumen. Die dafür nötige Kaltschnäuzigkeit haben bisher aber nur wenige aufgebracht.

Viertens: Zerstreuen Sie die Fakten und stiften Sie damit Verwirrung. Damit eine Geschichte funktioniert, muss sie nicht nur sachlich stimmen, sondern auch verständlich sein. Die Menschen müssen sich konkret etwas darunter vorstellen können. Wenn es zu kompliziert wird, funktioniert die Story nicht mehr.

Als im Jahr 2009 der Autohersteller Toyota fast vier Millionen Autos in den USA zurückrufen musste, drohte ein Megaskandal. Der Grund für den Rückruf war, dass die Fußmatte auf der Fahrerseite die Nutzung des Gaspedals behinderte, wodurch es zu einigen Unfällen kam und erhebliche Sicherheitsbedenken entstanden. Die Rückrufaktion alarmierte natürlich alle Medien, die sich eine sensationelle Berichterstattung erhofften. Toyota reagierte aber sehr verwirrend. Man müsste erst untersuchen, was der genaue Grund sei. Das Gaspedal selbst könnte das eigentliche Problem sein. Auch ein Computerfehler sei nicht auszuschließen. Die Medien publizierten zwar Meldungen über den Skandal, aber niemand wusste so genau, wo nun eigentlich das Problem lag. Verräumt wurde das Thema nicht, aber zumindest zerstreut.

Die Geschichte zeigt, dass das Verräumen selbst auch zu Fehlern führen kann, die dann auch wieder verräumt werden müssen. So kommt der englische Ausdruck »burying bad news« nämlich aus einer E-Mail, die in Großbritannien versendet wurde. Und zwar kurz nach den Terroranschlägen auf New York am 11. September 2001. Ein politischer Berater der britischen Regierung unter Premier Tony Blair schickte ein Memo an mehrere Kollegen in den Ministerien aus, um auf die Möglichkeit hinzuweisen, die Terrorattacke nun dahin gehend zu nutzen, um alle Leichen im Keller endgültig zu begraben. Er schrieb: »Es ist jetzt ein guter Tag, um alles an schlechten Nachrichten herauszuholen, was wir begraben wollen.« Das Memo kam dreißig Minuten, nachdem das zweite Flugzeug in die Twin Towers in Manhattan gecrasht war. Es wurde geleakt und von der Zeitung Guardian veröffentlicht.

Flood the zone with shit

Ein Ablenkungsmanöver wird maßlos übertrieben, wenn es mit Desinformation und Verschwörungstheorien erfolgt. Steve Bannon war oberster Stratege im Weißen Haus zu Beginn der Administration von Donald Trump, nachdem er zu dessen Wahlkampagne maßgeblich beigetragen hatte. Im Februar 2018 gab er der amerikanischen Newsagentur Bloomberg ein Interview und sagte: »Die Demokraten spielen keine Rolle. Der wahre Gegner sind die Medien. Und der Weg, mit ihnen umzugehen, ist: Flute die Zone mit Kot!« Laut Bannon ginge es um mehr als Bigger News, tote Katzen oder SNU, sondern um falsche Informationen und Verschwörungstheorien. 2020 wurde bekannt, dass er in die Erstellung falscher Facebook-Seiten involviert war, die für gezielte Desinformation verwendet wurden. Unter anderem wurden falsche Informationen über den Wahlausgang und die Berechnungsmethoden bei der Wahl 2020 publiziert sowie eine gefälschte Facebook-Seite, die von vermeintlich homosexuellen Kommunisten betrieben würde, was aber nicht stimmte.

Nicht-Dementi-Dementi

Hier tut man so, als würde man einen Vorwurf dementieren, aber man dementiert ihn in Wahrheit gar nicht. Auf die Frage »Hast du die Milch verschüttet?« antwortet man: »Warum soll immer ich für alles verantwortlich sein?« Dabei gibt man vor, etwas zu dementieren, aber man dementiert nicht, die Milch verschüttet zu haben. Womöglich hat man sie also doch verschüttet.

Diese Taktik ist eng verbunden mit dem »Watergate-Skandal«, über den Richard Nixon 1974 stolperte, als er wegen dem Vorwurf des Amtsmissbrauchs zurücktreten musste. Der Ausdruck »Non-denial denial« wurde von den beiden Aufdeckern des Skandals, den Journalisten Bob Woodward und Carl Bernstein, geprägt. Der damalige Justizminister hätte auf die Vorwürfe gegen Nixon ausweichend geantwortet und seine Dementis seien zweideutig gewesen. In der Verfilmung der Affäre wird dem Chefredakteur der *Washington Post* die Aussage in den Mund gelegt: »Das ist ein Nicht-Dementi-Dementi ... Wir sind angeschmiert, Jungs ... aber sie sagen nicht, dass die Story falsch ist.« Die Nixon-Administration hatte zwar so getan, als wären die Vorwürfe falsch, ohne aber tatsächlich zu sagen, dass die Vorwürfe falsch waren. Es klang wie ein Dementi, war aber keines.

Nicht-Entschuldigung-Entschuldigung

Manchmal ist es zu spät für gewedelte Hunde und tote Katzen. Manchmal muss man einen Fehler zugeben und sich entschuldigen. Hierfür gibt es aber immer noch die Taktik der Nicht-Entschuldigung als Entschuldigung, in den USA als »Non-apology apology« bekannt. Sie wird Prominenten und Politikern sehr oft von PR-Agenten empfohlen und kommt regelmäßig zur Anwendung, wenn Persönlichkeiten etwas Falsches getan oder gesagt haben. Das klingt dann in etwa so: »Es tut mir leid, wenn du dich dadurch schlecht fühlst.« Der Beschuldigte hat also selbst nicht unbedingt falsch gehandelt, sondern die Betroffenen fühlen sich nur verletzt, angegriffen oder sonst wie schlecht. Es klingt fast schon so, als ob sie selbst schuld daran seien, dass sie sich so fühlen.

Meist geht es um sexistische oder rassistische Aussagen, aber auch um Fehlverhalten oder politische Fehlentscheidungen. Die Steigerungsform ist die »Ifpology«, die dann so klingt: »Es tut mir leid, falls du dich schlecht fühlst.« Es ist also noch nicht einmal sicher, ob sich überhaupt jemand schlecht fühlt. Die gängigste Phrase, mit der sich Persönlichkeiten des öffentlichen Lebens demütig entschuldigen, funktioniert daher so: »Es tut mir sehr leid, falls sich jemand dadurch verletzt fühlt.« Zur Anwendung kommt die Taktik vermutlich täglich irgendwo auf der Welt – oft auf Empfehlung von PR-Beratern. Und wenn man die Beschuldigten auf die Taktik ansprechen sollte, dann würden sie es sicher zutiefst bedauern, falls die PR-Agenten etwas getan haben sollten, wodurch sich Betroffene verletzt fühlen könnten, falls sie sich verletzt fühlen.

»Fehler wurden gemacht«-Taktik

Die Königsdisziplin ist die »Fehler wurden gemacht«-Taktik. Wenn man ohnehin einen Fehler gemacht und sich dafür sogar schon entschuldigt hat, warum sollte man dann extra betonen, dass man selbst für den Fehler verantwortlich ist? Das klingt dann so: »Es wurden Fehler gemacht. Falls sich dadurch jemand verletzt fühlt, ist das sehr zu bedauern.«
Beispiele gibt es genug. Beim Watergate-Skandal sagte der Pressesprecher des Weißen Hauses kurz nach dem Aufkommen der Vorwürfe: »Wir alle müssen sagen, es wurden Fehler gemacht.« Im Zuge der Iran-Contra-Affäre 1987, bei der Einnahmen aus geheimen Waffenverkäufen der USA an den Iran für die Bewaffnung in Nicaragua eingesetzt wurden, sagte US-Präsident Ronald Reagan: »Es war sicherlich

nicht falsch, zu versuchen, die Freiheit unserer Bürger zu schützen ... Aber wir haben nicht erreicht, was wir wollten, es wurden ernste Fehler gemacht.« Präsident Bill Clinton sagte 1997 zu Parteispendenvorwürfen gegen die Demokraten: »Es wurden hier Fehler gemacht – von Menschen, die es entweder absichtlich oder versehentlich gemacht haben.« Und sein Nachfolger George W. Bush sagte zu den Misshandlungen durch US-Soldaten im irakischen Gefängnis Abu Ghraib: »Es ist wichtig für das irakische Volk, zu wissen, dass in einer Demokratie nicht alles perfekt ist und Fehler gemacht werden.«

Im Bundestagswahlkampf 2021 wurde Kritik an den deutschen Grünen laut. Insbesondere gab es Plagiatsvorwürfe gegen deren Spitzenkandidatin und spätere Außenministerin Annalena Baerbock. Sie hätte für ein von ihr verfasstes Buch Textteile aus dem Parteiprogramm und aus anderen Werken übernommen. Der Bundesgeschäftsführer der Grünen sagte daraufhin: »Es wurden Fehler gemacht, das ist offensichtlich.« Gerade im Wahlkampf gelte es, »auch selbstkritisch zu sein, immer mal wieder innezuhalten und zu überprüfen, wo man steht. ... Kritik ist stets legitim, auch hier. ... Aus meiner Sicht und gemessen an den Herausforderungen unserer Zeit sind das Kleinigkeiten.«

Ehrliche Entschuldigung

Eine sympathische Methode ist es, sich ganz einfach aufrichtig und ehrlich zu entschuldigen. Man kann danach noch ausführliche Rechtfertigungen anbringen und erklären, warum und in welcher Lage et cetera. Aber zu Beginn einfach einmal hinstellen und sagen: »Sorry! Tut mir echt leid.« Das kann schon auch eine Strategie sein, die funktioniert, wenngleich es immer auf die Rahmenbedingungen ankommt.

Eine Entschuldigung, die laut Expertenmeinung überhaupt nicht funktionierte, war jene von Volkswagen nach dem »Abgasskandal« im Jahr 2015. Dabei wurden manipulierte Abschalteinrichtungen in der Motorsteuerung zur Umgehung der gesetzlichen Abgasnormen bekannt. Wenige Wochen nach dem Auffliegen schaltete der Konzern in mehreren Medien große Inserate mit einer Entschuldigung. Darunter stand: »Wir werden alles tun, um Ihr Vertrauen zurückzugewinnen.« Damit, so PR-Experten, hätte Volkswagen noch einmal an den Skandal erinnert, als er gerade medial im Abflauen war, zudem waren die Inserate unpersönlich. Hauptsächlich aber transportierte das Marketing des Konzerns den größten Angriffspunkt, an dem das Unternehmen litt, selbst, nämlich das beschädigte Vertrauen.

Eine bessere Taktik wendete der Autohersteller Mercedes an. Diesem war 1997 beim Elchtest der A-Klasse der Wagen in den Kurven umgekippt, was eine herbe Imagedelle für die Marke zur Folge hatte. Mercedes besserte rasch im Modell nach, bis das Lenken in den Kurven klappte. Darauf schaltete die Firma Inserate und Spots, mit denen über die Nachbesserungen informiert wurde und wo man sehen konnte, dass die A-Klasse nun den Test bestand. Parallel dazu wurde Tennislegende Boris Becker als Testimonial eingesetzt. Er sagte: »Ich habe aus meinen Rückschlägen oft mehr gelernt als aus meinen Erfolgen.« Auch eine Form der Entschuldigung.

Fehler durch Intervention abmildern

Wenn man Mist gebaut hat, über den medial berichtet wird, gibt es die Möglichkeit, bei der Zeitung anzurufen und zu reklamieren, dass der Mist nicht erscheint oder zumindest weniger stinkend gebracht wird, als er tatsächlich riecht. Das nennt man Intervention. Aus Österreich ist ein vortreffliches Beispiel dafür bekannt, in dem es auch um den richtigen Spin geht und an dem ich beteiligt war.

Im Jahr 2008 gab es in Österreich eine Koalition aus sozialdemokratischer SPÖ und konservativer ÖVP. Eines der Streitthemen der beiden Parteien war damals die Frage der Gesamtschule, also ob in Österreich ein gemeinsames Schulsystem für alle Kinder zwischen zehn und 14 Jahren eingeführt oder das differenzierte System beibehalten werden sollte, in dem Kinder schon mit zehn Jahren in unterschiedliche Schultypen geschickt werden. Die Kritik der SPÖ am etablierten differenzierten System war, dass Kinder aus sozial schwächeren Schichten tendenziell in schlechtere Schulen geschickt würden als Kinder aus wohlhabenderen Familien. Die ÖVP argumentierte dagegen, dass es für die vielfältigen Talente der Kinder auch eine Vielfalt an Schultypen brauche.

In diesem Jahr kam es zum Höhepunkt dieses innenpolitischen Streits. Die SPÖ-Bildungsministerin Claudia Schmied preschte vor und präsentierte das Vorhaben, die Gesamtschule in Schulversuchen einzuführen. Sie nannte das »Modellregionen«. Die Ankündigung dieser Maßnahme war eine sensationelle Schlagzeile und krachte in einen Vormittag, für den auch eine Pressekonferenz des Obmanns der ÖVP, Vizekanzler Wilhelm Molterer, angesetzt war. Molterer wurde bei seiner Pressekonferenz gefragt, wie er den Schulversuch der Gesamtschule von Bildungsministerin Schmied beurteile. Molterer blieb auf der Linie seiner Volkspartei und kritisierte die Gesamtschule an sich und auch die SPÖ. Dann wurde die Frage gestellt, was er denn zu dem Schulversuch konkret sage, ob man es denn nicht zumindest versuchen dürfe. Nach mehrmaliger Nachfrage antwortete Molterer schon etwas genervt: »Mein Gott, dann testen wir es.«

Molterer sowie seine ganze ÖVP trauten ihren Augen nicht, als sie am späten Nachmittag die Abendausgabe einer großen österreichischen Tageszeitung in die Hände bekamen. Auf der Titelseite prangte die Schlagzeile: »ÖVP für Gesamtschule!« Molterer und seine Mitarbeiter fielen aus allen Wolken. Seine Aussage »dann testen wir es« war in dem Sinne interpretiert worden, dass die ÖVP von ihrer klaren Blockadehaltung zur Gesamtschule abgewichen war. Auch die Austria Presse Agentur schrieb: »Molterer akzeptiert Gesamtschulversuche grundsätzlich«, um korrekterweise noch anzuführen, dass die ÖVP bei ihrer grundsätzlichen Ablehnung der Gesamtschule bleibe. Noch am selben Abend soll von Molterers Entourage Kontakt mit der Zeitung aufgenommen worden sein, um eine Änderung der Headline zu erwirken. Am kommenden Morgen lautete diese wie folgt: »ÖVP für Gesamtschulversuche!«. Ob das tatsächlich besser war, sei dahingestellt. Immerhin war es präziser. Ebenfalls nicht überliefert ist, ob sich Molterer gedacht hat: »Das habe ich doch so gar nicht gemeint.«

Herunterspielen

Etwas weniger wichtig und bedeutend darzustellen, als es tatsächlich ist, ist eine oft angewendete Taktik. Sicherheitsbehörden spielen manchmal eine Gefahr für die öffentliche Sicherheit herunter. Der Klimawandel und die Erderwärmung werden von Politikern und Unternehmen verharmlost. Skandale und Vorwürfe gegen Politiker werden von diesen gerne bagatellisiert. In der Coronapandemie wurden die Auswirkungen des Virus auf den Menschen wie auch auf die Versorgungssicherheit, insbesondere die Spitalskapazitäten, von einigen Staaten heruntergespielt. So etwa von Boris Johnson oder Donald Trump. Nicht wenige Politikwissenschaftler machen für die Niederlage Trumps bei seinem zweiten Antreten sein Management in der Pandemie verantwortlich, weil er die Folgen der Krankheit heruntergespielt hatte.

Täter-Opfer-Umkehr

Der englische Begriff dafür lautet »Victim Blaming« und trifft es eigentlich besser, geht es hier doch darum, das Opfer zu beschuldigen. Seinen Ursprung hat der Begriff in den 1970er-Jahren, um die Strategie von Vergewaltigern und deren Anwälten in Strafprozessen zu beschreiben. Dabei wurde die Schuld an der Tat den Vergewaltigungsopfern gegeben. In der Politik geht es folglich darum, wenn man bei einem Fehlverhalten ertappt wird, die Schuld dafür dem politischen Gegner zu geben. Eine der bekanntesten Täter-Opfer-Umkehrungen ist das Rechtfertigen von Antisemitismus durch eine angebliche jüdische Weltverschwörung. Diese Beispiele zeigen, dass gerade diese Taktik eine der schäbigsten der ganzen Branche ist.

Abputzen

Wenn man einen Partner hat, der ebenso wie man selbst an einem Fehlverhalten beteiligt war, kann man sich der Taktik des Abputzens bedienen. Ein Beispiel stellt die Kritik der deutschen Grünen an Kanzler Olaf Scholz im Jahr 2022 dar. Die deutsche Regierung war international unter Druck gekommen, weil sie sich nach der Meinung von Experten und Kommentatoren nicht ausreichend gegen die russische Invasion in der Ukraine gestellt hatte. Sie sei bei Sanktionen wegen der Abhängigkeit von russischem Gas zu zögerlich und zu zaudernd bei der Lieferung von

Waffen an die Ukraine. Die *New York Times* bezeichnete Deutschlands Verhalten als »Schande«. Die Kritik gipfelte in der rüden Ausladung des deutschen Bundespräsidenten Frank-Walter Steinmeier durch das ukrainische Staatsoberhaupt Wolodimir Selenskij. Um von sich abzulenken, ritten die Grünen, eigentlich Teil der Regierung, eine Attacke gegen Scholz. Der Vorsitzende des Europaausschusses, der Grüne Anton Hofreiter, warf Scholz vor, »zauderlich und zögerlich« zu sein. »Wir haben das Problem, dass wir gerade einen Bundeskanzler haben, der nicht ausreichend führt.« Dass das kein Ausrutscher war, sondern Kalkül, zeigte sich darin, dass der grüne Politiker seine Attacken gegen Scholz die nächsten Tage weiter fortsetzte. Ziel der Botschaft: An uns Grünen liegt es nicht, wir würden ja, wenn wir könnten. Diese Taktik nennt man Abputzen.

Das Totschlagargument der Generalisierung

»Das machen doch eh alle« ist eine der am weitesten verbreiteten Strategien, um über ein eigenes Fehlverhalten drüberzuturnen und es mit diesem Totschlagargument als nichts Besonderes darzustellen, weil es immer schon und von allen so gemacht wurde.

In den 1990er-Jahren wurde in Deutschland der bis dahin spektakulärste Forschungsskandal aufgedeckt, in dem über Jahre verfälschte Ergebnisse der Krebsforschung veröffentlicht wurden. Mit den getürkten Studien wurden noch dazu Fördergelder eingeheimst. Eine Studentin machte den Skandal publik. Sie arbeitete in einem der Teams und bemerkte Unregelmäßigkeiten. Als sie kurz davor einen der Professoren zunächst zur Rede gestellt hatte, antwortete dieser: »Das machen doch alle.« Hoffentlich nicht, ist an dieser Stelle anzumerken.

Den Mist nicht noch größer machen

Die Menschen von oben herab zu behandeln, ist nie schlau. Das wird im Kapitel »Soziale Kälte« für den Bereich Politik noch näher betrachtet. Es gilt auch für Unternehmen und deren Chefs. Als 1989 vor der Küste Alaskas der Tanker Exxon Valdez kenterte, gingen 37 Millionen Liter Rohöl verloren. Das ist viel – und es reichte, um immensen Schaden anzurichten. Aber es war gemessen an davor vergleichbaren Mengen eigentlich einer der »kleineren Tankerunfälle«. Der Tanker Odyssey verlor nur ein Jahr davor in Kanada 140 Millionen Liter. 1979 gab es zwei Unfälle, bei denen jeweils 400 Millionen und ganze 1,4 Milliarden Liter Rohöl ausliefen. Fast jedes Jahr gab es Tankerunfälle, die mit jenem der Exxon Valdez annähernd vergleichbar waren. Warum gilt bis heute gerade dieser Unfall als einer der schlimmsten?

Die Medienkommunikation des Konzerns war eine Katastrophe. Die Pressemitarbeiter von Exxon blieben vier Tage lang weiter auf Osterurlaub und kümmerten sich nicht um die Medien. Die Telefone blieben unbesetzt. Erst nach fünf Tagen kam aus der Exxon-Zentrale eine erste Pressemeldung, die allerdings dünn war und lediglich den Hergang des Unfalls schilderte. Die Medien berichteten ab Tag eins vom Unfallort, während von Exxon niemand vor Ort zu sehen war. Nach drei Wochen kam der Konzernchef zur Unglücksstelle nach Alaska. Er wurde dort von Medien angehalten und vor laufenden Kameras gefragt, welche Reinigungsmaßnahmen gesetzt werden würden. Er antwortete, er habe Wichtigeres zu tun, als sich mit diesen »Kleinigkeiten« zu beschäftigen. Das war's. Menschen und Medien hatten ihr Urteil gefällt. Was die mediale Präsenz betrifft, wurde der Unfall zur Nummer eins aller Tankerunfälle der Geschichte. Gemessen am verlorenen Rohöl war er die Nummer 54.

Streisand-Effekt und schlafende Hunde

Im Umgang mit medialen Problemen sollte man auch immer auf den Streisand-Effekt und die schlafenden Hunde achten. Der Streisand-Effekt beschreibt das folgende Phänomen in den Medien: Wenn man eine Information, die man als schädlich erachtet, unterdrücken will, kann man durch eine gesetzte Handlung das genaue Gegenteil erreichen, nämlich dass die schädliche Information erst recht stark verbreitet wird. Das Phänomen ist benannt nach der Schauspielerin und Sängerin Barbra Streisand, die einen Fotografen auf fünfzig Millionen Dollar Schadensersatz klagte, weil er Luftaufnahmen der Küste Kaliforniens gemacht hatte, auf denen das Haus des Stars zu sehen war. Streisand wollte, dass niemand weiß, wo sie wohnt. Die Klage wurde öffentlich, das Foto und der Standort ihres Hauses verbreiteten sich wie eine Lawine im Internet. Streisand hatte mit ihrer Klage also das genaue Gegenteil erreicht. Sie wollte etwas kleinhalten, machte es dadurch aber groß. Danach wusste jeder, wo sich ihr Haus befindet.

Der Streisand-Effekt ist eigentlich schon lange bekannt, nämlich als die Redewendung »Schlafende Hunde soll man nicht wecken« oder »Let sleeping dogs lie«. Ein Hund kann durch eine unachtsame Handlung geweckt werden, es folgen Gebell, Gekläffe und eventuell ein Biss. Das heißt, ein Thema, das eine Gefahrenquelle darstellt, sollte nicht durch eine unbedachte Handlung ans Licht kommen oder größer gemacht werden, als es ist.

Gerade in der Politik und in der Wirtschaft stellt man oft die Frage: »Reagieren wir oder machen wir es dadurch größer?« Wenn Sie zum Beispiel als Politiker, Unternehmer oder Prominenter mit einem Vorwurf konfrontiert werden, der falsch ist, aber in einem Medium mit nur geringer Reichweite erhoben wird, sollen Sie den Vorwurf zurückweisen und damit riskieren, dass durch Ihr Statement auch Medien mit größerer Reichweite darüber berichten? Oder schweigen Sie lieber dazu und hoffen, dass große Medien nicht davon erfahren beziehungsweise nicht darüber berichten? Der Vorwurf bleibt dann aber unwidersprochen.

Kein neues Holzscheit – no more news

Diese Taktik funktioniert in etwa so, als wäre die mediale Berichterstattung ein Lagerfeuer. Mediale Themen sind wie Feuer. Sie bleiben so lange am Leben, solange sie brennbares Material erhalten. Wird kein neues Material zugeführt, erlischt das mediale Feuer.

Aktuelle Massenmedien definieren, wie bereits erörtert wurde, sehr klar, was für sie brennbares Material mit Nachrichtenwert ist. Nur wenn es wirklich »neu« ist, noch nirgends publiziert wurde, kann es zu einer Story werden. Dieser sehr klare Mechanismus in den Medien bietet PR-Leuten eine ebenso klare Handlungsanleitung in der Problemkommunikation. Wenn du in den Medien ein Thema hast, das für dich ein Problem darstellt, dann musst du dafür sorgen, dass es keinen weiteren Nachschub an brennbarem Material gibt. Das heißt, schau, dass es nichts »Neues« gibt. Das beginnt zunächst einmal bei einem selbst. Wenn du von einem Medium kontaktiert und gefragt wirst, dann bleibe immer bei dem, was du bisher gesagt hast. Sag nichts »Neues«. Kein »neues« Zitat, kein »neues« Argument, keine »neue« Information. Liefere dem Feuer kein »neues« Brennmaterial. »Kein neues Holzscheit« sagt man im deutschen Sprachraum zu dieser Taktik. Im Englischen verwendet man die Redewendung »No more news«.

Diese Taktik ist eine, die als eine der am wenigsten erfolgreichen gilt. Weil meist der politische Gegner dafür sorgt, dass das Feuer immer wieder mit viel Zunder am

Leben erhalten wird. Falsch ist die Taktik dennoch nicht. Und sie hat auch schon funktioniert.

Frankreichs Präsident Emmanuel Macron wurde 2018 bei einem öffentlichen Auftritt gefilmt, als er für einen Moment die Fassung verlor und einen Teenager maßregelte, der ihn gefragt hatte: »Wie geht's dir, Manu?« Macron antwortete scharf, dass der junge Mann ihn gefälligst »Herr Präsident« nennen solle. Die Szene ging in den sozialen Medien viral. Während die einen die Reaktion für angemessen gegenüber dem frechen Teenager hielten, empfanden es die anderen als gouvernantenhaft und empfindlich. Die Lage war nicht eindeutig, es gab keine klare Zustimmung für Macron und auch keine eindeutige Ablehnung. Daher war das Thema eher unangenehm, aber noch lange keine Krise. Macron reagierte wie folgt: überhaupt nicht. Nie mehr. Es gab nichts »Neues« dazu und das Thema erledigte sich von selbst. Manche sagen dazu auch »ausrinnen lassen«.

Wenig aussichtsreich und daher weniger sinnvoll ist die Taktik in einer echten Krisensituation, wenn das unangenehme Thema unter den Topthemen des Tages rangiert und eine gewisse Aufgeregtheit darum herrscht. Dann kommt man um klassische Krisenkommunikation, in der regelmäßig und aktiv kommuniziert wird, kaum herum. Wenn das Problem aber wenig spektakulär und sogar bereits am Abklingen ist, dann kann die Taktik erfolgreich aufgehen.

Alles, was älter ist als drei Wochen, is a Gschicht

In der Redaktion des ORF gab es in den 2010er-Jahren einen Leitsatz, der da lautete: »Alles, was älter ist als drei Wochen, is a Gschicht.« Mit diesem Satz wurde in zugespitzter Form eine Gepflogenheit der Branche beschrieben. Während zuvor erklärt wurde, dass Medien eine Story nicht aufgreifen, wenn sie nicht mehr neu ist, dann gilt das nur für die Dauer von rund drei Wochen. Wenn die Story vor länger als drei Wochen gebracht wurde, dann ist sie zwar nicht mehr neu, allerdings schon so lange her, dass sie wieder als Neuigkeit gilt, weil sich kaum mehr jemand daran erinnern kann. Wenn Sie also als PR-Mitarbeiter eine Story bringen wollen, die nicht mehr neu ist, dann warten Sie drei Wochen – und versuchen Sie es dann noch einmal.

4

PRAXIS UND EMOTION

4.1. Tell it like a tale

Seit Public Relations, Marketing und Werbung zum eigenen Berufszweig wurden, haben sich in der Branche allerlei Firlefanz, Popanz und auch Nonsens gebildet. Wenn
eine Agentur zur Präsentation geladen wird, um dem Kunden ein Konzept vorzustellen, wird dieses vor dem Termin
meist noch aufgemotzt. In der Agentursprache spricht
man von »Feenstaub« oder »Lametta«. Eine bekannte Agentur in Wien teilt ihre Präsentationen in zwei Versionen ein:
in eine bunte, visuell ansprechende, mit Bildern, Videos,
grafischen Elementen und viel Bewegung, und in eine seriöse, ernsthaft wirkende, mit wenig Farben, viel Text und
wenig Bewegung. In dieser Agentur ist es üblich, den Chef
vor der Erstellung der Präsentation zu fragen: »Mit Lametta
oder ohne?«

Wenn auch mit Augenzwinkern, so geht es bei dieser
Entscheidung dennoch um eine prinzipiell ernsthafte
Auseinandersetzung mit Erzählungen in der Medienwis-
senschaft und der Message Control. Im Folgenden wird ein
Überblick gegeben über die gängigsten Formen der Erzäh-
lungsversuche – sowohl mit Lametta als auch ohne.

Archetypen, Storytelling, Plot, Narrativ und Frame

In den Präsentationen der Marketingagenturen spielen oft Archetypen eine Rolle. In Anlehnung an den Psychologen Carl Gustav Jung wird von Herrschern, Schöpfern, Rebellen, Helden, Zauberern und anderen mehr gesprochen. Diesen Archetypen könne man laut Marketing alle Personen, Unternehmen und Marken zuordnen. Apple sei beispielsweise der Schöpfer, Harley-Davidson der Rebell, Chanel die Liebende, Disney der Zauberer, Nike der Held, Heinz-Ketchup der Betreuer und so weiter. In der Öffentlichkeitsarbeit gilt es als besondere Fähigkeit, für den Kunden den richtigen Archetyp zu finden.

Nicht zu verwechseln sind Archetypen mit den Stereotypen. Dabei handelt es sich um feste Vorstellungen von Eigenschaften oder Verhaltensweisen, die Menschen aufgrund ihrer Zugehörigkeit zu einer bestimmten Gruppe zugeschrieben werden, also aufgrund von Hautfarbe, Herkunft, Religion, Geschlecht oder Alter. Es sind quasi Vorurteile.

Wie auch immer man zu den zwölf Archetypen stehen mag, sie für das Marketing zu verwenden, ist sicherlich sinnvoller, als mit Stereotypen zu arbeiten.

Storytelling

Zuvor wurde hervorgehoben, dass die Sachlichkeit in der Berichterstattung zwar wichtig ist, mindestens genauso bedeutsam ist aber die Verständlichkeit. An sich kommt man gut durch mit der Lasswell-Formel, in den letzten Jahrzehnten hat sich, vor allem in den sozialen Medien, jedoch die Methode des Storytellings entwickelt, bei der vor allem mit Symbolen, Leitmotiven und Metaphern gearbeitet wird und weniger mit Fakten, wer was wann und wieso getan hat.

Viele Berater empfehlen heute für eine erfolgreiche Kommunikation die Verwendung von Archetypen beim Storytelling. Um etwa über eine Auseinandersetzung zweier Politiker zu berichten, sei es ratsam, zunächst zu klären, wer von beiden der Rebell und wer der Herrscher ist. Wer der Narr und wer der Unschuldige oder der Held und der Zauberer. Denn dann sei es einfacher, die Story zu erzählen. Ein Running Gag in der Wiener Agenturszene lautet: »Bei Politikern gibt es nur einen Archetyp – alles Narren.« Wobei das eindeutig in Stereotypen abgleitet.

Eng verknüpft ist das Storytelling mit dem Plot, der das Handlungsgerüst einer Geschichte in Dichtung, Roman oder Film beschreibt. Der Plot von *Romeo und Julia* zum Beispiel ist: Ein Mann und eine Frau aus zwei verfeindeten Familien verlieben sich und sterben. Bedeutsam für das Storytelling und den Plot ist schließlich noch das Narrativ. Das ist eine sinnstiftende Erzählung, die Werte und Emotionen transportiert. Das Narrativ der Europäischen Union etwa ist: Nur durch die Gemeinsamkeit gibt es schon so lange keinen Krieg mehr zwischen den Völkern auf unserem Kontinent.

Die Kombination aus alldem, also aus Storytelling, Plot und Narrativ, wird »Framing« genannt. Verstanden wird das Framing in der Fachsprache als ein bewusst gesteuerter Prozess der Einbettung von Ereignissen und Themen in ein Narrativ. Wenn Sie etwa darüber berichten, dass Wasser vergossen wird, kommt es auf den Rahmen, also den Frame der Erzählung, an. Ein Frame könnte sein: Beim Feuerwehreinsatz wird Wasser vergossen. Dann handelt es sich um eine positiv konnotierte Tat. Ein anderer Frame wäre: Am Tisch beim Mittagessen hat jemand Wasser vergossen. Das ist eine negativ konnotierte Handlung. Der Frame kann schon allein durch ein einziges Wort verändert werden. Er hat mit Wasser »gelöscht«, ist etwas ganz anderes, als wenn er Wasser »verschüttet« hat.

In der Politik wird das Framing bewusst eingesetzt. Wenn ein Foto einen Politiker, zum Beispiel Bundesminister Müller, beim Essen eines Wiener Schnitzels im Wirtshaus zeigt, kann das zum Beispiel in zweierlei Frames erzählt werden. Einerseits: Bundesminister Müller gibt sich volksnah und gönnt sich zwischen der Arbeit eine Stärkung mit unserer Nationalspeise. Andererseits: Mitten in der Krise sitzt Bundesminister Müller, anstatt zu arbeiten, gemütlich im Wirtshaus, um ein Schnitzel zu essen.

Idealerweise werden beim Storytelling die Archetypen so eingesetzt, dass ein guter Plot dabei herauskommt und das Narrativ besonders sinnstiftend ist, was einen gewünschten Frame ergibt. Wenn im Marketing der Sinn beim Leser nicht ankommt, ist das Narrativ durch die Verwendung falscher Archetypen beim Storytelling fehlerhaft oder der Plot nicht gut, jedenfalls aber ist der Frame falsch. Mischen sich im Marketing Stereotypen anstatt Archetypen in das Storytelling, kann der Plot missverstanden, der

Frame falsch und das Narrativ sogar gefährlich werden. Man sollte daher immer Archetypen und Plot genau abstimmen, damit beim Storytelling das Narrativ passt, indem der Frame richtig gesetzt ist und das Marketing einen Sinn ergibt.

Diese – womöglich ironisch anmutenden – Ausführungen sollen nicht respektlos gegenüber der Marketingbranche sein. Letztlich sind diese Begriffe der Versuch, das Handwerk der Öffentlichkeitsarbeit begreiflich und in seinen Einzelteilen administrierbar zu machen. Es ist im Endeffekt nichts anderes als die Beschreibung eines tatsächlichen Vorgangs, den alle Journalisten tagtäglich durchmachen müssen, nämlich zu entscheiden: Ist es eine Story oder ist es keine Story?

Schon lange bevor in der Marketingbranche von Archetypen, Storytelling, Plots, Narrativen und Frames die Rede war, gab es in der PR die Technik, die Story so zu erzählen wie einen Schwank oder ein Märchen. Dabei griff man bewusst oder unbewusst auf archetypische Erzählungen zurück, die seit Jahrtausenden unterschiedlich, aber immer wiederkehrend interpretiert wurden. Wobei sich mit der Zeit vor allem einige wenige als besonders geeignet und immer wieder verwendbare Erzählungen herauskristallisierten.

Die beiden häufigsten Erzählungen sind jene vom herrschenden Verteidiger, der seinen Kurs fortsetzen möchte, und jene vom angreifenden Herausforderer, der Veränderung will. Das hat damit zu tun, dass in einer Demokratie regelmäßig Wahlen stattfinden und die Kampagnen der

Kandidaten zwangsläufig auf eine der beiden Strategien hinauslaufen müssen, nämlich die des Amtsinhabers und die des Oppositionsführers.

Durchhalten: Wir haben erst begonnen

Als Moses sein Volk durch die Wüste führte, hatte er einige Herausforderungen zu bewältigen. Fast wäre sein Volk nicht mehr mitmarschiert. Da ließ Gott Manna vom Himmel herabregnen, um die Leute zu stärken und wieder Kraft für den weiteren Weg zu besitzen. Wäre Moses am Berg Sinai in einer Wahlkampfsituation gewesen, mit einem Gegner, der für einen Wechsel in der Führung, den Abbruch der sinnlosen Reise und den kurzen Weg zurück nach Ägypten wahlgekämpft hätte, hätte Moses auf die Durchhaltetaktik gesetzt. Er hätte dafür geworben, den Kurs zu halten und ihm zu vertrauen, dass es im Gelobten Land tatsächlich gut wird. Derlei Erzählungen gibt es viele.

Alexander der Große feuerte immer wieder sein Heer an, noch tiefer nach Asien vorzudringen. Über Christoph Kolumbus wird erzählt, dass er bei einer Windflaute dafür warb, den Kurs fortzusetzen. Und fast alle Wiederwahlkampagnen von amtierenden Präsidenten in den USA sind begleitet von dem Slogan »Four more years«, also »Noch mal vier Jahre«. Dabei spielt es keine Rolle, ob es ein Demokrat oder Republikaner ist. Es ist logisch, dass ein Amtsinhaber keine Veränderung und keinen Wechsel möchte, sondern seinen Kurs fortsetzen. Viele Vorhaben seien noch nicht umgesetzt, viele Widerstände zum Gelingen der Projekte noch nicht gebrochen, das große Ziel sei noch nicht erreicht. Es müsse weitergehen. Auf den perfekten Punkt brachte es im Jahr 2012 US-Präsident Barack Obama. Um seine Wiederwahl zu erreichen, plakatierte er nur ein einziges Wort: »Forward«.

Veränderung: Wir gegen die (da oben)

Bleiben wir bei der Bibel. Die Israeliten waren entsetzt über den Moloch. Im Buch Levitikus hielten sie fest, wie die Phönizier und Kanaanäer für ihre Götzen Opferrituale veranstalteten. Dabei wurden in Zeremonien zur Besänftigung der Götter kleine Kinder in einen Feuerschlund geworfen und als Brandopfer dargebracht. Wäre damals Wahlkampf gewesen, hätten die Israeliten gesagt, dass es so nicht weitergehen könne und es Veränderung brauche.

Die Liste an ähnlichen Erzählungen über den Kampf für Veränderung ist lang. Zunächst der Moloch, den wir hinter uns lassen sollten. Meist muss man, um etwas zu verändern, gegen größere, stärkere Mächte ankämpfen, so wie David, der den riesigen Goliath mit einer Steinschleuder bezwang. Robin Hood, der die Reichen bestahl, um die Beute unter den Armen zu verteilen. Oder die edlen Jedi-Ritter rund um Luke Skywalker in *Star Wars*, die gegen das Imperium ankämpfen. Die Veränderung, der Kampf gegen das Herrschende, gegen die da oben, ist eine der am öftesten eingesetzten Erzählungen von Herausforderern.

Es gibt das Bonmot, einer der Spindoktoren in der Wahl-kampagne von Barack Obama 2008 hätte einmal erzählt, wenn man den Präsidentschaftskandidaten nachts aufwe-cken und auffordern würde, irgendetwas zu sagen, käme nur ein Wort heraus: ein nachttrunkenes »Change«. Darauf setzte Barack Obama. Nach den acht Jahren unter Präsident George W. Bush bräuchte es Veränderung, eine neue Form des Regierens, eine sozialere Innenpolitik und eine fried-liebendere Außenpolitik, so seine Erzählung. Die Stim-mung in der Bevölkerung war eine Wechselstimmung, die er in einen Sieg verwandeln konnte.

Sozialdemokraten und Linke setzen oft auf eine David-gegen-Goliath-Taktik, wenn sie gegen die Gewinne von Konzernen Politik machen. Und auf Robin Hood, wenn sie auf das Geld der Wohlhabenden mit Vermögenssteuern abzielen. Die soziale Kälte der herrschenden Eliten müsse überwunden werden. Wenn Bürgerliche auf eine Verän-derung drängen, dann geht es bei ihnen meist um einen Kampf gegen verkrustete Strukturen des Staates, über-bordende Bürokratie, Gewerkschaften, Steuerverschwen-dung und zu hohe Steuern. Goliath ist hier der ausufernde Staatsapparat, oft auch Moloch genannt, der laut den Kon-servativen das Steuergeld verschlingt.

Für europäische Politiker, egal welcher Partei, eignet sich vor allem die Europäische Union ganz besonders gut als Goliath, Imperium oder Moloch. Schon Margaret That-cher bezeichnete die EU-Kommission als »Belgisches Im-perium«. Weit proeuropäischer legte es Österreichs Kanzler Wolfgang Schüssel an, der Chef seiner als »Europapartei«

geltenden ÖVP. Er stand zwar zur EU, wollte sie aber aktiv weiterentwickeln. Dabei erkannte er schon 2002 bestimmte Gefahren einer Überbürokratisierung und warnte: »Die EU darf kein Moloch werden.«

Mahnung: Ihr werdet schon sehen

Um noch einmal mit der Bibel zu kommen und zum Moloch, in dem Kinder verbrannt wurden, um die Götter zu besänftigen. Hätten die Israeliten dagegen wahlgekämpft und dafür geworben, mit diesen alten, grauslichen Traditionen zu brechen, einen Neuanfang zu wagen, wie hätten die Phönizier reagiert? Richtig, sie hätten mit mahnender Stimme gewarnt: »Wenn die Israeliten regieren, werden sie durch den Stopp der Kinderopfer die Götter erzürnen und Unheil über das Land bringen. Wählt nicht die Israeliten, denn das führt zum Zorn der Götter und in den Untergang!«

Die Literatur ist voll von Mahnungen und Warnungen in unterschiedlichsten Erzählungen. Im *Zauberlehrling* warnt uns Johann Wolfgang von Goethe, nicht gegen den Meister aufzubegehren, weil es im Chaos münden würde. In der griechischen Mythologie werden die warnenden Rufe Kassandras, der schönen Tochter des trojanischen Königs, nicht ernst genommen, was zum Untergang Trojas führt. Fast alle religiösen Überlieferungen sind gespickt mit Prophezeiungen von Propheten, die vor bösen Dingen warnen. Die unter den Christen berühmtesten sind Johannes der Täufer, Jesaja, Jeremia und Ezechiel.

Die Taktik der Mahnung, im Englischen »Exaggeration« genannt, ist seit jeher bekannt. In der noch jungen amerikanischen Demokratie ließ der Präsidentschaftskandidat John Adams ausrufen: »Wenn Thomas Jefferson die Wahl gewinnt, werden Mord, Raub, Vergewaltigung, Ehebruch und Inzest offen gelehrt und praktiziert!« Ein bemerkenswertes Storytelling.

Underdog: Wir werden es ihnen zeigen

Die Geschichte von John F. Kennedy ist die klassische Erzählung des Underdogs. Eines Außenseiters, dem keine Chance eingeräumt wird, der unterschätzt wird, der dann aber zur Überraschung aller seine wahre Größe zeigt.
Der Begriff stammt aus der Zeit der Hundekämpfe Ende des 19. Jahrhunderts und bezeichnete schwächere, unterlegene Hunde. Die Erzählung selbst aber ist uralt und wurde in verschiedenen Formen tradiert. Auch die bereits erwähnte Geschichte von David und Goliath ist durchaus auch eine Underdog-Story. Eine weitere Variante ist das Märchen vom »hässlichen Entlein«. Zwischen den hübschen gelben Küken sticht ein hässliches graues Küken hervor, das von allen verspottet wird, ehe es erwachsen und zum wunderschönen Schwan wird.
Im Österreich des Jahres 2011 kam es zu einer Regierungsumbildung. Der Parteichef der ÖVP wollte einen medialen Coup landen und machte den erst 24-jährigen Obmann der Jugendorganisation, Sebastian Kurz, zum Staatssekretär

für Integration. Der Coup ging aber nach hinten los. Die Bevölkerung verstand nicht, warum ein 24-jähriger Student so viel Geld aus Steuermitteln verdienen sollte. Die Sozialdemokraten und die Opposition schossen sich auf den jungen Mann ein, er hätte keine fertige Ausbildung, noch nie gearbeitet. In den Umfragen wurde er von einer deutlichen Mehrheit abgelehnt, die Tageszeitung *Der Standard* bezeichnete seine Bestellung als »Verarsche«. Auf Facebook bildete sich eine Anti-Kurz-Gruppe, die binnen Stunden zu einer der größten politischen Gruppen Österreichs avancierte. Als sich Spott und Empörung auf dem Höhepunkt befanden, ging der neue Staatssekretär live in die wichtigste Nachrichtensendung des ORF um 22 Uhr und stellte sich 15 Minuten lang einem harten Interview. Die Öffentlichkeit war überrascht, da der junge Mann, den man dort sah, so überhaupt nicht dem Bild entsprach, das in den Medien von ihm gezeichnet worden war. Er war besonnen, schlagfertig und wirkte in der Sache engagiert und kompetent. Das wurde von den Kommentatoren einhellig so bewertet. In einem per Umfragen erhobenen Beliebtheitsranking aller Politiker schritt Kurz binnen eines halben Jahres vom letzten Platz auf Platz eins.

Für viele Politiker, Unternehmer und Persönlichkeiten des öffentlichen Lebens kann diese Taktik ein letzter Strohhalm zum Festhalten sein, wenn es einmal nicht so gut gelaufen ist. Sitzt man eines Tages einmal so richtig in der Tinte und ist ganz unten angekommen, dann gibt es immer noch die Perspektive, vom Underdog zum Schwan zu werden.

Comeback: Wir kommen zurück

»Ich werde beten, Messala, dass du noch lebst bei meiner Rückkehr«, sagte Ben-Hur, als ihn sein einstiger Freund und nunmehr Gegenspieler in die Sklaverei schickte. Ben-Hur schlägt sich durch, überlebt die Galeeren, macht Karriere als Wagenlenker in Rom, wird dort ein Star und kehrt nach Jahren zurück nach Jerusalem, wo er Rache an Messala nehmen will. Was für ein gewaltiges Epos.

Dieser Erzählung begegnen wir immer wieder. Auch der Graf von Monte Christo wird in ein Verlies auf einer Insel verbannt und kehrt zurück. Nelson Mandela, Napoleon Bonaparte, Abraham Lincoln, Winston Churchill und Muhammad Ali sind nur die prominentesten Beispiele, die es nach einem herben Rückschlag wieder zurückschafften.

Auch in der jüngeren Politikgeschichte gibt es einige Beispiele. 1974 hatte François Mitterrand im Duell um das Präsidentenamt gegen den Liberalen Valéry Giscard d'Estaing knapp verloren. Die Karriere des Sozialdemokraten wackelte gewaltig. Er kämpfte sich durch bis 1981 und kandidierte erneut gegen Giscard d'Estaing. Diesmal konnte er die Wahl hauchdünn für sich entscheiden. Danach regierte er zwei Perioden lang.

Ein Comeback gelang auch Richard Nixon. Nach acht Jahren als Vizepräsident und haushoher Favorit scheiterte er 1960 schmachvoll an dem neuen Politstar John F. Kennedy. Danach ging es bergab. 1962 unterlag er auch bei der Gouverneurswahl in Kalifornien. Aus Frust lud er zu einer Pressekonferenz, bei der er in einem wütenden Monolog die

Journalisten beschimpfte. Seine Karriere war oder schien beendet. Aber er ließ nicht locker und verschaffte sich für die Wahlen 1968 eine gute Position, aus der heraus er seine republikanischen Rivalen hinter sich ließ, sich gegen den amtierenden demokratischen Vizepräsidenten Hubert H. Humphrey durchsetzte und der 46. Präsident wurde. 1972 wurde er in seinem Amt bestätigt. Nixon hatte die amerikanische Politik die letzten zwanzig Jahre entscheidend bestimmt und es schien, als würde er als schillernde Figur in die Geschichte eingehen – bis ihn Watergate einholte. Im August 1974 trat er zurück. Ein zweites Comeback gelang ihm nicht mehr.

Der Präsidentschaftskandidat Bill Clinton rief sich 1992 zum »Comeback Kid« aus. Zunächst war er als aussichtsreichster Kandidat seiner Partei angetreten, musste sich dann aber plötzlich mit einer Reihe von Dirty-Campaigning-Vorwürfen herumschlagen. Ehestreitigkeiten im Hause der Clintons wurden thematisiert, seine Nichteinberufung zum Militär und Vorwürfe, dass er in seiner Jugend Marihuana geraucht hätte, was Clinton übrigens mit einem der originellsten Nicht-Dementi-Dementis der jüngeren Zeitgeschichte quittierte: »Ich habe nicht inhaliert.« Womöglich für den Fall, dass Fotos auftauchen sollten. Die Negativkampagne gegen Clinton schlug aber ins Gegenteil um. Er gewann die nächsten Vorwahlen und schaffte es als »Comeback Kid« in die Wahlschlacht, aus der er als Sieger hervorging.

In der österreichischen Innenpolitik gelang Sebastian Kurz von der bürgerlichen ÖVP ein rasanter Aufstieg. 2011 jüngster Staatssekretär Österreichs, 2013 jüngster Außenminister Europas, 2017 jüngster Regierungschef der Welt. Kurz regierte mit der als rechtsextrem eingestuften FPÖ. Im Mai 2019 crashte es gewaltig. Ein Video wurde veröffentlicht, in dem sein Regierungspartner Heinz-Christian Strache von der FPÖ laut Medien offen über Korruptionsfantasien sprach. Die als »Ibiza-Video« bekannt gewordene Aufnahme war zwar eine Falle gewesen, doch Kurz musste die Koalition beenden. Nur wenige Tage später wurde ihm als erstem Kanzler der Zweiten Republik vom Parlament das Misstrauen ausgesprochen und er musste zurücktreten. Die Präsidentin des Verfassungsgerichtshofs wurde als interimistische Kanzlerin eingesetzt. Im September kam es zur Neuwahl, bei der Kurz mit einem Zugewinn von sechs Prozent triumphierte und die Sozialdemokraten abgestraft wurden. Das Comeback war mehr als gelungen. Der junge Kanzler ging eine Koalition mit den Grünen ein. Doch erneut kam es zu Wirren. Im Herbst 2021 wurden gegen Kurz und sein Umfeld Korruptionsvorwürfe erhoben und er zog sich im Dezember 2021 aus der Politik zurück. Kommentatoren sagten ihm nach, er plane ein zweites Mal ein Comeback. Doch Kurz schloss eine Rückkehr kategorisch aus.

Nicht zu verwechseln ist die Comeback-Story übrigens mit der Rachestory, wenngleich sie eng verwandt sind und Rachegeschichten freilich ebenfalls einen Erfolgsfaktor für Blockbuster darstellen. Aber ein Comeback, das von Rache geleitet wird, kann sehr leicht scheitern, weil die negative Emotion oft den Blick auf das Ziel verstellt. So ist auch *Ben Hur* keine Rachestory, sondern eben eine Comeback-Story, denn als Ben-Hur Zeuge der Kreuzigung Jesu Christi wird und ihn die Worte sagen hört: »Vergib ihnen, denn sie wissen nicht, was sie tun«, geht dem Filmhelden der Knopf auf. Als er danach heimkommt, sagt er zu seiner geliebten Esther: »Ich spürte in meinem Herzen, wie er mir mit seinen Worten das Schwert aus der Hand nahm.« Esther war darüber sehr glücklich, denn sie hatte ihn immer gewarnt: »Blut zeugt immer mehr Blut, wie der Hund den Hund zeugt. Und Tod erzeugt immer nur Tod.« Denken Sie daran, wenn Sie Rachegelüste verspüren. Ein einfaches Comeback tut es auch.

Anabasis: Allein gegen alle

Es ist eine Handlung, die in vielen Werken immer wieder zu finden ist. Eines der ersten ist die Anabasis des griechischen Autors Xenophon. Er schrieb über seine früheren Jahre, in denen er Heerführer einer Söldnertruppe von zehntausend Mann war, die im 4. Jahrhundert vor Christus für einen persischen Prinzen im weit entfernten Mesopotamien gegen dessen Bruder kämpfte. Der Prinz fiel unerwartet in der Schlacht, seine Armee floh und zerstreute sich in alle Richtungen. Xenophon stand nun mit seinen Soldaten mitten im Feindesland, den Gegnern völlig ausgeliefert. In der Anabasis beschreibt er den gefährlichen Weg zurück in die Heimat Griechenland. Ein antiker Abenteuerthriller und ein Motiv, das in unzähligen Büchern und Filmen aufgegriffen wird.

Auf einem Weg zurück durch Feindesland befand sich auch der spätere US-Präsident Donald Trump bei seiner Kandidatur 2016. »Make America great again« war sein Slogan. Trump und seine Anhänger müssen sich so gefühlt haben wie der Zug der zehntausend Griechen zurück in die Heimat – jene war das alte Amerika, in dem der Mittlere Westen dank Kohle-, Auto- und Stahlindustrie blühte und wo Chauvinismus, rassistische Witze und ein Klaps auf den Po von Frauen noch zum guten Ton gehörten. Zurückschlagen mussten sie sich durchs Feindesland der Political Correctness und des Feminismus unter der Herrschaft einer linken Elite. So verhielt sich Trump dann auch. Er kämpfte allein gegen alle. Er schlug sich durch. Die Geschichte ging am Ende für ihn allerdings anders aus als die Anabasis: nicht gut. Zumindest bis jetzt. Womöglich kommt es noch zum Comeback.

In den letzten Jahren seiner Amtszeit als Premierminister musste sich auch Boris Johnson so gefühlt haben. Irgendwo tief im feindlichen Gebiet, in dem sich sogar seine ehemaligen Truppen gegen ihn verschworen hatten, kämpfte er allein gegen alle, musste sich schließlich aber geschlagen geben. Darauf, dass auch Johnson durchaus Comeback-Pläne im Sinn hat, deuten seine letzten Worte in seiner Abschiedsrede im Parlament: »Hasta la vista, baby!«

Zusammenfassend lässt sich zu Storytelling und Co. sagen, dass rund um die Karrieren von Prominenten und Politikern sehr viel Inszenierung herrscht, aber oft anderes dahintersteckt. Oder wie William Shakespeare einst sinngemäß meinte: Oft herrschen viel Wirbel und Aufregung, aber im Endeffekt kommt auch nicht viel darum herum. Der Barde formulierte es in Wahrheit natürlich viel klarer: »Life is a tale. Told by an idiot, full of sound and fury, signifying nothing« (Das Leben ist ein Märchen. Erzählt von einem Narren, voller Klang und Wut, das nichts bedeutet). So schlimm ist es allerdings auch wieder nicht. Shakespeare neigte bekanntlich zum Dramatisieren.

4.2. Wettbewerb des Eindrucks

Sind Sie warm oder kalt? Sind Sie hell oder dunkel? Neu oder alt? Was haben Sie für ein Profil? Und welches Image? Und wie kamen Sie überhaupt dazu? Versuchen wir, diesen Fragen auf den Grund zu gehen.

Profil und Image

Wenn man einen Menschen beschreibt, führt man normalerweise Eigenschaften an. Bundesminister Müller etwa ist kompetent, erfahren und intelligent. Es sind in der Regel immer drei Zuschreibungen, die eine Person, eine Gruppe, eine Organisation oder ein Unternehmen ausmachen und ein Bild von ihr darstellen. Das liegt wohl an der dreidimensionalen Wahrnehmung, die wir generell haben. Diese bildliche Vorstellung nennt man im Englischen »Image«. Somit bilden die Eigenschaften einer Person auch ihr Image. In dieses Image passt dann eine ganze Reihe von Eigenschaften, die alle irgendwie ähnlich sind. Bei Bundesminister Müller kommen neben kompetent, erfahren und intelligent noch belesen, besonnen, überlegt und vernünftig hinzu. Wenn dann eine einzige Eigenschaft aus dieser Kette ausbricht und überhaupt nicht dazupasst, dann entsteht ein »Profil«. Wenn also Bundesminister Müller nicht nur besonnen, überlegt und vernünftig ist, sondern plötzlich auch aufbrausend oder emotional, dann entsteht hier ein Profil. Wird er emotional, wenn es um ihn selbst geht, ist er ehrgeizig. Oder er wird emotional, wenn es um seine Unterstützung für den Bundeskanzler geht, dann ist er loyal. Beginnt er plötzlich, zu lachen, dann ist er trotz seiner trockenen, seriösen und professoral wirkenden Art eigentlich ein humorvoller Typ.

Es gibt keine wirkliche Wissenschaft dazu, aber es gibt das geflügelte Wort unter Wahlkämpfern: Es gewinnt immer der Warme, der Helle und der Neue. Wärme hat zu tun mit Nähe. Wer mehr Wärme und Nähe ausstrahlt, sich mehr um die Menschen kümmert, sich öfter unter die Leute mischt, Bilder davon produziert, der wird am Ende eher den Sieg heimfahren. Hier geht es um das Image und das Profil von Bürgernähe und sozialer Wärme. Helligkeit hat zu tun mit einem positiven Licht, in dem eine Figur gesehen wird, hell ist also gut, dunkel eher böse. Wenn sich ein Politiker mit guten Menschen trifft, mit Mutter Teresa, dem Dalai-Lama oder auch mit Hollywoodstars oder Nobelpreisträgern, dann strahlt er hell. Umgibt er sich mit schlecht beleumundeten Personen, faden Bürokraten, dubiosen Geschäftsleuten oder gar bösen Ganoven, dann wirkt er dunkel. Das Neue steht für Jugend, Tatkraft, Energie, das empfindet man als positiv. Das Alte – bei allem Respekt – wirkt spröde, fad und man will es eigentlich hinter sich lassen. Seit jeher kämpfen daher in Demokratien alle Parteien und ihre Kandidaten darum, warm, hell und neu zu sein und den anderen kalt, dunkel und alt aussehen zu lassen.

Care-Politik

Vor allem linke und Mitte-links-Parteien setzen auf »Care-Politik«, also auf Fürsorge als eine Ressource, die unter den Menschen verteilt werden muss. Grundsätzlich soll der Wohlstand verteilt werden, aufgesplittert in sämtliche Bereiche des sozialen Wohlfahrtssystems wie Familie, Kinder, Armut, Arbeitslosigkeit, Pensionen oder Pflege. In Europa setzen vor allem Sozialdemokraten, Linke und teils auch grüne Parteien auf dieses Programm. Auf die USA kann das kaum eins zu eins umgelegt werden, gibt es doch fundamentale Unterschiede in den Sozialsystemen. In der Anmutung aber ist es vergleichbar.

Große Bekanntheit erzielte zuletzt ein Programm von US-Präsident Barack Obama, das nach ihm benannt wurde: »Obamacare«. Es ging um Patientenschutz, insbesondere eine Neuregelung des Zugangs zur Krankenversicherung, und eine »erschwingliche Pflege«.

In Deutschland setzte der sozialdemokratische Kanzler Willy Brandt von 1969 bis 1974 auf mehr Bildungschancen für Kinder aus einkommensschwachen Familien, öffnete den Zugang sozial schwächerer Schichten zu Studium und Abitur, ein neues Ehe- und Familienrecht sorgte für die Emanzipation und Gleichstellung der Frauen, Sozialleistungen wurden erhöht, wie der Ausbau der Sozialversicherung und höhere Pensionen.

In Österreich wurde die Care-Politik des sozialdemokratischen Kanzlers Bruno Kreisky legendär, der mit seinen Sozialreformen von 1970 bis 1983 an der Macht blieb. Kreisky setzte dabei auf die wirtschaftspolitischen Theorien von John Maynard Keynes, der für eine antizyklische Strategie des ausgeglichenen Staatshaushalts stand. Kreisky wurde in diesem Zusammenhang mit der Aussage bekannt: »Ein paar Milliarden mehr Schulden bereiten mir weniger schlaflose Nächte als hunderttausend Arbeitslose.« Unter dem SPÖ-Kanzler wurden die Arbeitnehmerrechte gestärkt, die Wochenarbeitszeit wurde verkürzt, ein Mindesturlaub eingeführt, mehr Frauenrechte, mehr Geld für Familien und Kinder, ein Heiratsgeld und vieles mehr.

Besonders erfolgreich ist Care-Politik nicht nur dadurch, dass sie in den Bevölkerungen weitgehend als populär angesehen wird. Sie dient Strategen vor allem auch zur idealen Abgrenzung vom politischen Gegner, wie das folgende Unterkapitel zeigt.

Soziale Kälte

Margaret Thatcher war eine der erfolgreichsten konservativen Politikpersönlichkeiten der letzten Jahrzehnte in der westlichen Hemisphäre. Folglich muss ihr Schwachpunkt auch symbolhaft für einen typischen generellen Schwachpunkt stehen, den konservative Parteien und Politiker ganz im Allgemeinen aufweisen. Und den gibt es.

In einer TV-Sendung des britischen Senders BBC wenige Tage vor den Wahlen 1983 stand Thatcher für ein ausführliches Interview zur Verfügung. Die Sendung hieß On the Spot und hatte mehrere Vertreter aus der »einfachen« Bevölkerung zu Gast, die der Politikerin Fragen stellen konnten. Einer dieser Gäste war die Geografielehrerin Diana Gould aus Bristol. Sie thematisierte den Falklandkrieg, der damals zwar als Sieg Großbritanniens galt und von den konservativen Wählern unterstützt worden war, aber auch national und international für starke Kritik an Thatcher gesorgt hatte. Immerhin hatte der Krieg auf argentinischer Seite 650 und auf britischer Seite 260 Tote gefordert. Speziell dass die britischen Streitkräfte das argentinische Kriegsschiff Belgrano versenkt hatten, war kritisiert worden. Die ältere, grauhaarige Lehrerin Diana Gould ergriff in der Sendung das Wort und fragte: »Frau Thatcher, als das argentinische Kriegsschiff Belgrano außerhalb der Sperrzone war, und sich eigentlich von den Falklandinseln wegbewegte, warum haben Sie den Befehl gegeben, es zu versenken?« Thatcher widersprach und antwortete, dass das Schiff sich nicht weg von den Inseln bewegt hatte. Aber Gould erwiderte: »Es befand sich auf einer Peilung von 280 Grad und war bereits westlich der Falkandinseln, also bitte verzeihen Sie, aber ich kann nicht verstehen, warum Sie sagen, dass es sich nicht von den Inseln wegbewegte, als es sank.« Die Premierministerin war schwer irritiert. Sie reagierte so, wie hin und wieder Menschen reagieren, wenn sie mit einem unerwarteten Problem konfrontiert werden. Sie versuchte, es zu ignorieren und einfach darüber hinwegzugehen. Thatcher sagte: »Eines Tages werden all diese Fakten, etwa in dreißig Jahren, veröffentlicht.« Sie behandelte Frau Gould aus Bristol, die stellvertretend für die Bevölkerung eingeladen war und lediglich eine Frage gestellt hatte, von oben herab, als hätte sie keine Ahnung von den Fakten, ja nicht einmal ein Recht darauf, die Fakten zu kennen. Diana Gould beendete die Debatte: »Das ist nicht gut genug, Frau Thatcher«, und versetzte der Eisernen Lady damit einen spürbaren Treffer. Immerhin ging es um Tote. Um Menschen. Also um berechtigte Fragen. Thatcher zeigte sich in dieser Situation sozial kalt.

Die Strategie, dem Gegner Ignoranz und soziale Kälte vorzuwerfen, ist eine der erfolgreichsten Strategien von linken und Mitte-links-Parteien gegen ihre konservativen, liberalen Konkurrenzparteien der letzten Jahrzehnte. Der Vorwurf lautet meist, dass die Gegner Ignoranz gegenüber den Problemen sozial schwächerer, ärmerer oder älterer Wählergruppen empfinden oder einfach nur die Menschen von oben herab behandeln und auf sie herabsehen würden.

In der Kampagne zur Wiederwahl von Barack Obama warfen die Demokraten dem republikanischen Kandidaten Mitt Romney »soziale Kälte« vor. Obama attackierte Romney in einer Rede in Washington. Konkret kritisierte er dessen Steuer- und Budgetpläne. Diese seien »radikal«, würden Sozialprogramme kürzen und die Gesundheitsver-

sorgung gefährden. In der Folge wurde ein geheim aufge-
zeichneter Videomitschnitt einer Rede Mitt Romneys vor
dessen Anhängern veröffentlicht, in der dieser fast die
Hälfte der amerikanischen Bevölkerung mehr oder weniger als Sozialschmarotzer bezeichnete. Das wurde von
vielen als beleidigend wahrgenommen. Obama setzte sich
bei den Präsidentschaftswahlen am Ende sehr klar gegen
Romney durch.

Generell nutzen linke und Mitte-links-Parteien speziell
die Steuer- und Wirtschaftsprogramme der Konservativen.
Teilweise warten sie schon regelrecht darauf, wenn Wahlen
bevorstehen. Das läuft meist nach einem immer gleichen
Muster ab: Zuerst stellen die bürgerlichen Parteien ihre
Pläne vor. Diese sehen in der Regel weniger Schulden und
weniger Steuern vor. Das klingt für die Wählerinnen und
Wähler zunächst meist durchaus populär. Wer zahlt nicht
gern weniger Steuern? Darauf folgt aber der meist groß an-
gelegte Konter der Mitte-links-Parteien. Weniger Schulden
und Steuern würden im Umkehrschluss weniger Einnahmen und daher weniger Ausgaben bedeuten, also Sparpro-
gramme. Der Vorwurf an die Konservativen lautet dann,
dass deren Sparpakete zulasten der sozialen Wohlfahrt gehen würden, also auf Kosten der sozial Schwächeren. Das
Geld für Arbeitslose, für Pflege und Gesundheit, für Familien und Pensionen würde gekürzt werden. Dieser Vorwurf
der sozialen Kälte wird üblicherweise von einer wuchtvol-
len Kampagne begleitet. Die Konservativen und Liberalen
haben diesen Angriffen oft wenig entgegenzusetzen, weil
sie ihre konkreten Pläne noch gar nicht fertig erarbeitet,

sondern nur die Senkung der Steuern medial transportiert haben, aber noch nicht wissen, wo sie das Geld einsparen wollen. Oder manchmal auch, weil sie zumindest teilweise tatsächlich Einsparungen im Sozialbereich in Betracht ziehen. Die Konservativen werden von der Wucht des Vorwurfs oft regelrecht überrumpelt. Diese Taktik der sozialen Kälte hat vielen sozialdemokratischen und linken Parteien seit den 1960er-Jahren bis heute zahlreiche Wahlerfolge beschert.

In Österreich zielt die sozialdemokratische SPÖ mit ihren Soziale-Kälte-Vorwürfen gegen die ÖVP vor allem auf Pensionistinnen und Pensionisten ab. Schon in den 1960er-Jahren wurden SPÖ-TV-Spots geschaltet, in denen die ÖVP als Pensionsräuber dargestellt wurde. In den Wahlkämpfen von SPÖ-Kanzler Franz Vranitzky gegen den Obmann der bürgerlichen ÖVP, Wolfgang Schüssel, versendete die SPÖ sogenannte Pensionistenbriefe. In diesen wurde der Volkspartei vorgeworfen, sie würde die Pensionen kürzen wollen. Mit einer Ausnahme, seinem Wahlsieg 2002, verlor Schüssel sämtliche Wahlen gegen die SPÖ aufgrund deren Strategie der sozialen Kälte.

Auch bei Schüssels letzter Wahl 2006 gegen Alfred Gusenbauer sollte es so kommen. Noch in der ersten Hälfte des Jahres deutete kaum etwas darauf hin, dass die ÖVP nicht gewinnen würde, zumal die Sozialdemokraten durch den »BAWAG-Skandal« gebeutelt wurden. Die Gewerkschaftsbank BAWAG hatte bei Geschäften in der Karibik Milliarden durch Spekulationen versenkt. Höchste Kreise von SPÖ-Gewerkschaftsführern, wie deren Präsident Fritz

Verzetnitsch, mussten zurücktreten. Die SPÖ schien gezeichnet. Doch im August startete die SPÖ mit der Kampagne der sozialen Kälte und setzte das Pflegethema auf die Agenda, das die Wahl entscheiden sollte. Die Pflege war damals tatsächlich schlecht geregelt, teilweise bewegten sich österreichische Familien durch die Anstellung ausländischer Pflegekräfte in einem rechtlichen Graubereich, was von Schüssels Gegnern medial als »Pflegenotstand« kampagnisiert wurde.

Schüssel wurde am Rande einer Veranstaltung zu dem Thema befragt und reagierte schroff: »Es gibt keinen Pflegenotstand.« Das war genau das, worauf die Strategen der SPÖ gewartet hatten. Es war dieser eine Moment, in dem man ein Problem nicht wahrhaben und wegwischen will – und dabei ignorant und kalt wirkt. Und genau so wurde Schüssel von der Bevölkerung empfunden, als ignorant gegenüber ihren Problemen, was für die Sozialdemokraten deren Wahlkampfschlager wurde. Garniert wurde die Kampagne mit Dirty Campaigning, indem der Familie Schüssel eine falsche Pflegerin als private Pflegerin untergejubelt wurde. Die Soziale-Kälte-Kampagne führte die SPÖ trotz ihrer heftigen Turbulenzen rund um den BAWAG-Skandal zu einem knappen Wahlsieg. Die SPÖ gewann mit 35 zu 34 Prozent und eroberte nach acht Jahren das Kanzleramt zurück.

Ausnahmen bestätigen die Regel, heißt es. So ist klar, dass auch einmal nicht ein Konservativer über soziale Kälte stolpern sollte, sondern sein Gegner. Und zwar im Wahlkampf um die US-Präsidentschaft 1988 zwischen dem späteren republikanischen Präsidenten George Bush senior und dem Demokraten Michael Dukakis. Der Demokrat war bekannt als Kämpfer gegen die Todesstrafe. Die erste Frage richtete sich an ihn und sie war ziemlich gemein: ob er auch gegen die Todesstrafe sei, wenn seine Ehefrau vergewaltigt und ermordet würde. Die Zuseher erwarteten nun die menschliche Antwort eines Ehemanns, der seine Frau liebt und durch die Frage in ein emotionales Dilemma gestürzt wird, das er auf dramatische Weise auflösen würde. Doch Dukakis antwortete sachlich und regungslos, dass er immer gegen die Todesstrafe gewesen sei, so auch in diesem Fall. Die amerikanische Öffentlichkeit fand das gar nicht nett, das Image des gefühllosen Ehemanns wurde er bis zur Wahl nicht mehr los. Dukakis verlor die Wahl und gab später dieser Antwort im TV-Duell dafür die Schuld, als er sagte: »Ich habe bedauerlicherweise so geantwortet, als ob ich zum tausendsten Mal danach gefragt worden wäre.«

Drive and Care

Wo keine Wunde, da kein wunder Punkt. Wo keine Fläche, da kein Angriff. Einigen Konservativen dämmerte früh, manchen spät, einigen bis heute nicht, dass die immer wiederkehrenden Erfolge der politischen Gegner deshalb gelandet wurden, weil sie auf fruchtbaren Boden fielen. Vieles in den Soziale-Kälte-Kampagnen war hochstilisiert, vieles war einfach nur PR, mitunter mit Negative Campaigning, teils auch mit Dirty Campaigning angereichert. Aber es musste schon auch einen realen Hintergrund haben.

Einer der Ersten, der sich kämpferisch gegen die geniale Taktik der sozialen Kälte durch die Sozialdemokraten zur Wehr setzte, war in den 1970ern ein Liberaler. Seit 1974 gehören die TV-Duelle vor den Wahlen zur Tradition in Frankreich. Das erste verfolgten 25 Millionen. Zuschauer. Es trafen der Liberale Valéry Giscard d'Estaing und der Sozialist François Mitterrand aufeinander. Mitterrand packte alsbald die Soziale-Kälte-Keule aus. Er griff die gaullistische Politik an, für die sein Gegenüber stand. Es könne nicht sein, dass einige wenige Wohlhabende viel besitzen, aber viele Ärmere umso weniger. Die Verteilung des Wohlstands sei für ihn »eine Herzensangelegenheit«. Giscard d'Estaing konterte. »Sie haben nicht das Monopol des Herzens, Monsieur Mitterrand!«, schmetterte er seinem Gegner hin und tat das offenbar auf eine eindrucksvolle Weise, sodass der Satz in die jüngere Geschichte Frankreichs einging. Der Liberale entschied die Wahl für sich und war von 1974 bis 1981 Frankreichs Staatspräsident.

Eine der ersten Strategengruppen, die aktiv auf die Angriffsfläche der sozialen Kälte reagierte, war jene um den Präsidentschaftskandidaten Ronald Reagan. Von 1967 bis 1975 war der einstige Schauspieler Gouverneur des Bundesstaats Kalifornien gewesen. Bei seiner Bewerbung um das Amt des Präsidenten im Jahr 1980 setzte Reagan auf den Neokonservatismus. Der traditionelle Konservatismus hielt an Werten wie Familie, Heimat, Nation und Religion stur fest. Im Gegensatz dazu strebte der Neokonservatismus nach aktiver Veränderung. So vollzog Reagan in der wirtschaftspolitischen Ausrichtung der Republikaner einen Paradigmenwechsel. Hatten seine Vorgänger auf nachfrageorientierte Politik gesetzt, so propagierte Reagan nun eine Angebotspolitik, bei der es im Wesentlichen um die Überzeugung geht, dass Wirtschaftswachstum am ehesten durch eine Senkung von Steuern und weniger Regulierung erreicht werden kann. Zwar verfolgte etwa zeitgleich auch Margaret Thatcher in Großbritannien einen ähnlichen Kurs, allerdings verzichtete Reagan im Gegensatz zur Eisernen Lady darauf, auf harte Reformen im Sozialbereich zu setzen.

Reagan baute auf die »Laffer-Kurve«, um damit die Flanke zu schließen, als sozial kalt zu gelten. Die Theorie des Ökonomen Laffer besagt, dass eine Senkung der Steuern zu einem höheren Wirtschaftswachstum und damit zu mehr Steuereinnahmen führt, obwohl die Steuersätze gesenkt werden. Sie betont also einen wirtschaftspsychologischen Aspekt, nämlich die Ansicht, wenn Menschen plötzlich mehr Geld haben, sind sie auch bereit, noch mehr Geld auszugeben, was die Konjunktur ankurbelt, Wachstum erzeugt und die Steuereinnahmen sprudeln lässt. Während hohe Steuern genau das Gegenteil bewirken würden. Die Theorien von Laffer sind, wie so ziemlich alle wirtschaftspolitischen Theorien, heftig umstritten, dennoch ist diese Wirtschaftspolitik als »Reaganomics« in die Geschichte eingegangen. Reagan ging damit präventiv vor, federte Vorwürfe der sozialen Kälte ab und war bis 1989 der Präsident der Vereinigten Staaten.

Später bürgerte sich unter den Spindoktoren der Begriff »Drive and Care« ein, also einerseits der Drive des Konservativen und Wirtschaftsliberalen, aber gleichzeitig das Care-Element der sozialen Wärme.

Als George W. Bush im Jahr 2000 das Präsidentenamt anstrebte, war er sich ebenfalls der Angriffsfläche der sozialen Kälte bewusst. Sein Rezept war der »mitfühlende Konservatismus«. In seiner Amtszeit bis 2009 setzte Bush auf den freien Markt und die freien Kräfte des Kapitals ohne überbordende staatliche Regulierung, aber er plädierte auch für die sozialpolitische Unterstützung der traditionellen Familien, eine soziale Wohlfahrt zur Förderung der Eigenverantwortung und Hilfe für arme Länder auf der ganzen Welt. Bekannt wurden seine Bildungsreform mit der Einführung bundesweiter Bildungsstandards und der Unterstützung für Benachteiligte sowie die Formel »Kein Kind zurücklassen«. Bush hatte damit Erfolg. Der Begriff des »mitfühlenden Konservatismus« wurde später auch vom britischen Tory-Premier David Cameron sowie von Neuseelands Premierminister John Key verwendet.

Die Soziale-Kälte-Kampagnen der Mitte-links-Parteien waren in vielen Ländern über Jahre derart erfolgreich, dass sie die Konservativen mitunter sogar selbst glaubten. Überliefert ist eine Erzählung, die – wenn – in etwa so stattgefunden hat: Irgendwann rund um 2010 sollen der damalige Vizekanzler und ÖVP-Obmann Josef Pröll und der viel spätere Kanzler und damalige Chef der ÖVP-Jugendorganisation JVP, Sebastian Kurz, mit Mitarbeitern zusammengesessen sein und über politische Strategie gesprochen haben. Kurz' Vorgänger als Leiter der JVP waren regelmäßig öffentlich damit aufgefallen, dass sie sich gegen Pensionserhöhungen und für Pensionsreformen aussprachen. Der Wohlstand der Älteren könne nicht auf Dauer auf Kosten der jungen Generation gehen. Generell war das grob gesagt die Linie der Volkspartei. Die Jungen in der Partei artikulierten diese Position aber am lautesten. Als Sebastian Kurz in die Rolle des JVP-Chefs kam, verhielt er sich in dieser Frage auffällig moderat bis zurückhaltend. Pröll soll Kurz gefragt haben, warum er in der Pensionsfrage nicht stärker die Stimme der Jugend vertrete. Kurz antwortete: »Warum? Wollen wir als ÖVP denn keine Erhöhung der kleinen Pensionen?« Pröll soll die Frage etwas unsicher, aber doch bejaht haben. Kurz fragte: »Wer sagt das?« Pröll war verdutzt. Kurz fragte weiter, ob das tatsächlich die Position der ÖVP sei oder nur das, was die SPÖ über die ÖVP sagte und was die ÖVP inzwischen selber glaubte. Kurz ergänzte: »Ich jedenfalls will nicht, dass meine Oma, die von einer kleinen Pension leben muss, keine Pensionserhöhung bekommt.« Pröll erkannte den Punkt. Die Position der Partei sollte sich fortan in dieser Frage ändern, wenn auch nur sehr langsam.

Die Episode, sofern sie sich so zugetragen hat, steht stellvertretend für die Antwort, die Kurz als Kanzlerkandidat der ÖVP auf die Soziale-Kälte-Kampagne der Sozialdemokraten geben wollte. Er wollte nicht sozial kalt sein. Im Gegenteil, er betonte bewusst soziale Wärme. Während seiner Kanzlerschaft wurden die kleinen Pensionen jedes Jahr überdurchschnittlich erhöht, die hohen Pensionen dagegen unterdurchschnittlich. Der junge Regierungschef soll besonderen Wert darauf gelegt haben, dass die Erhöhungen der kleinen Pensionen immer zumindest höher ausfielen als die Erhöhungen unter seinen sozialdemokratischen Vorgängern. Womöglich hing sein Faible für das Thema mit einem Ereignis zusammen, das für viele später als Schlüssel zum Verständnis der Figur Sebastian Kurz gelten sollte: Als der junge Sebastian 16 Jahre alt war, verlor sein Vater seinen Job als Techniker bei einem Technologiekonzern. Dabei hatte die Familie ein Jahr lang mitbekommen, wie der Vater und dessen Kollegen an der Nase herumgeführt worden waren, indem ihnen gesagt wurde, dass alle Gerüchte, dass die Firma nach Asien absiedeln würde, nicht stimmen würden. Nach einem Jahr war es aber fix. Das Werk wurde nach China verlegt, sein Vater saß auf der Straße. Der Sohn ging abends kellnern und lief nachts zu Fuß nach Hause, um zum Familieneinkommen beizutragen. Für viele ist das eine Erklärung dafür, warum ein Mann in solch ungewöhnlich jungen Jahren so viel Ehrgeiz, Fleiß und Selbstverzicht an den Tag legen und mit 27 Jahren Außenminister und 31 Jahren Kanzler werden konnte.

Auch Österreichs Kanzler ab 2021, Karl Nehammer, setzt auf »Drive and Care«. Und das nicht nur aus einer Strategie heraus, sondern aus authentischer Sorge vor einer echten Katastrophe, wie ich sie im April 2021 während des Ukraine-Kriegs, der zu einem Gaskrieg zu werden drohte, selbst miterlebt habe: In einer größeren Runde mit seinem engsten Team und mehreren Experten für Energie wurde dem

Regierungschef ein Szenario geschildert, das alle am Tisch Sitzenden in Schrecken versetzte. Die Gasspeicher seien lediglich zu 25 Prozent gefüllt, der bedeutende Speicher in Haidach sei völlig leer. Außerdem seien alle Pipelines, mit denen Flüssiggas von anderswo als Russland nach Österreich zugeleitet werden könnte, für Jahre ausgebucht. Österreichs Gasversorgung kam zu diesem Zeitpunkt zu über achtzig Prozent aus Russland. Mit dem aktuellen Füllstand käme Österreich nicht über den kommenden Winter, ja nicht einmal in den Winter. Es drohte das Szenario, dass die Menschen in ihren Wohnungen und Häusern frieren müssten und die Regierung strengste, zur Not mit Zwang und Staatsgewalt durchzusetzende Rationierungsmaßnahmen erlassen müsste. Zudem kündigte Russland immer wieder an, den Gashahn abzudrehen. Ein absolutes Horrorszenario, aber überhaupt nicht realitätsfern. Im Gegenteil, die Experten schätzten es als »sehr wahrscheinlich« ein. Der Kanzler war in höchstem Maße alarmiert. »Care« stand nun über allem. Nicht auszudenken, was im Land los sein würde, sollte das Realität werden.

Die Regierung setzte alle Hebel in Bewegung. Flüssiggas wurde gekauft, über eine temporäre Nutzung von Pipelines verhandelt, ein Slot für die Leitung von Triest nach Wien freigeschaufelt und Gas auf den internationalen Märkten zugekauft. Der Kanzler war getrieben von dieser Horrorvorstellung. Keine Sitzung begann, ohne dass er sich nicht gleich zu Beginn über die Füllmengen und den Stand der Gasversorgung erkundigte und überall Gas besorgen wollte. Jeden Tag zwischen sechs und sieben Uhr morgens war das Erste, was er tat, angeblich noch vor dem Zähneputzen, sich über den aktuellen Füllstand in den Gasspeichern zu informieren. Die Mitarbeiter, die täglich in aller Herrgottsfrüh den Stand ermitteln mussten, wechselten sich in gewissen Dienströdern ab. Die Getriebenheit der Regierung dauerte etwa bis Oktober. Spätestens im November gab es Entwarnung. Die Speicher waren zu über neunzig Prozent prall gefüllt. Die Abhängigkeit von russischem Gas war von achtzig auf nur mehr zwanzig Prozent gesenkt worden. Der Winter war gesichert. Ich war zufällig an diesem Tag bei ihm im Büro und bekam es mit: Der 28. November 2022 war der erste Morgen, an dem sich Karl Nehammer nicht mehr nach dem aktuellen Füllstand in den Gasspeichern erkundigte, sondern nach der Befüllung für den Winter im nächsten Jahr.

Law and Order

Wenn die Offensive der Mitte-links-Parteien in der Care-Politik und der offenen Thematisierung der sozialen Kälte der Bürgerlichen liegt, dann verhält es sich bei der »Law and Order«-Politik genau umgekehrt. Das ist in der Regel die typische Offensive der Konservativen, die dann ihren Gegnern aus der linken Reichshälfte unterstellen, gegen mehr Sicherheit einzutreten und letztlich ein Unsicherheitsfaktor zu sein. Meist geht es bei »Law and Order« darum, für strengere Gesetze und härtere polizeiliche

Maßnahmen in der Bekämpfung von Kriminalität, Drogenkonsum oder Gewalt einzutreten.

Der Republikaner Richard Nixon setzte die Agenda »Law and Order« auf sein Programm und traf damit den Nerv der Bevölkerung. Die Gesellschaft war zutiefst verunsichert. Es gab mehrere Attentate, etwa auf den afroamerikanischen Bürgerrechtler Martin Luther King oder auf Robert Kennedy, den demokratischen Politiker und Bruder des ermordeten Präsidenten John F. Kennedy. Es gab »Rassenunruhen«, die durch das Attentat auf King angeheizt wurden. Zudem kam es zu Studentenprotesten und Ausschreitungen bei Demonstrationen gegen den Krieg in Vietnam. Nixon errang mit dieser Strategie zweimal den Wahlsieg.

Abwandlungen der Law-and-Order-Politik gibt es einige, so etwa die Nulltoleranzpolitik, die vor allem durch das »New Yorker Modell« berühmt wurde. Bis in die 1990er-Jahre galt die größte Stadt der USA als Herd exorbitanter Kriminalität mit der höchsten Mord- und Totschlagsrate in den Vereinigten Staaten. Bürgermeister Rudy Giuliani setzte auf das Absenken der polizeilichen Eingriffsschwelle bei großen wie kleinen Vergehen. Mit dieser Politik feierte er zu dieser Zeit mehrere Wahlerfolge. Vor allem nach dem Terroranschlag auf das World Trade Center wurde die Law-and-Order-Politik mit religiösem Fanatismus und der generellen Migrationspolitik in Zusammenhang gebracht und US-Präsident George W. Bush propagierte den »Krieg gegen den Terror«.

Im Jahr 2015 kam es zur europäischen Migrationskrise. Damit wurde die Fluchtbewegung von rund zwei Millionen

Menschen in die Europäische Union bezeichnet. Die Zahl der nach Europa gereisten Asylwerber stieg von 600.000 im Jahr 2014 auf jeweils rund 1,3 Millionen in den Jahren 2015 und 2016. Während zunächst die Fluchtroute über das zentrale Mittelmeer vor Italien im Fokus stand, bemerkte man im Herbst 2015, dass die größte Bewegung über die sogenannte »Balkanroute« über die Türkei und Südosteuropa stattfand, über die sich später die Menschen in regelrechten Kolonnen zu Fuß fortbewegten. International bekannt wurde diesbezüglich Österreichs späterer Kanzler, der damalige Außenminister Sebastian Kurz, der bei einer Konferenz in Wien die Minister aller Balkanländer zusammenholte, um den politischen Beschluss zur »Schließung der Balkanroute« zu fassen, wodurch der Strom an Migranten weitestgehend zum Erliegen kam. Wenig später wurde zwischen der EU und der Türkei das »Türkei-Abkommen« geschlossen, worin sich die Türkei zur Aufnahme von Flüchtlingen für Gegenleistungen bekannte.

In Israel stand der konservative Likud-Premierminister Benjamin »Bibi« Netanjahu für Law and Order. Im Wahlkampf 2015 sagte ein Passant bei einer Straßenbefragung für das Radio Deutsche Welle: »Seit Bibi an der Macht ist, haben wir hier Ruhe. Es gibt keine schweren Terroranschläge mehr. Nach dem Gaza-Krieg haben wir unsere Abschreckung wieder hergestellt. Alles, was ich will, ist Sicherheit für mich und meine zwei Töchter.« »Wähl Likud, ist doch klar«, rief der Slogan Netanjahus dazu auf, seine Sicherheitspolitik zu unterstützen. Der Politiker setzte auf das Thema »Bedrohung durch den Iran«, der Raketen an die radikale Anti-Israel-Organsiation Hisbollah lieferte. Auf die Bedrohung durch die Hisbollah selbst. Auf die Bedrohung durch die Hamas, die radikale Palästinenserorganisation. Und auf die Bedrohung durch den Islamischen Staat, die Terroristen in Syrien. Netanjahus Message war eindeutig: Nur Netanjahu schützt Israel vor diesen Bedrohungen. Der Premierminister blieb für israelische Verhältnisse sehr lange im Amt. Er gewann vier Wahlen und regierte von 2009 bis 2021.

Klar abgegrenzt von Law and Order wird der Rechtspopulismus oder die radikale Rechte. Während bei der konservativen Law-and-Order-Politik Stereotypen wie Hautfarbe, Herkunft oder Geschlecht keine Rolle spielen sollen, sondern einzig und allein rechtschaffenes Verhalten, ist das bei den Radikalen anders. Bei diesen können sich zum Beispiel Menschen mit anderer Hautfarbe noch so rechtschaffen verhalten, sie werden dennoch abgelehnt. Das ist Rassismus.

Der Einzelfall

Nähe erzeugt Wärme, Distanz Kälte. Während also über »Kriminelle«, »Drogendealer«, »kriminelle Migranten« und »Islamisten« aus einer gewissen Distanz gesprochen werden kann, wird es beim Einzelfall, wenn ein Betroffener ein Gesicht bekommt, schwieriger. Speziell dann, wenn es sich beim Betroffenen um ein Kind handelt. Gegen die erfolgreiche Law-and-Order-Politik der bürgerlich-konservativen

Parteien hat sich bei den linken und Mitte-links-Fraktionen daher die Taktik des Einzelfalls herauskristallisiert. Dazu werden einzelne Schicksale medial vor den Vorhang geholt, die Lebensgeschichte wird dargelegt und die ausweglose Lage geschildert. Die einzelne Person wird damit als Opfer einer unglücklichen Fügung des Schicksals oder überhaupt als Opfer des Verhaltens der Mehrheitsgesellschaft dargestellt. Aus Rücksicht auf die einzelnen Betroffenen wird hier von der Ausführung von Beispielen abgesehen.

4.3. Techniken des täglichen Gebrauchs

Wenn man als junge Journalistin oder junger Journalist für eine traditionelle Printzeitung zu arbeiten beginnt, ist man plötzlich mit ungewöhnlich derben Begrifflichkeiten konfrontiert, über die man meist überrascht ist, die aber recht bald in den täglichen Sprachgebrauch übergehen. »Hurenkinder« ist tatsächlich ein Fachbegriff aus der Zeitungs- und Druckerbranche. Damit bezeichnet man im Drucklayout die letzte Zeile eines Absatzes, wenn sie zugleich die erste einer neuen Seite oder Spalte ist. Das schaut optisch nicht schön aus. Seit den 1980ern hat man versucht, stattdessen den Begriff »Witwe« dafür einzuführen, es ist aber nur teilweise gelungen, den Begriff aus dem täglichen Sprachschatz zu neutralisieren. Ein »Schusterjunge«, englisch eine »orphan line«, wiederum ist eine am Seiten- oder Spaltenende stehende Zeile eines neuen Absatzes, die auf der Folgeseite fortgesetzt wird. Eine »Leiche« ist ein fehlender Buchstabe, ein »Zwiebelfisch« ein falsches Satzzeichen. Wenn eine ganze Seite völlig fehlerfrei ist, dann nennt man sie »Jungfrau«. Kulturwissenschaftler führen diese Begriffe darauf zurück, dass in der Branche über viele Jahrhunderte hinweg hauptsächlich Männer tätig waren. Womöglich ist das ein Grund dafür, dass es in der Szene heute nach wie vor ab und zu recht ruppig zugehen kann.

Knochen und Häppchen

Der englische »blank space« wird auf Deutsch »Fleisch« genannt. Ursprünglich meinte man damit den Abstand zwischen den einzelnen Zeichen und Buchstaben, der größer oder kleiner sein kann. In den letzten Jahrzehnten hat sich die Bedeutung des Begriffs »Fleisch« aber gewandelt.

Wenn Journalisten heute an einem Artikel schreiben und bemerken, dass sie noch viel Platz haben, aber ihnen der Stoff ausgeht, dann sagen sie: »Ich brauche mehr Fleisch.« Fleisch ist hier mittlerweile das Synonym für Inhalt, den man journalistisch verarbeiten kann. Fleisch muss nicht sensationell sein, es muss nur irgendwie einen Nachrichtenwert besitzen. Es muss nicht unbedingt ein zartes Filetstück sein, es reicht auch ein lange zäh gegartes Beinfleisch. Dazu zählen allgemeine Zahlen, belanglose Studien, wenig spannende Aussagen und Zitate von Experten oder Betroffenen und Sonstiges. Es geht um das Füllen von Platz mit etwas, das einigermaßen Substanz besitzt. Im Englischen entspricht das am ehesten dem Begriff »B copy«. Gemeint ist damit der untere beziehungsweise hintere Teil eines Artikels, der mitunter schon fertig geschrieben wird, bevor man sich dem vorderen aktuellen Teil des Artikels widmet. Oder dem »Insert« oder »Add«, einem zusätzlichen Text, der in einen Artikel eingefügt wird, nachdem er geschrieben wurde, um den Text mit zusätzlichen Inhalten anzureichern, oder schlicht der Hintergrundinformation.

Oft rufen Journalisten bei Pressesprechern an und fragen: »Hast du noch etwas Fleisch für mich?« Das wiederum hat in der Pressesprecherbranche dazu geführt, dass Journalisten wie ein Wolfsrudel betrachtet werden. Das ist natürlich nicht annähernd realistisch, sondern eine zugespitzte Metapher, fast eine Karikatur, in der die Pressevertreter wie ein Wolfsrudel jeden Tag auftauchen, um gefüttert zu werden. Wenn man ihnen kein Fleisch gibt, werden sie aggressiv und beginnen, sich das Fleisch selbst zu holen: Sie beißen. Um das zu vermeiden, gibt es die Strategie, dem Rudel täglich Häppchen oder zumindest Knochen zuzuwerfen. Dazu werden in den Presseabteilungen von Unternehmen, Parteien und Ministerien im Voraus Informationen und Nachrichten quasi zu Fleischstücken portioniert, um diese dann der Journalistenmeute zum Fraß vorzuwerfen. Damit das Ganze auch über einen längeren Zeitraum funktioniert, gingen die Pressesprecher dazu über, die Fleischstücke zusätzlich in kleine Häppchen zu schneiden und diese rationiert zu verteilen.

Ein Beispiel für eine konkrete Umsetzung der Häppchen-Strategie stellte die Arbeitsweise des Kommunikationsteams des ehemaligen österreichischen Kanzlers Sebastian Kurz dar. Dieses bestand aus Johannes Frischmann, Etienne Berchtold und mir, dem Autor dieses Buches. Wenn Kurz eine Pressekonferenz für zehn Uhr vormittags ansetzte, um eine Maßnahme öffentlich vorzustellen, dann informierten seine Pressesprecher die wesentlichen Medien bereits einen Tag davor darüber, und zwar, um ihnen einerseits die Maßnahme anzukündigen und sie andererseits zu begründen und die Hintergründe für die Entscheidung schlüssig zu erläutern. Zudem wurde vereinbart, dass die Medien die Ankündigung der Maßnahme ab dem nächsten Tag in der Früh schon im Blatt und online auf ihrer Website veröffentlichen konnten. Die Sprecher reichten den Medien förmlich ein erstes Filetstück, das publiziert werden konnte, jedoch noch ohne Details, also noch ohne Schulter, Bauch, Rippen und Haxen. Am Tag der Pressekonferenz berichteten die Medien dann umfassend darüber – bis auf den letzten Knochen. So wurde über eine Pressekonferenz mindestens zwei Tage lang berichtet.

Auf die Sicherheit der Presse achten

Am Höhepunkt des Vormarschs der Terrororganisation Islamischer Staat in Syrien und im Irak im Jahr 2015 war ich Mitglied einer österreichischen Delegation beim Staatsbesuch der irakischen Regierung in Bagdad. Ich zeichnete für die Betreuung der mitreisenden Pressevertreter verantwortlich. Der IS war berüchtigt, ganz besonders grausam zu sein. Regelmäßig stellte er Videos ins Internet, in denen Menschen auf abscheulichste Weise ermordet wurden. Dem einen wurde der Kopf mit einem Messer abgeschnitten, andere wurden in Käfigen in Wasser ertränkt, manche lebendig verbrannt oder einfach reihenweise erschossen. Am Vortag der Reise erkundigte ich mich, wie sicher es vor Ort sei, denn ich erinnerte mich an eine wenige Monate alte Geografik in Zeitschriften, auf der der Vormarsch der Dschihadisten auf einer Landkarte abgebildet und dabei Bagdad vom IS förmlich eingekreist war. Um Bagdad herum war ein roter Kreis und Rot stand für die Präsenz der Terroristen. Das Heeres-Nachrichtenamt (HNaA), quasi die österreichische CIA, informierte mich aber, dass die Einkesselung Bagdads durch irakische Regierungstruppen bereits aufgebrochen wurde und der IS bis zu einem Ort namens Abu Ghraib zurückgedrängt worden war. Es bestünde keine Gefahr.

Am Abend wollte ich es aber selbst wissen. Ich surfte durch die aktuellsten Artikel, in denen beschrieben war, wo derzeit die Stellungen der IS-Terroristen waren. In einem Artikel der *Washington Post* fand ich eine aktuelle Lagebeschreibung: Der IS liefere sich derzeit mit den irakischen Truppen Kämpfe um den Ort Abu Ghraib. Die Information des HNaA durfte also einigermaßen gestimmt haben. Diese Stadt war der nächstgelegene Punkt zu Bagdad, in dem der IS saß. Ich ging nun auf Google Earth und zoomte in den Irak und dort auf Bagdad. Von weiter oben im Maßstab sah ich schon den Ort Abu Ghraib. Relativ nahe bei Bagdad. Ich zoomte weiter hinein, suchte den

Flughafen, den ich gleich fand. Jetzt musste ich nur noch nach links Richtung Westen scrollen, dort irgendwo würde ich dann Abu Ghraib finden und könnte die Distanz ... Moment. Da war es schon. Ich erschrak. Ich hatte nur einmal gescrollt. Zwischen dem Flughafen und Abu Ghraib lag eine erschreckend geringe Distanz. Konkret: Abu Ghraib lag unmittelbar daneben. Nur wenige Straßenzüge und ein Feld trennten es vom internationalen Flughafen Bagdad. Das konnten kaum mehr als ein paar Hundert Meter sein. Ich bekam mächtig Angst. Ich wusste nicht, wie unsere Sicherheitsbehörden einzuschätzen waren. Wussten die Bescheid? Waren das echte Profis, so wie man sich die Leute der CIA und NSA aus den Hollywood-Kinofilmen vorstellt? Oder waren das eher langsame, im Volksmund als typisch österreichisch belächelte Beamte? Meine Sorge war, dass sie keine Ahnung hatten, wo wir da eigentlich tatsächlich hinflogen.

Am Morgen trafen wir uns am Flughafen. Ich ging auf die Mitarbeiter der Sicherheitsservices zu, jeweils ein paar Leute des HNaA und von der Cobra. Sie beruhigten mich. Mein Einwand, dass der Flughafen direkt neben Abu Ghraib, der aktuellen Stellung des IS, lag, sollte mir nicht zu denken geben. Denn der IS verfüge in dieser Gegend ihren Informationen nach über keine Boden-Luft-Waffen, insofern waren Flugzeuge sicher, weil der IS sie nicht abschießen konnte. Meine Gegenfrage: »Ist das eine gesicherte Information?« Der Mann des HNaA: »Ja, natürlich.« Seine Augen blickten aber kurz nach rechts oben, was bedeutete, dass er zumindest kurz nachgedacht hatte und sich nicht sicher war. Ich war echt unrund in diesem Moment. Zumal ich mir dachte, dass der IS ja womöglich von irgendwoher doch Boden-Luft-Waffen bekommen könnte und man das wohl nicht so rasch in Erfahrung bringen würde.

Beim Landeanflug auf Bagdad konnte man die weitläufige Stadt sehen. Unten waren überall Häuser zu erkennen. Da sagte plötzlich jemand auf der anderen Seite der Sitzreihen laut: »Was ist das?!« Ich ging sofort zum gegenüberliegenden Fenster. Eine dunkle Rauchsäule stieg links voraus unterhalb des Flugzeugs auf. Man konnte sie deutlich sehen. Ich hörte jemanden sagen: »Da hat etwas eingeschlagen!« Ein anderer: »Da brennt was.« Ich fragte laut in die Gruppe: »Hat da eine Bombe oder Rakete eingeschlagen oder was ist das?« Ich schaute zu einem der Sicherheitsleute von der Cobra. Er wackelte nachdenklich mit dem Kopf: »Ja, also, da hat was eingeschlagen. Und jetzt brennt es.« Jemand scherzte laut: »Vielleicht hat der IS jetzt doch Boden-Luft-Raketen.« Alle lachten. Aber ich konnte hören, wie einigen das Lachen im Hals stecken blieb.

Nach der sicheren Landung betrat ich mit den Journalistinnen und Journalisten den für die Presse vorgesehenen Bus. Überall waren gepanzerte Fahrzeuge, Männer in Uniform mit schwerster Bewaffnung. Nur wenige Hundert Meter daneben lagen die Stellungen der IS-Fanatiker. Es war beklemmend. Die Fahrzeugkolonne bestand aus Dutzenden Fahrzeugen, aus mit Maschinengewehren bestückten Panzerwägen, Polizei- und Militärfahrzeugen, gepanzerten Limousinen für die Politiker und irgendwo in der Mitte war unser ungepanzerter Pressebus. Mit etwa 120

Stundenkilometern bretterte die Kolonne eine elendslange gerade Straße entlang. Immer wieder gab es Abzweigungen und Abbiegemöglichkeiten auf Nebenstraßen, die in ein Dickicht aus flachen Häusern der Bagdader Vororte führten. Mir kam der Gedanke, dass es eigentlich einfach wäre, unseren Pressebus zu kidnappen. Der Fahrer bräuchte nur ruckartig in eine der Nebenstraßen abbiegen, im Häuserdickicht verschwinden und uns zu einer Terrorzelle führen. Dort könnte man uns rund zwanzig Medienleute als Geiseln nehmen und jeden Tag einem von uns vor laufenden Kameras – wie das damals beim IS üblich war – den Kopf abschneiden. Als Ersten würden sie wohl mich nehmen, da ich kein echter Journalist war, sondern bloß so ein diplomatischer Presseagent-Fuzzi.

Ich saß vorne in der ersten Busreihe und schaute unseren Busfahrer an. Er schwitzte und wirkte sehr angespannt, er war nervös. In diesem Moment bildete ich mir ernsthaft ein, dass er ein verdeckter Terrorist war und jeden Moment ruckartig in eine Nebenstraße abbiegen würde. Ich wendete meinen Blick auf einen meiner Kollegen, einen jungen Redakteur einer Presseagentur. Wir sahen uns an und erkannten, dass wir beide das Gleiche dachten. Ich drehte mich nach hinten und schaute durch die Reihen der Medienleute. Alle hatten denselben Gedanken. Ich schaute wieder auf den Chauffeur und fokussierte mich nun auf ihn, um ehestmöglich zu antizipieren, wenn er tatsächlich abbiegen wollte. Ich zählte die Minuten, bis wir am Ziel waren. Bei Minute dreißig stieg er leicht auf die Bremse und verbrachte das Lenkrad in eine sanfte Drehbewegung. Er wollte abbiegen! Ich sprang auf. Aber da bemerkte ich, dass die ganze Fahrzeugkolonne im Begriff war, abzubiegen. Wir hatten den Stadtkern erreicht. Alles war in Ordnung. Danach schwor ich mir, nie wieder für einen Pressebus in Bagdad die Verantwortung zu übernehmen, ohne nicht mindestens drei mit Maschinenpistolen bewaffnete Sicherheitsleute im Fahrzeuginneren zu beherbergen. Ich bin allerdings seither nicht mehr nach Bagdad gekommen.

Man kann es umgekehrt aber auch übertreiben. Als der russische Präsident Wladimir Putin 2018 bei einem Staatsbesuch in Wien war, hatte ich unten im Eingangsbereich des Kanzleramts den Bereich für die Presse positioniert, weil es gut aussah, wenn die Politiker die Stufen herunterkamen. Ich wartete oben im ersten Stock, wo die politischen Gespräche stattfanden. Als Putin aus dem Kanzlerzimmer kam, schüttelte er mir die Hand und ich zeigte ihm und seiner gesamten Entourage den Weg über die mit rotem Teppich ausgelegten Stufen hinunter zum Ausgang des Gebäudes, wo die Presse wartete. Alles lief glatt. Putin ging an den Medien vorbei und stieg in seine Limousine. Der Präsidententross fuhr los, aus dem Innenhof hinaus auf den Ballhausplatz. Als die Autos aus dem Gebäude draußen waren, hörte ich plötzlich einen lauten Knall. Ich rief: »Oh mein Gott!«, und lief durch das Tor hinaus auf den Ballhausplatz. Was dumm war. Ich hatte den Ausruf direkt vor den Fotografen und Kameraleuten ausgestoßen – und sie damit in totale Alarmstimmung versetzt. Die Medien durchbrachen alle Sperren und liefen mir hinterher. Sie wollten genauso wie ich wissen, was passiert war, ob es sich denn gar um einen Schuss oder eine Explosion gehandelt hatte. Völliges Chaos brach aus. Am Ballhausplatz angekommen fragte ich einen Sicherheitsbeamten, was das für ein Knall war. »Nur eine Fehlzündung.«

Gute Krisenkommunikation

Im Grunde genommen ist Krisenkommunikation relativ einfach. Alle Regeln, die in einer normalen Situation vernünftig sind, sind in einer Krise doppelt vernünftig. Vor allem sollten bei ihrer Umsetzung keine Fehler passieren. Das wäre nämlich auch doppelt gefährlich.

Es geht auch hier um Raum und Zeit. Idealerweise begeben sich alle Beteiligten so rasch wie möglich an einen gemeinsamen Ort. In einer staatlichen Krisensituation in eine gemeinsame Einsatzzentrale, bei einer Krise in einem Unternehmen in das Sitzungszimmer und in einem Wahlkampf in den sogenannten »War Room«. Wenn alle an einem Ort sind, sind der rasche Austausch von Informationen und die Koordination von Handlungen gewährleistet. Sinnvoll ist es, einen Nebenraum bereitzustellen, in den sich die Führungspersonen kurzzeitig zurückziehen können, um sich etwas außerhalb des Trubels zu beraten. Zweitens sollte rasch eine Informationsstruktur für die Medien etabliert werden. Damit es keine Verwirrung gibt, kommuniziert zu den Medien idealerweise nur eine Person oder eine Stelle.

In einem Kapitel weiter oben hieß es, dass Journalisten von »Fleisch« sprechen und Pressesprecher sich die Medien vorstellen wie ein Rudel hungriger Wölfe, das immer wieder einen Happen Fleisch braucht, damit es nicht über einen herfällt. In der Krise ist es daher überlebensnotwendig, regelmäßig Fleisch anzubieten. Wenn Sie also ein Pressechef sind und Ihre Organisation eine Krise erlebt, gibt es manches zu beachten. Bei einer großen Krise, die alle Medien bindet und große Aufmerksamkeit generiert, ist es ratsam, mindestens dreimal täglich Fleisch vor das Rudel zu werfen. Jeweils vor den neuralgisch wichtigen Zeitpunkten: vormittags, damit die Medien ihren Hunger in den Mittagssendungen stillen können, nachmittags, damit sie ihre Mägen für die Abendnachrichten füllen können, und spätabends oder frühmorgens noch etwas Fleisch, das sie in den Morgennachrichten zerreißen können.

In den sozialen Medien empfiehlt es sich, die dort aufgeworfenen Fragen nach Dringlichkeit und Bedeutung zu gewichten und gesammelt ebenfalls mehrmals täglich zu beantworten. Das ist überhaupt das Um und Auf der Krisenkommunikation: Transparenz und Offenheit. Jede Halbwahrheit, jeder geringste Zweifel sollte vermieden werden, denn das kann alles zusammenhauen. Einem Rudel Wölfe ein Stöckchen hinzuschmeißen und es ihm als Knochen mit Fleisch dran andrehen zu wollen, ist eine ganz schlechte Idee und kann in einem absoluten Desaster enden. Nicht selten ist es schon passiert, dass der Fleischwerfer dann selbst dem Rudel zum Opfer fiel.

Wie für Rudel typisch sind irgendwann alle einmal satt. Nach den ersten, im Schnitt etwa drei bis vier Tagen sind die Mägen voll und das Interesse des Rudels nimmt etwas ab. Man bekommt wieder ein wenig Luft zum Atmen. Das dauert aber nur kurz. Das Fleisch ist rasch verdaut und der Appetit kommt zurück. Und wenn nicht gerade von irgendwoher Bigger News auftauchen, etwa ein altersschwacher Elch oder ein hinkender Bison, ist man sehr bald wieder gefordert. Der Vorteil: Jeder will auch mal eine Abwechslung auf dem Speiseplan. Das heißt, der Appetit auf Ihr Fleisch wird von immer kürzerer Dauer und die Intervalle zwischen den Appetitphasen der Wölfe werden immer länger. Irgendwann fällt das Rudel dann so oder so komplett über wen anderen her.

Heute wird in Seminaren über Krisenkommunikation quasi das eine Paradebeispiel für gelungene Crisis Communication herumgereicht: der »Fall Pepsi«. 1993 war der amerikanische Getränkehersteller damit konfrontiert, dass von vielen, teils Unbekannten die Behauptung in die Welt gesetzt wurde, in den Getränkedosen befänden sich »Nadeln und gefährliche Objekte«. Es begann mit einem Ehepaar in Tacoma, Washington, das eine Nadel in einer Dose gefunden hatte, was sofort von örtlichen Medien publiziert wurde. Kurz darauf wurde ein weiterer Fund in der Nähe gemeldet. Plötzlich entstand ein medialer Hype und überall im Land tauchten Medienberichte über die unmöglichsten Dinge in den Dosen auf, bis hin zu Patronen, Ampullen und braunem Schlamm. Das ist ein bekanntes Phänomen: Ein einzelner Bericht über ungewöhnliche Funde in Lebensmitteln provoziert laut Studien im Schnitt dreißig Nachahmungsstorys.

Die Informationen im Fall Pepsi verbreiteten sich plötzlich und rasend schnell und drohten, binnen kurzer Zeit zum Imageschaden für den Konzern zu werden. Pepsi ging sofort in die Offensive. In einem ersten Schritt zeigte das Unternehmen offen und transparent die Herstellung in einer Produktionsstätte und ließ dabei alle Schritte bis ins Detail mitfilmen. Man stellte klar, dass es unmöglich sei, dass etwas anderes als die Getränkeflüssigkeit in die Dosen kommt. Zudem warb man mit dem Slogan »Die sicherste Verpackung in der Industrie«. Zusätzlich hatte der Konzern Glück. Er bekam das Video einer Überwachungskamera aus einem Laden in Colorado zugespielt, in dem eine Frau versuchte, eine Spritze in eine Pepsi-Dose zu setzen. Man veröffentlichte das Video und stellte sich als Opfer dar. Zudem ging Pepsi rechtlich gegen die offensichtlichsten Fake News vor, die in die Welt gesetzt wurden. Es kam zu mehreren Verfahren wegen Verleumdung, die man auch öffentlich ausschlachtete. Im TV kommunizierte Pepsi nun offensiv, dass »Amerika jetzt weiß, dass die Berichte falsch waren. … Wir danken den Millionen, die zu uns gestanden sind«. Ob und, falls ja, wie die erste Nadel in die Dose gekommen war, konnte nie geklärt werden.

Eine Krise, auch kommunikativ, stellte sich weltweit zum Jahresbeginn 2020 mit der Coronapandemie ein. Mit dem ersten Lockdown, dem kompletten Herunterfahren des öffentlichen Lebens, um Ansteckungen zu verhindern, stellte sich auch in Österreich die Frage, wie man mit Pressekonferenzen der Bundesregierung umgehen solle. Wir entschieden uns, auch hier möglichst darauf zu achten, dass es zu keinen Infektionsketten kommt. In Telefonaten mit allen Chefredakteuren der österreichischen Tageszeitungen einigte ich mich darauf, dass die Austria Presse Agentur (APA) einen Redakteur schicken solle, der für alle Printmedien die Fragen einsammelt und diese stellvertretend für die Medien stellt. Das öffentlich-rechtliche Fernsehen ORF sollte live übertragen und das Signal gratis allen Rundfunkanstalten zur Verfügung stellen. Fotos sollte ein Fotograf der APA machen und frei für alle hergeben. Das klappte ein paar Tage, wenngleich es sich wirklich fürchterlich anfühlte. Im Grunde genommen waren nur fünf Personen im Raum. Der oder die Politikerin, der APA-Redakteur, ein Fotograf, ein Kameramann und ich als Moderator. Es war beklemmend und wirkte total absurd. Andererseits dachte ich mir: Was ist in diesen Tagen nicht absurd? Hätte vor wenigen Wochen jemand gesagt, alle Schulen würden geschlossen werden, alle Lokale, alle Geschäfte, man hätte das als völlig verrückt angesehen. Es war jedoch so. Und die Menschen fanden das mehrheitlich auch gut so. Nach einiger Zeit gab es aber dennoch Kritik von Presseorganisationen, die meinten, dass durch das Setting bei den Konferenzen die Pressefreiheit eingeschränkt werde. Daher machte ich einen erneuten Rundruf unter den Chefredakteuren der Tageszeitungen und wir einigten uns darauf, dass jedes Medium einen Vertreter schicken durfte. Jedem wurde ein Platz jeweils im Abstand von zwei Metern zugewiesen, Pflicht zur Maske inklusive. Das klappte dann viele Monate lang. Und war dennoch beklemmend.

Ich erinnere mich noch an die erste Pressekonferenz, bei der die Regeln aufgehoben wurden und es im Raum wieder vor Dutzenden Fotografen und TV-Kameraleuten nur so wimmelte, die sich gegenseitig anrempelten und auf die Füße stiegen, um das beste Foto zu erhalten. Die berichtenden Redakteure, die sich entlang der Kordeln und Abgrenzungen aneinanderdrängten und den vorbeihuschenden Politikern mit ohrenbetäubendem Geplärr Fragen zuriefen. Dahinter das Geklirre der Kaffeetassen, aus denen sich die gestressten Journalistenvertreter und Pressesprecher das belebende Elixier in den Schlund schütteten, und das Geraune und Gelächter, wenn sie sich lautstark über die aktuellsten Gerüchte und Sensationen unterhielten. Nach den Monaten der Stille und Beklemmung nun also wieder dieses Gedränge und Gewusel, das Geplärr und das Geschrei – es war einfach herrlich.

Das Hühnerstall-Prinzip

Vertreter der Medien können hoffentlich verzeihen, dass sie von der Pressesprecherbranche mit einem Wolfsrudel verglichen werden, aber es ist naheliegend, wenn sie selbst jenen Stoff, den sie dringend brauchen, um ihn zu verarbeiten, als Fleisch bezeichnen. Dabei ist diese Assoziation noch höflich im Vergleich zu jenem Tier, mit dem Medienleute von den Presseagenten im Gleichnis des Hühnerstall-

Prinzips in eine Reihe gestellt werden, nämlich mit dem gemeinen Haushuhn. Das soll hier keine Beleidigung einer Zunft darstellen, sondern beschreibt lediglich die nüchterne Realität in der Branche der Pressesprecher.

Dieses Gleichnis besagt, plump formuliert, dass die Journalistenszene funktioniert wie ein Hühnerstall. Reißt jemand ein Stalltor auf und streut irgendwelche kleinen Krümelchen in den Stall hinein, dann flattert die Masse der Hühner zu den Klümpchen, um draufloszupecken. Erst wenn die Klümpchen aufgegessen sind oder festgestellt wurde, dass sie nicht schmecken, begeben sich die edlen Hühnervögel wieder langsam auf ihre Plätze. Reißt wieder jemand ein Stalltor auf und streut Körnchen, wiederholt sich das voran Erwähnte auf die gleiche Weise erneut. Wieder fliegen die Hühner auf die Klümpchen, pecken los, bis alles weg ist, und kehren langsam zurück. Das kann man unendlich fortsetzen. So besagt es das Gleichnis. Der entscheidende Punkt: In dem Moment, in dem die Vögel gerade auf die Klümpchen geflogen sind und zu pecken begonnen haben, sind sie wie in Trance und nehmen nichts anderes mehr wahr als die vermeintlich wohlschmeckenden Krümel vor ihren Schnäbeln. In diesem Moment könnte jemand anderer eine andere Stalltür aufreißen am anderen Ende des Hühnerstalls und Unmengen an neuen Klümpchen verstreuen, die Hühner würden es ignorieren, ja nicht einmal bemerken. Nicht einmal dann, wenn es die feinsten Brotkrümelchen wären.

Was uns dieses Gleichnis sagen will, ist ein Beispiel für Aufmerksamkeitsmanagement. Wenn Sie ein PR-Verantwortlicher sind und eine Neuigkeit lancieren wollen, tun Sie das nie, wenn gerade vor Kurzem eine andere Neuigkeit bekannt wurde und die Journalisten von dieser Neuigkeit noch in den Bann gezogen sind. Warten Sie, bis die Medienvertreter satt sind und ihr Interesse zu verlieren beginnen. Erst dann können Sie die Stalltür aufreißen und Ihre Neuigkeitsklümpchen verstreuen, weil Sie erst dann wieder die Aufmerksamkeit der Pressevertreter erregen.

Umgekehrt ist dieses Gleichnis auch dazu geeignet, darzustellen, wann ein guter Zeitpunkt zum bereits angeführten Verräumen von Bad News ist. Nämlich in dem Moment, kurz nachdem die Journalisten gerade von einer bahnbrechenden Neuigkeit wie elektrisiert sind und kein Interesse an etwas anderem haben. Verstreuen Sie dann Ihre Bad News. Es wird kaum jemand bemerken.

Man kann als Autor nicht oft genug betonen, dass dieses Gleichnis keine Beleidigung sein soll, sondern sich über Jahre entwickelt hat, um überspitzt einen Zustand, den Pressesprecher erleben, zu beschreiben. Immerhin haben die Vertreter des Journalismus täglich die Gelegenheit, sich zu revanchieren. Sie können umgekehrt die Politik und deren Pressesprecher mit allerlei Vergleichen überziehen. Was im Übrigen ja auch passiert. Der britische *Telegraph* verwendete im Zusammenhang mit den Wirren bei den britischen Tories 2022 den Begriff »Hühnerstall«. Die *New York Times* bezeichnete 2018 das Wirtschaftsforum in Davos ebenfalls als »Hühnerstall«, als US-Präsident Donald Trump dort ankam. Die *Kronenzeitung* verleiht originellen Politikern jede Woche den Titel »Kasperl der Woche«

und *Der Standard* bezeichnete Österreichs Innenpolitik als »Saustall«.

Campaigning/Medienkampagne

Man kann es bekanntlich schaffen, Medien das Agenda-Setting aus der Hand zu nehmen, indem man selbst die Agenda dominiert und Agenda-Setting betreibt. Dazu muss man aber eine Kampagne machen. Im Grunde heißt das lediglich, dass man öfter als einmal, im Idealfall natürlich mehrmals, die immer wieder gleiche gewünschte Botschaft kommuniziert. »Stay on the message«, heißt es dann. Und dafür gibt es mindestens zwei Arten: eine gekaufte Werbekampagne, bei der man dafür bezahlt, dass die gewünschte Botschaft in Form eines Werbesujets oder Spots gedruckt, gesendet oder als Banner online gestellt wird, und zweitens die redaktionelle Kampagne. Diese ist freilich schwieriger. Weil Medien ja vorzugsweise nur über etwas berichten, das »neu« ist, muss man kreativ sein, um die Medien dazu zu bekommen, immer wieder über das gleiche Thema zu berichten. Dazu nützt man verschiedene Mittel. Eines ist, verschiedene Akteure einzusetzen. »Neu« ist dann, dass jemand Neuer jetzt auch über dieses Thema spricht. Und ein paar Tage später spricht wieder jemand ganz Neuer nun auch über das Thema. Eine andere Methode ist, die gewünschte Botschaft immer wieder mit neuem Fleisch zu spicken. Sie wissen schon, das Wolfsrudel, es braucht ja täglich einen Happen. Für den Fall, dass

Sie Pressesprecher sind: Rationieren Sie also Ihr Thema. Schneiden Sie es in kleinere Stücke, richten Sie es jeden Tag neu an, mit neuen, bunten Beilagen, und versuchen Sie so, es dem Rudel immer wieder aufs Neue schmackhaft zu machen.

Als erfolgreichste Medienkampagne aller Zeiten gilt heute jene von Absolut Vodka. Keine andere Flasche auf der Welt hat einen so hohen Wiedererkennungswert wie sie. Ihr Werbespot »In der Wildnis« war derart erfolgreich, dass er durchgehend 25 Jahre lang lief. Damit ist es auch die längste ununterbrochene Werbekampagen aller Zeiten. Als erfolgreichster Werbeslogan gilt »Just Do It« des Sportartikelherstellers Nike. 1988, kurz bevor der Slogan on air ging, lag der Jahresumsatz der Firma bei 800 Millionen Dollar. Nach zehn Jahren mit dem Slogan belief sich der Umsatz auf 9,2 Milliarden.

Ohne Hebel geht es nicht

In der Physik ist der Hebel ein mechanischer Kraftwandler. Ungefähr so ist seine Funktion auch in der Öffentlichkeitsarbeit gemeint. Der Hebel verwandelt eine schöne Erzählung in eine journalistisch verwertbare Schlagzeile. Ein Beispiel: Sie treten politisch dafür ein, dass Schulden abgebaut werden, weil man auf die künftigen Generationen achten und nicht mehr ausgeben sollte, als man hat. Wie soll ein Journalist darüber schreiben? Was ist die Schlagzeile? Jeder will weniger Schulden, jeder will auf die kommenden

Generationen achten, das ist nichts Besonderes und keine Schlagzeile wert. Zudem: Wie soll man die Schlagzeile formulieren? »Bundesminister Müller will weniger Schulden machen«? Wow. Also ehrlich, das ist keine sensationelle Schlagzeile. Aber Sie können diese Erzählung umwandeln, nämlich durch einen Hebel: »Bundesminister Müller verlangt Schuldenbremse in der Verfassung«. Das ist eine Schlagzeile.

Ob die Umwandlung einer Erzählung in eine Schlagzeile funktioniert, kann man testen. Schauen Sie, ob man dagegen sein kann. Wenn man nicht dagegen sein kann, ist es keine Schlagzeile. Wenn schon, dann ist es eine. Beispiel gefällig? »Bundesminister Müller will, dass auch Wohlhabende einen Beitrag leisten zum Gemeinwohl«. Kann man da dagegen sein? Nicht wirklich. »Bundesminister Müller fordert Vermögenssteuer«. Das kann man ablehnen, also funktioniert es. Wenn Journalisten sagen, dass es nicht funktioniert, weil es nicht zugespitzt genug ist, dann legen Sie noch einen Hebel darüber: »Bundesminister Müller fordert Vermögenssteuer von drei Prozent«.

Solche Hebel gibt es viele, man muss nur kreativ sein. Wenn Bundesminister Müller etwa von seiner Forderung nach einer Schuldenbremse abgerückt ist, Sie aber weiter das Thema am Köcheln halten wollen und die Position einnehmen: »Ich verlange, dass Bundesminister Müller seine Forderung der Schuldenbremse künftig nicht mehr weiterverfolgt«, dann funktioniert das irgendwie nicht, weil Müller ja ohnehin schon abgerückt ist. Nutzen Sie stattdessen einen Hebel: »Ich fordere eine Garantieerklärung von Bundesminister Müller, dass er die Forderung nach der Schuldenbremse nicht mehr erhebt.« Dann ist das eine Schlagzeile.

Auf EU-Ebene wurde beispielsweise im Juni 2018 ein Hebel erschaffen. Im Zusammenhang mit dem Thema »Migration« war es seit der Krise 2015 innerhalb der Union zu einem Meinungsumschwung gekommen. War man 2015 mehrheitlich noch für offene Grenzen, so setzte man 2018 auf Abschottung und eine Begrenzung der Migration. Bei der Mittelmeerroute, also dem Seeweg von Libyen nach Italien, stand man vor der Frage, wie man mit den von Afrika ablegenden Schlepperbooten umgehen sollte. Einerseits wollte man die »Rettung« durch NGO-Schiffe und die Weiterbringung nach Italien künftig verhindern. Andererseits waren sogenannte Pushbacks, also das gewaltsame Zurückdrängen der Boote nach Afrika, illegal. Die Idee kurz vor dem EU-Gipfel Ende Juni 2018 war nun, dass die Rettung durch offizielle Schiffe, etwa von Frontex oder der Küstenwache, erfolgen sollte. Diese sollten die Migranten jedoch nicht nach Italien, sondern zurück nach Afrika bringen. Wohin? Zurück in die Häfen der nordafrikanischen Städte. Und wie sollte man das formulieren, sodass man es versteht? »Zurückbringung der Migranten nach Afrika unmittelbar nach ihrer Rettung aus Booten, in denen sie zuvor in See gestochen sind«? Nein, das wäre eindeutig zu lang für eine Headline. Irgendjemand in Brüssel ließ sich dafür einen Hebel einfallen: »Disembarkation Centers«, auf Deutsch »Ausschiffungszentren«. Die deutschsprachigen Politiker verwendeten in ihren Pressestatements »Anlandeplattformen« als Bezeichnung. Das ganze folgende Jahr wurde in Brüssel fortan beim Migrationsthema nur mehr über die Anlandeplattformen gesprochen. Und jeder konnte sich irgendwie vorstellen, was damit gemeint war. Errichtet wurde bis Ende 2022 übrigens keine einzige Plattform.

Schwarz-Weiß-Sehen

Beim Schwarz-Weiß-Sehen erblickt ein Mensch alles nur in den beiden Farben Schwarz oder Weiß. Er erkennt darin keine Schattierungen in Grau. Folglich ist alles entweder gut oder schlecht, neu oder alt, sinnvoll oder dumm. Eine noch negativere Folge dessen ist das »Schwarz-Weiß-Denken«, ein Begriff aus der Psychologie, bei dem die Erkrankten dazu neigen, alles Graue, das auch gut sein könnte, ins negative Schwarz zu verschieben. Medien arbeiten aus Verständlichkeitsgründen oftmals nach dem Prinzip des Schwarz-Weiß-Sehens. So wie zum Beispiel Herr Bundesminister Müller den chauvinistischen Sager des Kanzlers nur entweder gut finden oder schlecht finden kann. Medien lassen in solchen Situationen oftmals keine Graustufen zu. Ist das in diesem Fall noch eher verständlich, gibt es Fälle, in denen Graustufen sehr wohl zulässig sind.

Bei der Einführung der Impfpflicht gegen das Coronavirus in Österreich war es für die Politik sichtlich unmöglich, den Massenmedien zu erklären, dass die Impfpflicht als gesetzliche Möglichkeit eingeführt, aber nicht in Kraft gesetzt wurde. Die Mehrheit der Medien interessierte sich einzig für die Frage »Ja oder nein zur Impfpflicht?«. Entweder man war dagegen oder man war dafür. Die Frage war: Kommt sie nun, die Impfpflicht, oder kommt sie nicht? In der aufgeheizten Stimmung des Frühjahrs 2022 war es offenbar unmöglich, eine Graustufe zu kommunizieren. Nämlich, dass ein Gesetz beschlossen wird, das es ermöglicht, im Fall einer nochmaligen Überlastung des Gesundheitssystems eine Impfpflicht in Kraft treten zu lassen. Als dieses Gesetz beschlossen wurde, dem zufolge die Impfpflicht überhaupt noch nicht in Kraft war, las man folgende Schlagzeilen: »Impfpflicht in Österreich ab 1. Februar« oder »Allgemeine Impfpflicht ab Februar«. Auch ausländische Medien informierten dementsprechend über eine »Impfpflicht in Österreich ab Februar«. Sogar der öffentlich-rechtliche Rundfunk formulierte: »Impfpflicht mit Anfang Februar in Kraft«. Die Menschen waren logischerweise davon überzeugt, dass im Februar die Impfpflicht eingeführt wird und ab dann für alle gilt. Auf den Straßen gab es schon im Jänner heftige Proteste, um die Impfpflicht ab Februar zu verhindern – obwohl diese im Februar gar nicht in Kraft treten sollte. Im Februar änderten die Demonstranten ihre Plakate dann von »Verhindern« in »Abschaffen«. Vertreter der österreichischen Bundesregierung schilderten Experten für Öffentlichkeitsarbeit, dass es schier unmöglich war, den Medien die Graustufe zu erläutern. Sie verstanden es zwar, aber sie berichteten nur in Schwarz-Weiß. Anders passte es auch kaum in die Headlines, muss man zugeben. »Österreich führt Gesetz zur Ermöglichung der Impfpflicht im Fall einer Überlastung ein« passt nicht ins Layout für die Überschrift. Noch im ersten Halbjahr wurde die Impfpflicht wieder abgeschafft, obwohl sie nie gegolten hatte.

Das Schwarz-Weiß-Sehen spiegelt die zuvor beschriebenen Spannungsfelder zwischen Vollständigkeit und Verkürzung, zwischen Sachlichkeit und Verständlichkeit wider. Auch die PR-Branche ist längst dazu übergegangen, ihre Medienpakete in einer Schwarz-Weiß-Struktur zu verkaufen. Folgen des Schwarz-Weiß-Sehens können Extremismen und Polarisierung sein. Man sollte also haushalten damit und stets auf möglichst viel Platz für Graustufen achten.

Thementeppich, Positionierung, Agenda-Surfing und Newsjacking

Im Theorieteil wurde erläutert, dass Medien beim Agenda-Setting oftmals den einfachen Weg gehen. Bei der Beurteilung des Nachrichtenwerts aller Nachrichten des Tages tun sie manchmal einfach das, was am schnellsten geht und was alle anderen auch tun. Das führt dazu, dass ein Thema als Topthema immer wieder über Tage, Wochen oder Monate hinweg in allen Facetten die Agenda beherrscht. So war es etwa bei der Finanzkrise, dem Krieg in Syrien, dem IS-Terror, der Migrationskrise, dem Brexit, der Coronapandemie und dem russischen Angriffskrieg auf die Ukraine. Daraus entsteht jeweils eine sich über lange Zeit ziehende Agenda, die in der Branche »Thementeppich« genannt wird. Im Jahr 2022 gab es weltweit vor allem zwei Thementeppiche: den Krieg in der Ukraine und die damit zusammenhängende Wirtschaftskrise samt ihrer Auswirkungen auf die Inflation.

Für Politiker ist es daher von Bedeutung, wie man sich am Beginn einer neu ankommenden Agenda positioniert, wofür und wogegen man eintritt. Denn es kann sein, dass man sich für eine sehr lange Zeit auf dem Thementeppich bewegen und die einmal eingenommene Position dann auch durchhalten können muss. Nichts ist für einen Politiker schlimmer, als seine Position zu wechseln, da das an seiner Glaubwürdigkeit rüttelt.

Hier gehen wir über den Bereich der kurzfristigen Taktik hinaus und betreten die Sphäre der Strategie. Sie muss auf längere Zeit angelegt sein und man muss sie durchhalten können. Wenn die Strategie gut ist und man sich auf einem Thementeppich gut positioniert hat, dann kann man sich in diesem Thema auch gut bewegen. Das nennt man »Agenda-Surfing«.

Die deutsche CDU, allen voran Kanzlerin Angela Merkel, positionierte sich gleich zu Beginn der Schuldenkrise rund um die griechische Staatspleite 2010 als Anwältin der deutschen Steuerzahler, die nicht für die Schulden der Griechen aufkommen sollten. Griechenland wies eine Schuldenquote von 130 Prozent des BIP auf, war faktisch pleite, der Internationale Währungsfonds und die Europäische Union mussten aushelfen. Merkel verlangte harte Einschnitte für die Griechen, von denen sie herbe Kritik und wüste

Beschimpfungen einstecken musste. In Deutschland aber hatte sie die Mehrheit hinter sich. Zudem brachte sie ihre Position wortstark in die Politik der EU ein. Die eindeutige und gut gewählte Platzierung gleich zu Beginn der Krise war wichtig, denn die Kanzlerin musste diese strenge Position ganze fünf Jahre lang durchhalten.

Agenda Surfing kommt aber auch in viel weniger hoch politischen Situationen vor. Unternehmen surfen gerne auf einer von außen gekommenen Agendawelle, um ihre Produkte zu bewerben. Regelmäßig treten sie als Sponsor etwa von Sport-Weltmeisterschaften auf, und versuchen so, von Präsenz und Glanz der Sportveranstaltung zu profitieren. Das prägnanteste Agenda Surfing im Handel findet jährlich zu Weihnachten statt, wo die Adventswelle von den Handelsunternehmen mit immensen Ausgaben für Werbung gesurft wird. Auch Ostern ist eine gute Zeit fürs Surfen. Nicht nur für den Handel. Der Deutsche Jagdverband veröffentlicht zur eigenen Imagepflege jedes Jahr kurz vor Ostern die »Erhebung zum Hasenbestand in Deutschland«, der mit Liebe gehegt und gepflegt werde. Gleichzeitig warnen Tierschutzverbände, wieviel Leid mit der Jagd auf Hasen angerichtet wird, und sie mahnen Image-gerecht ein, sich die Anschaffung von Kaninchen als Haustier gut zu überlegen und geben Tipps für eine artgerechte Haltung. Auch Medienereignisse werden für Agenda Surfing genutzt. Der Brillen-Hersteller Oakley lieferte im Jahr 2010 den Bergleuten, die in Chile 69 Tage lang verschüttet waren, Sonnenbrillen, damit sich diese vor Kontakt mit Sonnenlicht schützen konnten. Damit steigerte das Unternehmen laut Medienberichten seinen Marktwert um 40 Millionen US-Dollar.

Agenda-Surfing wird auch »Newsjacking« genannt. Der Ausdruck setzt sich aus den englischen Begriffen »News« für Neuigkeiten und »Hijacking« für Entführung zusammen. Dieser Begriff kommt aus der Wirtschaft und meint dort, ein öffentliches Thema für das eigene Unternehmen zu nutzen, ähnlich dem Agenda-Surfing, wobei das Newsjacking vorwiegend in sozialen Medien zum Einsatz kommt. Ein plastisches Beispiel dafür ist, einen Hashtag zu besetzen beziehungsweise zu kapern. Dazu wird ein Hashtag, der im Zusammenhang mit einem aktuellen Ereignis steht, newsgejackt, also einfach verwendet. Man reichert die eigene Nachricht neben dem Hashtag dann mit lustigen Werbeaktionen oder interessanten Hintergrundinformationen an, die einen Bezug zwischen dem Ereignis und dem eigenen Unternehmen oder Produkt herstellen. Gerade auf Twitter, Facebook und Instagram werden unterhaltsame und interessante Inhalte gerne geteilt und verbreitet. Dadurch lässt sich ein »Buzz« für die eigene Marke erzeugen. »Buzz« bedeutet so viel wie Gemurmel oder Herumschwirren und heißt in Bezug auf soziale Medien, dass der eigene Bekanntheitsgrad gesteigert wird, indem um ihn herum viel Gemurmel herrscht. Gelungen ist ein Buzz vor allem dann, wenn er von den traditionellen Medien aufgegriffen wird.

Strategische Kontenführung

Um die strategische Positionierung zu einem Thema gut zu wählen, empfiehlt es sich, das Thema wie das Eröffnen eines Kontos zu sehen. Jede neue Nachricht zu diesem Thema führt zu einer Bewegung auf dem Konto. Wenn die Positionierung gut ist, dann zahlt die neue Nachricht auf das Konto ein. Ist die Positionierung schlecht, wird das Konto durch die neue Nachricht belastet.

Als im Frühjahr 2020 die Coronapandemie über die Welt hereinbrach, mussten sich alle Länder und deren Lenker positionieren. Entweder man war streng und setzte harte Maßnahmen für die Bevölkerung, um das Virus einzudämmen – auf die Gefahr hin, dass sich die Menschen gegen diese Freiheitsbeschränkungen auflehnen. Oder man ließ den Menschen die Freiheit und lief Gefahr, dass man für eine Überlastung und Gefährdung der Gesundheitsversorgung verantwortlich gemacht wird.

Für die strategische Positionierung ist es wichtig, so viel wie möglich zu wissen und vor allem die Zukunft so weit voraus wie möglich einschätzen zu können. Und man muss, wie gesagt, die Position auch lange durchhalten können. Wichtig war bei Corona daher auch die Einschätzung der Lage, wie sie sich nach einigen Monaten oder gar Jahren darstellen wird. Wenn man sich für die strenge Strategie mit harten Maßnahmen und Freiheitsbeschränkungen entscheidet, wie lange würden die Menschen das mitmachen? Die allgemeine Einschätzung der damals verantwortlichen Staatenlenker war, dass die Bevölkerungen eine

Politik mit Lockdowns etwa ein halbes Jahr lang, maximal ein Jahr mitmachen würden. Einige Länder entschieden sich daher dafür, keine harten Maßnahmen zu setzen, sondern einen gemäßigten Weg zu gehen. Sie wollten nicht nach einem halben Jahr, wenn die Menschen genug von den Coronamaßnahmen hätten, in die Situation kommen, ihre Position ändern zu müssen. Andere Staaten entschieden sich für die harte Variante.

Jedes Land eröffnete in diesem Frühjahr 2020 sozusagen ein politisches Konto, an dem man ablesen konnte, ob die Verantwortlichen recht behalten oder falsch gehandelt hatten. Die täglichen Nachrichten über den Anstieg der Infektionen und die Zahl der Betten auf den Intensivstationen waren die Bewegungen auf diesen politischen Konten. Jene Länder, die auf strenge Maßnahmen setzten, behielten recht – auf ihr politisches Konto wurde einbezahlt. Jene Staaten, die nicht in den Lockdown gingen, wurden für ihre Untätigkeit kritisiert – ihr politisches Konto bewegte sich mit jeder Nachricht von überfüllten Intensivbetten weiter ins Minus. Irgendwie auch menschlich. Immerhin waren an der Krankheit auch viele Menschen verstorben.

Die Spirale

Bei einer Positionierung und dem Führen eines politischen Kontos ist es wichtig, zu beobachten, wie sich die Kontobewegungen darstellen. Wird ständig darauf eingezahlt, dann ist das gut. Wird immer nur belastet, ist das schlecht. In beiden Fällen gilt: Wenn sich das Konto immer nur in eine Richtung bewegt, entwickelt sich eine Spirale. Kritisch wird es, wenn sie ständig nach unten geht. Dann führt diese Abwärtsspirale oft in den Abgrund und politisch früher oder später zu Rücktritt, Austausch oder Abwahl.

Wenn man sich in so einer Negativspirale befindet, weil man sich strategisch falsch positioniert hat, dann braucht es konkret drei Dinge. Das Wichtigste: Man muss einmal erkennen, dass man sich in einer Negativspirale befindet. Viele politische Persönlichkeiten begehen – meist ohne Absicht – den Fehler, die Spirale, in der sie sich befinden, gar nicht zu sehen oder sich einzugestehen. Zweitens: Man muss entscheiden, ob man die Position ändert. Hier ist die Frage: Geht das überhaupt? Gibt man seine Prinzipien damit auf? Zerstört man womöglich alles, wofür man einst in die Politik gegangen ist? Oder ist es möglich, die Position zu ändern, ohne seine Ideale zu verraten? Kann man die Position sachlich überhaupt verändern?

Wenn Sie sich für eine Positionsänderung entscheiden, so stehen Ihnen dreierlei Varianten zur Verfügung: Stellen Sie sich erstens als einsichtig dar, als zutiefst menschlich, als jemand, der zuhören kann, der die Menschen versteht und bereit ist, das Richtige zu tun. Oder tun Sie zweitens so, als wäre das sowieso immer schon Ihre Position gewesen. Drittens: Geben Sie sich als Macher. Erzeugen Sie einen kritischen Punkt, um dann zu sagen: »Jetzt reicht es! Jetzt ändere ich meine Position. Jetzt geht es nicht mehr anders. Ich greife durch.«

Sollten Sie sich dazu entscheiden, Ihre Position beizu-
behalten, dann gibt es im Wesentlichen nur vier Dinge,
die Sie tun können. Erstens: Durchtauchen. Ziehen Sie
den Kopf ein oder setzen Sie einen Helm auf, schlagen Sie
das Visier nach unten und ziehen Sie Ihre Position durch.
Und hoffen Sie, dass es irgendwann vorbei ist. Ihre Strategen werden ja wissen, wie lange das ungefähr dauern
wird – und ob es sich ausgehen kann. Zweitens: Schaffen
Sie andere News. Bigger News. Betreiben Sie Agenda-Setting und bringen Sie ein anderes Thema in die Medien
als jenes, das Sie gerade in einer Spirale nach unten zieht.
Drittens: Machen Sie Ihre Position populär. Das ist freilich
die allerhöchste Kunst der Öffentlichkeitsarbeit. Überzeugen Sie die Menschen, überzeugen Sie die Meinungsfüh-
rer und Journalisten von Ihrer Position. Viertens: Wenn
Sie nicht durchtauchen können, weil es zu lange dauert,
wenn es keine Bigger News gibt und wenn Sie Ihre Position nicht populär machen können, dann kommen wir
hiermit nun zur letzten Weggabelung. Und zur allerletz-
ten Entscheidung: Wollen Sie nicht doch Ihre Position ändern? Ja? Okay, dann kommen wir wieder oben zu Punkt
zwei. Sie wollen Ihre Position nach wie vor nicht ändern?
Nein? Gut, dann kommen wir an dieser Stelle zum letzten
Punkt: Es ist vorbei. Game over. Man wird Sie abwählen
oder austauschen oder Sie treten am besten gleich zurück.
Wir sind Ihnen dankbar für alles, was Sie für uns und unser Land geleistet haben, und wünschen Ihnen alles er-
denklich Gute, viel Erfolg und Gesundheit. Sie wollen nun
doch noch die Position ändern? Dann kommen wir nun

wieder zu Punkt zwei. Wobei, ganz ehrlich, dafür ist es nun eigentlich zu spät.

In einer Negativspirale befand sich 2001 Romano Prodi, der Präsident der EU-Kommission. Warum genau, ist nicht ganz klar, aber die Medien hatten irgendwann damit begonnen, schlecht über Prodi zu schreiben, das bauschte sich immer mehr auf und artete richtiggehend aus. Prodi fehlte hier, Prodi fehlte dort, Prodi unterließ dies, Prodi vergaß das und so weiter. Vor allem die deutsche und britische Presse brachten Artikel um Artikel, in denen der Kommissionschef negativ dargestellt und mit hämischen Kommentaren überzogen wurde. Es entwickelte sich eine Negativspirale, plötzlich gab es in Brüssel die »Prodi-Krise«. Öl ins Feuer goss Prodis Pressesprecher. Er bezeichnete die Medienberichte als »dumme Lügen«, »alte Mären« und »totalen Unsinn«. Prodis Abwärtsspirale wurde erst unterbrochen, als es Bigger News gab: Am 27. Dezember 2003 wurde ein Anschlag auf ihn verübt. Zuerst detonierten zwei Rohrbomben vor seiner Wohnung, danach eine Briefbombe in seinem Appartement. Prodi überlebte beide Attentate. Die mediale Negativspirale hatte sich jetzt in Luft aufgelöst. Das war Romano Prodi an diesem 27. Dezember laut Medienberichten aber ziemlich egal.

Branding und Besetzen

»Branding« ist der gezielte Aufbau einer Marke, die ein Alleinstellungsmerkmal, die »Unique Selling Proposition«

(USP), entwickeln soll. Damit wird ein Produkt oder ein Unternehmen für Kunden durch bestimmte Gefühle und Botschaften identifizierbar und assoziierbar. Archetypen, Storytelling, Plot, Narrativ und Frame spielen dabei eine Rolle. Der Begriff des Brandings kommt aus der Wirtschaft. In der Politik wird der Begriff selten verwendet, dabei geht es doch auch gerade in der Politik um Marken und USP.

In den letzten fünfzig Jahren haben sich gewisse Markenstrukturen in der politischen Parteienlandschaft gebildet, die nicht im Detail, aber ganz allgemein in fast allen Demokratien ähnlich sind. Dabei haben sich Parteigruppen bestimmte Kompetenzvermutungen in der Bevölkerung aufgebaut. Sozialdemokraten stehen für die Themen Arbeit und Soziales, bürgerlich-konservative Volksparteien stehen für Wirtschaft und Sicherheit, liberale Parteien für eine liberale Gesellschaft und freie Marktwirtschaft, grüne Parteien für Klima- und Umweltschutz und nationale Parteien für Tradition und Nationalismus. Dabei versuchen die Parteien untereinander immer wieder, sich Themen wegzunehmen. Sozialdemokraten probieren, in der Wirtschaft oder im Klimaschutz zu punkten, bürgerliche Volksparteien bei Arbeit und Sozialem zu reüssieren, Liberale bei der Sicherheit, Grüne bei Sozialem und Nationale bei Wirtschaft oder Sozialem. Diese gegenseitigen Markenverschiebungen sind von Land zu Land und Partei zu Partei unterschiedlich, meistens bleiben die Versuche erfolglos, mitunter gibt es aber auch erfolgreiche Beispiele.

Ein Thema »besetzen« heißt es, wenn man einer anderen Partei die Kompetenz in einem Thema wegnimmt.

Angela Merkel gelang es laut Kommentatoren, weit in die Bereiche Klimaschutz und Soziales und damit in die Kompetenzfelder der deutschen Grünen vorzudringen. Sie schaffte das vor allem dadurch, dass sie aus der Atomenergie ausstieg und von der deutschen ARD als »Klimakanzlerin« bezeichnet wurde. In Dänemark fuhr die sozialdemokratische Regierungschefin Mette Frederiksen einen ungewöhnlich harten Law-and-Order-Kurs. Sie verfolgte eine restriktive Einwanderungspolitik, kündigte Abschiebungen nach Syrien an, obwohl dort Bürgerkrieg herrschte, und schuf das grundlegende Recht für Asylsuchende ab, einen Antrag stellen zu dürfen. Damit grub sie der dänischen rechtspopulistischen Volkspartei das Wasser ab.

Richtig posten auf Social Media

Um in den sozialen Medien mitzumischen, ist es notwendig, eigene Accounts zu betreiben. Diese Accounts muss man betreuen, wenn es das Ziel ist, die eigene Fangemeinde zu pflegen oder überhaupt einmal erst eine aufzubauen. Dazu gibt es eine eigene Wissenschaft, die sich »Impression Management« nennt. Als diesbezüglicher Pionier gilt der amerikanische Soziologe Erving Goffman. Er meinte, dass wir alle Theater spielen und nur bestimmte Rollen einnehmen. Wichtig sei, die für einen passende Rolle zu finden. Es ginge um das Image, also das Bild, das wir abgeben wollen. Dass das viel mit einer verzerrten Darstellung zu tun hat, zeigt unser Umgang mit der Auswahl an Fotos, die wir von uns selbst in den sozialen Medien posten. Die meisten sehen wir als untrefflich an und vernichten sie. Nur die wenigsten betrachten wir als realistisch und stellen sie ins Netz.

Für das richtige Verhalten auf Social Media gibt es Tausende gute Regeln und Tipps, die man überall im Netz finden kann. Würde man versuchen, sie auf die fünf wichtigsten herunterzubrechen, kämen vermutlich diese dabei heraus:

Erstens: Qualität vor Quantität. Bevor Sie fade, unnütze, uninteressante Dinge von sich geben oder zeigen, lassen Sie es lieber ganz. Veröffentlichen Sie das, wofür Sie bekannt sind oder bekannt werden wollen. Was ist Ihre Marke? Welcher Typ sind Sie? Wie und womit wollen Sie wahrgenommen werden? Posten Sie überwiegend Dinge, die in dieses Schema passen. So stützen Sie Ihre Marke oder bilden sich eine. Ihre Marke sollte halt schon irgendwie cool sein. Nicht verängstigen lassen: Oft sind Dinge cool, von denen man es am wenigsten erwartet.

Zweitens: Finden Sie einen Rhythmus. Posten Sie regelmäßig, Ihre Fans wollen sich an einen Rhythmus gewöhnen können. Er muss nicht sklavisch eingehalten werden, aber Ihre Postings sollten in einer in angenehmen Wellen spürbaren Regelmäßigkeit abgesetzt werden. Idealerweise erstellen Sie einen Plan, den Sie laufend aktuell halten und in den Sie auch neue Ideen einarbeiten.

Da sind wir auch schon drittens bei den Ideen: Variieren Sie. Ein paar Mal denselben Schmäh machen, das geht. Irgendwann wird das aber fad. Versuchen Sie, innerhalb Ihrer Marke Varianten herauszuarbeiten, es einmal so, dann so zu machen. Überraschen Sie dabei auch einmal.

Viertens: Seien Sie offen. Interagieren Sie mit Ihren Fans, beantworten Sie Fragen, stellen Sie selbst Fragen, beziehen Sie Ihre Follower ein in Ihre Welt. Sie müssen natürlich nicht jedes Posting beantworten. Suchen Sie sich einfach immer wieder ein paar gute heraus.

Fünftens: Bauen Sie keinen Mist. Peinlichkeiten sollte man vermeiden. Allein schon ein Rechtschreibfehler kann peinlich sein. Also prüfen Sie Ihre Postings gründlich, bevor Sie auf »Senden« drücken.

Umfragen nicht zu ernst nehmen

Um Mitternacht vom 23. auf den 24. Juni 2016 rief mich Außenminister Sebastian Kurz aus London an. Er kam von einem Abendessen mit einem Leiter des britischen Meinungsforschungsinstituts YouGov und dieser hätte vor wenigen Minuten die letzte brandaktuelle Umfrage zum Ausgang des Brexit-Votums direkt aus seinem Institut erhalten. »Sie bleiben drin«, habe der Meinungsforscher dem Minister gesagt. Das Umfrageergebnis sagte »52 zu 48 Prozent für Remain« voraus, also für den Verbleib in der EU. Wenig später legte ich mich schlafen und stellte den Wecker auf sechs Uhr morgens, denn um sieben Uhr sollte der Außenminister live per Telefon in die ORF-Radio-Morgensendung zugeschaltet werden, um das Ergebnis des Brexit-Votums, das dann auch tatsächlich vorliegen würde, zu kommentieren. Einen Augenblick bevor ich mich hinlegte, schickte ich dem Minister noch per SMS das Wording für »Remain«

durch, auf dass er es sich noch durchlesen könne. Ich hatte auch ein Wording für »Leave«, also für den Fall eines Votums für den Ausstieg aus der EU, vorbereitet. Aber ich war, so wie alle, dermaßen sicher, dass die Briten für »Remain« gestimmt hatten, dass ich dem Minister das Wording für »Leave« gar nicht mehr durchschickte.

Um sechs Uhr läutete der Wecker. Als ich nach der Morgenpflege zum Telefon griff, bemerkte ich, dass bereits zahlreiche Nachrichten eingegangen waren. Die erste SMS, die ich las, stammte vom Minister: »Wo ist das Wording für Leave!?« Ich verstand zunächst nicht. Wofür sollte er das wohl brauchen? Bis ich die anderen Nachrichten las. Die Briten hatten entgegen allen Erwartungen für den Ausstieg gestimmt. Ich schickte rasch das »Leave«-Wording durch und in einer Telefonkonferenz besprachen wir dann vorab das Interview des Ministers mit dem ORF.

Die Einwohner Großbritanniens mussten sich seltsam vorgekommen sein an diesem Morgen. In den TV-, Radio- und Onlinenachrichten wurde darüber berichtet, dass eine Mehrheit für »Leave« gestimmt hatte. Einige Zeitungen schrieben indessen, dass das Votum für »Remain« ausgefallen war. Wie das? Diese Zeitungen hatten die letzte Umfrage von YouGov, nach der das Land mit 52 zu 48 Prozent für den Verbleib in der EU gestimmt hatte, publiziert. Briten, die verschiedene Medien konsumierten, erlebten also ein Paradoxon: zwei Wahrheiten zur gleichen Zeit.

In den folgenden Tagen wurde analysiert, was bei der Umfrage von YouGov schiefgelaufen war. Fünf Gründe wurden genannt: Die Befragten hätten keine repräsentative Stichprobe ergeben, weil offenbar zu wenige Wähler, die für den Brexit gestimmt hatten, erreicht wurden. Zweitens wurde die Fragestellung kritisiert, weil als Antwortmöglichkeit auch »Ich bin unentschieden« gewählt werden konnte. Drittens sei eine Meinungsänderung am letzten Tag, der sogenannte »Last Swing«, nicht ausreichend berücksichtigt gewesen. Viertens sei die Wahlbeteiligung als zu niedrig angenommen worden, vor allem bei der Gruppe der Brexit-Befürworter. Und zu guter Letzt sei bei der medial zugespitzten Aussage »52 zu 48 für Remain« schlicht und ergreifend die Schwankungsbreite nicht betont worden. Die Umfrage war um 23 Uhr nach der Schließung der Wahllokale durchgeführt worden, dazu wurden 4.800 Wahlberechtigte befragt. Die Schwankungsbreite lag bei vier Prozent, und zwar jeweils nach oben und unten. Das Ergebnis hätte laut dieser Umfrage also genauso gut 52 zu 48 Prozent für »Leave« ausfallen können. In ein und derselben Umfrage waren also beide Wahlausgänge möglich. Tatsächlich lag das Ergebnis bei 51,9 Prozent für »Leave«. Die Umfrage war also eigentlich richtig. Paradoxerweise. Denn eigentlich war sie ja falsch. Oder formulieren wir es konkret: Das Umfrageergebnis war richtig, aber es wurde falsch dargestellt, nämlich ohne Schwankungsbreite.

Das Beispiel zeigt ganz gut, was man teilweise von den publizierten Umfragen halten kann, wenngleich man dazusagen muss: Das gilt keineswegs für alle, sondern nur für einen Teil. Es gibt Medien, in denen Umfrageergebnisse so dargestellt werden, dass man eindeutig die Schwankungsbreite erkennen kann und daher eine optische Einordnung

der Resultate möglich ist. Es gibt aber auch Umfragedar-
stellungen, in denen die Schwankungsbreite kaum, teils
überhaupt nicht ersichtlich ist, sondern eher wie Kleinge-
drucktes in einem Kaufvertrag nebenher angeführt wird.
Das liegt auch daran, dass Medien mit Umfragen Schlagzeilen machen wollen. Und das funktioniert ohne die
Schwankungsbreite irgendwie besser.

In Österreich gibt es seit Jahrzehnten bei manchen Medien die Tradition, auf die optisch gut erkennbare Darstellung der Schwankungsbreite zu verzichten. Das führte zu
einigen reißerisch gut klingenden, in Wahrheit aber absur-
den Schlagzeilen. Im Jahr 2015 etwa wurde publiziert, dass
die Sozialdemokraten die FPÖ »überholt« hätten und nun
mit 25 Prozent vor den Freiheitlichen mit 24 Prozent liegen
würden – bei 800 Befragten und einer Schwankungsbreite
von rund drei Prozent nach unten und oben. Die SPÖ hätte also genauso gut mit 22 Prozent hinter der FPÖ mit 27
Prozent liegen können. Ein paar Monate später »überholte«
laut einer Zeitung die konservative ÖVP mit 24 Prozent die
SPÖ mit 22 Prozent. Wobei das Ergebnis eben genauso 25
zu 21 ausfallen hätte können – für die SPÖ. Es ging aber
noch absurder. Wenig später, im Jahr 2016, publizierte eine
Zeitung eine Umfrage unter tausend Befragten vor der Re-
gionalwahl in der Bundeshauptstadt Wien, bei der die liberalen NEOS die ÖVP mit acht zu sieben Prozent »überhol-
ten«. Dabei hätte die ÖVP auch mit zehn Prozent vor den
NEOS mit vier Prozent ausgewiesen werden können.

Derartiges gibt es auch in Deutschland. Im Jahr 2021
schrieb eine Nachrichtenagentur: »Die SPD überholt die

Union« mit 24 zu 23 Prozent. Im Jänner 2022 hieß es dann: »Umfrage-Hammer: Union überholt die SPD«. Immerhin mit 27 zu 23 Prozent, wobei auch hier eine andere Reihung bei Berücksichtigung der Schwankungsbreite möglich gewesen wäre. Aber schon im April des gleichen Jahres veröffentlichte ein Blatt eine neue Umfrage: »SPD überholt Union« mit 27 zu 24. Schwankungsbreite jeweils 2,5 Prozent. Das Ergebnis hätte folglich auch 26,5 zu 24,5 für die Union heißen können.

Dass Medien seit Jahrzehnten Schlagzeilen aus Umfragen machen und Meinungsforscher dabei mitspielen oder zumindest nicht protestieren, ist den Presseagenten und Spindoktoren nicht verborgen geblieben. Mit der Zeit haben sie angefangen, ihren Spin und das Agenda-Setting auf das Feld der Umfragen auszuweiten. Wenn eine Partei ein Thema setzt, ist es üblich, bei Meinungsforschern dafür zu werben, dass deren Institute eine Umfrage zu eben diesem Thema machen.

In Österreich startete die SPÖ im Jahr 2010 zum Beispiel eine Kampagne zur Abschaffung der Wehrpflicht. Hintergrund waren die Regionalwahlen in der Bundeshauptstadt. Mit dem Thema wollte die damals als »Pensionistenpartei« bezeichnete SPÖ bei den Jungwählern punkten. Hinter den Kulissen betrieben die SPÖ-Spindoktoren aktives Agenda-Setting und setzten das Thema medial, wo es nur ging. Dazu gehörte auch, die Meinungsforschungsinstitute zu motivieren, Umfragen dazu zu starten. Im folgenden Monat wurden mehrere Umfragen dazu publiziert, wobei einige eine Mehrheit für eine Abschaffung, andere eine

Mehrheit für eine Beibehaltung der Wehrpflicht ergaben. Warum Umfragen mit unterschiedlichen Ergebnissen? Das lag wohl an der Fragestellung. Und daran, dass die SPÖ-Spindoktoren bei den Instituten auch versuchten, auf die Fragestellungen einzuwirken. Bloß hielten nun auch die Spindoktoren der konservativen ÖVP dagegen, die für die Beibehaltung der Wehrpflicht eintrat. Daraus entstand eine spannende Entwicklung.

Bei der einfachen Frage, ob die Wehrpflicht abgeschafft werden solle, plädierten jeweils fünfzig Prozent dafür und dagegen. Daraufhin wurden Umfragen veröffentlicht, die in der Fragestellung auch die Alternative zur Wehrpflicht beinhalteten, nämlich ob ein Berufsheer einer allgemeinen Wehrpflicht vorzuziehen sei. Hier sagten plötzlich 48 Prozent Ja und 42 Nein, zehn Prozent machten keine Angabe. Ein Berufsheer machte für die meisten offenbar Sinn. »Mehrheit für Aus für Wehrpflicht« lautete daher die Schlagzeile. Die SPÖ frohlockte und setzte nun voll auf das Berufsheer. In einer weiteren Umfrage wurde überhaupt nur mehr abgefragt, ob ein Berufsheer eingeführt werden solle. Hier wurde es noch deutlicher: 58 Prozent sprachen sich dafür und 39 dagegen aus.

Die ÖVP sammelte sich. Etwas später brachte eine weitere Befragung nun einen ganz neuen Frame ins Spiel. Die Fragestellung erinnerte daran, dass mit der Wehrpflicht in Österreich ja auch der Zivildienst verbunden war. Die Studie fragte daher zunächst, ob ein verpflichtender Sozialdienst für alle sinnvoll wäre. 72 Prozent sagten Ja. Danach wurde die Frage nach dem Aus für die Wehrpflicht gestellt. In diesem neuen Frame gab es plötzlich wieder eine Mehrheit für die Wehrpflicht mit 52 Prozent. Unter dem Eindruck des für viele offensichtlich doch notwendigen sozialen Diensts war die Meinung wieder gekippt. »Mehrheit für Wehrpflicht« hieß die Schlagzeile. Nun frohlockte die ÖVP.

Ein anderes Institut drehte es daraufhin wieder andersrum. Es begab sich zwar auch in den neuen Frame und fragte, ob man für ein verpflichtendes Sozialjahr sei. 69 Prozent befürworteten das. Dann wurde aber gefragt, ob denn dann eine Wehrpflicht überhaupt noch nötig sei. Siehe da, 54 Prozent waren nun wieder für die Abschaffung der Wehrpflicht. Die Schlagzeile ging nun so: »Sozialjahr statt Wehrpflicht«. Nun frohlockte wieder die SPÖ. So ging das eine Weile hin und her, es entstand eine Pattsituation. Daraufhin ging die SPÖ in die Offensive: Sie forderte nun eine Volksbefragung zur Wehrpflicht. Das war natürlich ein Coup. Wer kann schon dagegen sein, das Volk zu befragen und entscheiden zu lassen? Die ÖVP. Sie stemmte sich gegen die Forderung. Allerdings nur eine gewisse Zeit, der Druck wurde zu groß. Immerhin sprachen sich in Umfragen 75 Prozent für eine Volksbefragung aus – bei allen Instituten und unabhängig von der Fragestellung. Zu dieser kam es dann auch.

Nach einer fast dreijährigen innenpolitischen Schlacht, zweieinhalb Jahre nach der ursprünglich ausschlaggebenden Wien-Wahl, einigten sich die Regierungsparteien SPÖ und ÖVP auf eine Fragestellung und eine Volksbefragung im Jänner 2013. Die Frage war: »Sind Sie für die Einführung eines Berufsheeres und eines bezahlten freiwilligen Sozialjahres?« Das war der Wortlaut, den die SPÖ durchgesetzt hatte. Oder: »Sind Sie für die Beibehaltung der allgemeinen Wehrpflicht und des Zivildienstes?« Das war die Frage der ÖVP. Ergebnis: 59,7 Prozent stimmten für die Beibehaltung der Wehrpflicht. Bei einer Wahltagsbefragung wurden die Wählerinnen und Wähler gefragt, was das Hauptmotiv für ihre Entscheidung war. 74 Prozent gaben an: »Die Beibehaltung des Zivildienstes«.

Fazit: Bei einer Meinungsumfrage spielen genauso die Methoden Agenda-Setting und Spin eine Rolle. Welches Thema abgefragt wird, wie die Fragestellung lautet, welche Themen damit assoziiert werden und so weiter. Wenn Sie als Leser also über eine Umfrage in einer Zeitung stolpern, die Sie interessiert, dann sollten Sie zur richtigen Einordnung zweierlei tun: Achten Sie zunächst auf die Schwankungsbreite, die aussagt, welche Ergebnisse möglich sind. Es kann sein, dass die Schlagzeile der Zeitung völliger Nonsens ist und die Schwankungsbreite auch andere Schlagzeilen ermöglichen würde. Prüfen Sie zweitens die Fragestellung dahin gehend, ob die wesentlichen Aspekte des Themas mit umfasst sind oder ob sie ausgespart wurden. Dann erst können Sie das Ergebnis richtig interpretieren.

Stets einen Dolmetscher parat haben

Darüber hinaus gibt es ein paar Dinge, die man beachten sollte, wenn man als Presseverantwortlicher mit Außenpolitik zu tun hat. In der Ukraine ereignete sich in meiner

Gegenwart eine Szene aus *Lost in Translation*. Ich begleitete 2014 eine österreichische Delegation am Höhepunkt der ersten Ukraine-Krise, kurz nach der illegalen Annexion der Halbinsel Krim durch Russland, nach Kiew. Außenminister Sebastian Kurz traf die dortige Staatsspitze. Nach der Zusammenkunft mit Präsident Oleksandr Turtschynow und Premier Arsenij Jazenjuk ging Kurz alleine Richtung Pressekonferenz. Präsident und Premier gingen in die andere Richtung. Ich dachte mir, das kann jetzt nicht wahr sein. Wir fliegen hier meilenweit her, schaffen das Arrangieren des Treffens, schalten den Europarat in den Konflikt ein, bringen die »Venediger Kommission« ins Spiel und dann macht Kurz allein die Pressekonferenz ohne die anderen? Das wäre PR-mäßig viel zu wenig gewesen. Eine vergebene Chance für einen PR-Profi wie mich, war ich überzeugt.

Ich packte all meinen Mut zusammen und marschierte den beiden ukrainischen Staatsmännern hinterher. Dem Premier klopfte ich auf die Schulter. Er drehte sich um, ich sagte: »May we invite you to participate in the press conference of the European Counsel?« Ich verwechselte in der Eile den Counsel of Europe, also den Europarat, als dessen Vorsitzender Kurz dort war, mit dem European Counsel, dem Rat der europäischen Regierungschefs mit Merkel, Juncker und Co. Ich hatte also tatsächlich gesagt: »Darf ich Sie einladen, an der Pressekonferenz des EU-Rats teilzunehmen?« Beide starrten mich an, Jazenjuk warf mir zu: »Welcher EU-Rat?« Ich: »Der, mit dem Sie sich gerade getroffen haben ...« Jazenjuk: »Haben wir doch nicht.« Ich sagte: »Was meinen Sie?« Der Premier: »What?« In diesem Moment dachte ich:

Was geht hier ab? Warum verneinen sie, dass sie den Europarat getroffen haben? Warum leugnen oder verbergen sie es – vor mir? Denken sie vielleicht, ich bin irgendein russischer Journalist? Oder jemand anderer? Ich dachte sogar für einen Moment, dass sie mich vielleicht gleich wegführen lassen. Ich stand da in diesem Gang ganz allein mit ihnen, wir waren in einem Land, in dem Krieg herrschte, und ich verstand nicht, warum sie abstritten, sich mit dem Europarat getroffen zu haben. »Sie haben doch gerade den EU-Rat getroffen.« Jazenjuk schüttelte den Kopf und murmelte etwas auf Ukrainisch in Richtung des Präsidenten. Dann begannen beide, loszumarschieren, und folgten mir die Stufen runter, die zur Pressekonferenz führten. Mit Kurz. Ich war in Euphorie. Ich wusste, das würde in alle Welt übertragen. Für einen Pressesprecher eine wirklich tolle Sache.

Kurz stand bereits vor den rund fünfzig Kamerastativen samt Kameras und deutete auf uns, gab den vor ihm wartenden Journalisten zu verstehen, dass noch weitere Politiker kommen. Turtschynow neigte seinen Kopf, kurz bevor er das Podium betrat, zu mir: »Translate?« Er zeigte auf mich, ich sollte übersetzen. Ich hatte es nicht verstanden und nickte, denn ich nickte die ganze Zeit. Dabei fiel mir ein, dass einer unserer Diplomaten zuvor erwähnt hatte, dass der Präsident nicht Englisch spricht. Es war mir aber alles egal, ich fand es einfach gut, dass sie alle vier da auf dem Podium standen und mein Chef in der Mitte. Noch dabei war Thorbjørn Jagland, der Generalsekretär des Europarats (nicht des EU-Rats).

Turtschynow begann zu sprechen. Er sprach Ukrainisch. Dann sprach Jazenjuk, ebenfalls auf Ukrainisch. Als er fertig war, schaute mich Turtschynow an, wohl in der Erwartung, ich würde nun mit dem Übersetzen beginnen. Ich starrte völlig regungslos. Weder Kurz noch Jagland hatten verstanden, was die beiden gesagt hatten, kannten aber immerhin deren Positionen aus den Beratungen davor. Kurz empfand den Moment des Schweigens als unpassend und fing an, zu sprechen, dann Jagland, beide auf Englisch. Turtschynow schaute mich zwischendurch immer wieder an – wegen der Übersetzung. Er sprach ja kein Englisch. Folglich hatten zunächst Jagland und Kurz nicht verstanden, was er gesagt hatte, und nun verstand er nicht, was Jagland und Kurz sagten.

Währenddessen war eilig ein Dolmetscher herbeigeholt worden, der nun begann, ins Ukrainische zu übersetzen. Dann kam es zu den Fragen, die alle auf Ukrainisch gestellt wurden und von Turtschynow und Jazenjuk energisch und laut beantwortet wurden. Wir hatten keine Ahnung, was die Fragen waren noch die Antworten. Der Übersetzer übersetzte nur den englischen Teil ins Ukrainische, aber nicht umgekehrt. Ich wühlte mich durch die Menge der Journalisten auf die andere Seite des Raumes, wo der Übersetzer stand, und bat ihn, auch das Ukrainische ins Englische zu übersetzen. Gerade rechtzeitig. In der Folge wurden auch Fragen an Kurz gerichtet, auf Ukrainisch, was nun ins Englische übersetzt wurde, in dem Kurz auch antwortete. Somit war es nur beinahe ein »Lost in translation« in Kiew.

Wir hatten das, was die Ukrainer gesagt hatten, zwar nicht verstanden, aber Kurz hatte seine Message gebracht: Der Europarat würde die Venediger Kommission damit betrauen, eine Prüfung der Krim-Annexion vorzunehmen.

Was ist also wichtig, wenn Sie als Verantwortlicher für die Presse mit ausländischen Gästen zu tun haben oder sich Ihre Betreuten im Ausland befinden? Haben Sie stets einen Dolmetscher parat.

Auf die Zusammensetzung der Delegation achten

Wenn man für die Öffentlichkeitsarbeit verantwortlich zeichnet, sollte man immer alles mitbedenken. Jede Kleinigkeit kann ein Thema werden, jede minimale Ecke alles unrund machen. Wenn man also eine Pressereise unternimmt, bei der Journalisten einen begleiten, so sollte man auf alle Eventualitäten vorbereitet sein.

Buchen Sie für einen Politiker oder Unternehmensboss keine besseren Tickets als für die Medienvertreter. Buchen Sie für die Chefs keine Suiten, während die Journalisten in normalen Zimmern untergebracht werden. Lassen Sie die Presse im selben Restaurant speisen, anstatt Ihren Chef im Sternelokal dinieren zu lassen und die Medienleute in Spelunken zu verköstigen. Versuchen Sie, alles stets auf Augenhöhe stattfinden zu lassen. Aber: Sorgen Sie dennoch dafür, dass Ihr Schützling Freiräume hat. Argumentieren Sie die Vorteile, die Sie Ihrem Chef angedeihen lassen, mit Arbeitsnotwendigkeiten. Hat Ihr Chef einen Platz im Flieger neben sich frei, um mehr Raum zu haben, dann deshalb, weil neben ihm immer verschiedene Mitarbeiter Platz nehmen müssen, um mit ihm Themen durchzugehen. Hat Ihr Chef eine etwas größere Suite als die anderen, dann deshalb, weil er seine Hotelräume auch gleich für Arbeitsmeetings mit den Mitarbeitern oder Amtskollegen nutzen will. Sitzt Ihr Chef in einem anderen Lokal, dann trifft er dort mit seinem ausländischen Staatsgast zusammen. Und so fort. Achten Sie darauf, dass immer alles rund wirkt. Fühlt es sich rund an, machen Sie es richtig. Dazu gehört auch, schon vor der Reise auf die Zusammensetzung der Delegation zu achten. Ist sie der Reise entsprechend angemessen?

Im Frühjahr 2018 übernahm ich die Medienbetreuung für eine Delegation des österreichischen Regierungschefs Sebastian Kurz für eine Reise zum Präsidenten der Vereinigten Staaten, Donald Trump, nach Washington. Als wir im Weißen Haus ankamen und sich der Präsident nach einer Begrüßung und einem Pressebriefing mit dem Bundeskanzler zu einem Vieraugengespräch ins Oval Office zurückzog, wurde unsere Delegation in den Cabinet Room geführt. Ich hätte dort unsere Vis-à-vis auf Mitarbeiterebene erwartet. Dort sah ich aber plötzlich Vizepräsident Mike Pence. Ich fragte mich: Was macht denn der hier? Plötzlich dämmerte mir, dass er womöglich Teil der amerikanischen Delegation sein könnte. Zudem sah ich nun auch Außenminister Mike Pompeo. Und Energieminister Rick Perry. Ich dachte mir, womöglich sind wir im falschen Raum und hier würde eine Sitzung der US-Regierung stattfinden, in die wir fälschlicherweise gebracht wurden. Aber dann sah ich Trumps

Stabschef Mick Mulvaney und dessen Pressesprecherin Sarah Sanders, also sollten wir schon richtig sein. Bloß: Was machten dann Pence, Pompeo und Perry hier?

Wie ich dann erfuhr, waren diese tatsächlich Mitglieder der amerikanischen Delegation. Das war bemerkenswert. Vor allem als ich daran dachte, aus wem unsere Delegation bestand. Zweifellos war der Chef der Interessenvertretung der Unternehmer, der uns begleitete, von hohem Rang und eloquent, aber einen Minister hatten wir nicht dabei. Vor allem waren wir wenige. Die Amerikaner boten zusätzlich zu den Regierungsmitgliedern noch Sicherheitsberater John Bolton und Wirtschaftsberater Larry Kudlow auf. Uns gegenüber saßen also acht Personen, davon drei Minister. Wir hatten in der operativen Delegation lediglich einen hochrangigen Interessenvertreter, keinen einzigen Minister, einen Botschafter und einen Kabinettschef. Es fehlten also abgesehen vom Rang allein von der Zahl her vier Personen. Wir entschieden uns kurzerhand dazu, unsere Reihen mit den mitreisenden Mitarbeitern aufzufüllen. Darunter ich. Da saß ich nun mit dem Vizepräsidenten der USA, dem Außenminister und dem Energieminister an einem Tisch. Nach ihrem persönlichen Termin kamen Trump und Kurz zum Delegationsgespräch dazu.

Diese Situation hat mich so manches gelehrt. Abgesehen davon, dass ich das, was ich in der folgenden Stunde gehört habe, auftragsgemäß mit ins Grab nehme, lernte ich vor allem die Lektion, dass man sich vor und bei einem Staatsbesuch um die gesamte Delegation kümmern muss, auch wenn man bloß für die Medien verantwortlich ist.

4.4. Es geht immer um das Wie

Die politische Strategie beschäftigt sich damit, was man macht. Public Relations und Message Control setzen sich vielmehr mit dem Wie auseinander – wie man wirkt, wie eine Maßnahme wirkt, wie man wirken muss, um ein Ziel zu erreichen.

Lehne PR ab, denn das sind gute PR

Britische Publizisten sehen in Margaret Thatchers Beziehung zu politischem Marketing ein Paradoxon. Einerseits wirkte sie stets, als würde sie politisches Marketing nicht brauchen, ja geradezu ablehnen. Die Journalistin Sarah Baxter schrieb, Thatcher hätte Journalisten wie »Hofschranzen« behandelt. Andererseits war sie ein kompakt und gut vermarktetes politisches Produkt. Denn natürlich engagierten die Tories auch unter Thatcher eine PR-Agentur. Ihren ersten Wahlerfolg 1979 errang sie mit dem Slogan »Labour isn't working«, der von Saatchi & Saatchi ersonnen wurde. Die Tories ließen seit den 1950er-Jahren auch regelmäßig Polls erstellen. Das wurde in der Ära Thatcher keineswegs unterbrochen. Zudem hatte sie engen Kontakt zur Boulevardpresse und ganz besonders waren ihr die Rolle und Wirkung des Fernsehens bewusst, das sie professionell für sich nutzte. Es ist unvorstellbar, dass jemand so lange wie sie Premier bleibt, ohne sich der Mechanismen der Öffentlichkeit bewusst zu sein. Vielleicht könnte man es so formulieren: Thatcher lehnte politisches Marketing ab. Das war ihr politisches Marketing.

Auch Donald Trumps PR bestanden darin, nicht auf PR zu setzen. Nur meinte er das tatsächlich ernst. Trump ging auf Twitter höchstpersönlich in den ultimativen Clinch mit den Medien, vorrangig dem TV-Sender CNN oder auch der *New York Times*. Trump nannte Medienberichte, über die er sich besonders ärgerte, »Fake News«. Die Medien bezeichnete er als »Enemy of the people« und beschrieb sie als »falsch«, »korrupt«, »böse Menschen«, »unehrlich« und als »menschlichen Abschaum«.

Trump benutzte die Medien aber auch dafür, genau dieses Image zu pflegen, indem er sich an ihnen rieb. Bhaskar Chakravorti von der Tufts University in den USA sagte: »Die Medien waren beides, sein Feind und sein Freund, und das weiß er.« Wobei Trump nicht zur Gänze auf Beziehungen mit den Medien verzichtete. Mit dem konservativen Sender Fox News, immerhin der größte Nachrichtensender in den Staaten, kooperierte er regelmäßig. Doch selbst Fox News wandte sich zum Ende seiner politischen Karriere von ihm ab.

Think big!

Diese aus der Wirtschaftspolitik kommende Phrase hatte mit Medien zunächst wenig zu tun. In den späten 1970ern geriet Neuseelands Wirtschaft stark in Turbulenzen – durch die Ölkrise, die hohe Inflation, den Verlust Großbritanniens als wichtigsten Handelspartner, hohe Energiekosten. Unter dem Motto »Think big!« wollte die Regierung der heimischen Wirtschaft und Bevölkerung Selbstbewusstsein einimpfen, indem man die Abhängigkeit vom Ausland verringern und auf eigene Stärken setzen wollte, hauptsächlich auf die Nutzung eigener Energiereserven. »Think big« hieß also auch »Be brave«. In der PR-Branche wird das Motto daher auch als Aufforderung an einen selbst oder einen Kunden verwendet, sich über größere Projekte zu trauen, als man ursprünglich vorhatte.

Am 8. April 2022 traf eine kleine Runde im österreichischen Kanzleramt zusammen, darunter ich. Der Krieg Russlands gegen die Ukraine tobte bereits seit zwei Monaten. Die Medien waren eingeweiht, dass Kanzler Karl Nehammer am Tag darauf nach Kiew reisen sollte, um Präsident Wolodimir Selenskij zu treffen. Was sonst niemand wusste: Nehammer plante, am Montag darauf nach Moskau zu reisen, um Wladimir Putin zu treffen. Das Treffen wollte er mit Selenskij absprechen. Österreich hat eine Tradition als Brückenbauer. Diese Rolle wollte Nehammer ausfüllen. Gespräche könnten nie falsch sein, meinte er. Dennoch fragte der Kanzler in die Runde der Vertrauten, ob es denn tatsächlich vernünftig sei, denn was könne man schon erreichen? Immerhin würde er der erste europäische Regierungschef sein, der Putin seit der russischen Invasion in der Ukraine treffen würde. Das könnte massive Kritik auslösen. Jemand antwortete: »Think big!«

Die Reise war einen Monat lang geplant worden. Es ist international anerkannt, dass Österreichs Diplomaten zu den besten der Welt zählen – nicht zuletzt ist die international gut besuchte Diplomatische Akademie in Wien angesiedelt. Über Wochen wurde an dem Treffen gearbeitet. Am Montag ging es über die Bühne. Über die Inhalte des 75 Minuten dauernden Gesprächs hat Nehammer selbst ausführlich informiert. Ob es etwas für den Frieden gebracht hatte, war umstritten, so wie der Besuch an sich, wie es Nehammer selbst vorausgesagt hatte. Sowohl international als auch zu Hause wurde der österreichische Kanzler teils harsch kritisiert, weil er Putin eine Bühne gegeben habe und sein Besuch die internationale diplomatische Phalanx gegen Putin untergraben hätte. »Mit einem Kriegsverbrecher spricht man nicht«, hieß es von einigen.

Auf der Habenseite hatte Nehammer einen großen Teil seiner Bevölkerung hinter sich, der die österreichische Tradition des Dialogs hochhielt. Österreichs Rolle sei eben jene des Neutralen, der immer erst als einer der Letzten den Dialog abbricht und als einer der Ersten einen neuen Dialog beginnt. Und der Kanzler avancierte international zum gefragten Mann. Es gab kaum einen Regierungskollegen, der sich nicht bei Nehammer über Putins Verhalten und Aussagen erkundigte. Auch die Amerikaner meldeten sich, um mehr zu erfahren. Der österreichische Kanzler war schlagartig in sämtlichen internationalen Regierungsbüros bekannt und galt als einer der begehrtesten Gesprächspartner. Jeder wollte wissen: Was ist los mit Putin? Wie tickt er? Ob das Treffen sinnvoll war oder nicht, ist wie immer relativ. Die einen sehen es so, die anderen so. Klar bleibt, Nehammer hatte groß gedacht.

Acht Jahre zuvor war die Ukraine bereits einmal großes Thema. Putin sah seinen Einfluss in der Ukraine durch den Sturz der dortigen Regierung gefährdet und ließ russisch-treue Separatisten die Halbinsel Krim annektieren. Die internationale Krise war perfekt. Zwei Monate zuvor war Sebastian Kurz der jüngste Außenminister der Welt geworden. Der österreichische Chefdiplomat Kurz sah durch die Krise ein Momentum gekommen und wollte aktiv zur Bewältigung der Krise beitragen. Er fasste den Plan, nach Kiew und später nach Moskau zu reisen, um zu vermitteln. Zudem wollte er eine Konferenz aller betroffenen Außenminister in Wien abhalten. Im österreichischen Außenamt rümpfte man verdutzt die Nase. Österreichs Diplomatie galt zwar als erfahren und wurde für die Expertise am Westbalkan geschätzt, aber akute Krisen solchen Ausmaßes waren Sache der sogenannten »Großen«, also der UNO-Vetomächte USA, Großbritannien, Frankreich, China und Russland. »Österreich ist zu klein«, hieß es. Die Vorhaben von Kurz wurden als größenwahnsinnig und absurd abgetan. Mitten in dieser Debatte mit den Diplomaten, ob eine Einmischung Österreichs in den Ukraine-Konflikt eine Anmaßung wäre, kam der Kabinettschef des Außenamts in mein Büro und schlug vor, Österreich sollte doch für die Konfliktregionen Transnistrien und Gagausien die Friedensgespräche nach Wien holen. Ich dachte, er machte sich über mich lustig und dass er diese Regionen erfunden habe. Ich hatte diese Namen noch nie im Leben gehört. Tagelang nahm er mich mit dem Vorschlag auf die Schaufel. Der Höhepunkt war, als er mich informierte, dass Transnistrien und Gagausien für Friedensgespräche in Wien zugesagt hätten. »Du kannst wen anderen veräppeln«, sagte ich ihm.

Minister Kurz hatte inzwischen seine Pläne hartnäckig weiterverfolgt. Die Reisen nach Kiew und Moskau sowie die Ukraine-Konferenz in Wien wurden in Angriff genommen. Als er in einer kleineren Runde mit Vertrauten zusammensaß und Zweifel aufkamen, fragte Kurz, ob er mit den Reisen einen Fehler mache. Jemand aus der Runde antwortete: »Think big!« Wenig später reiste Kurz als erster Außenminister eines europäischen Landes nach Kiew und Moskau und traf die dortigen Außenminister, um zu vermitteln. Am 6. Mai lud Kurz zu einer Ministerkonferenz in die Wiener Hofburg. Es kamen dreißig Außenminister, darunter Russlands Sergej Lawrow und Ukraines Andrij Deschtschyzja. Es kam zwar zu keinem Handshake, aber immerhin zu einem ersten Aufeinandertreffen der beiden.

Übrigens fanden wenige Wochen danach in Wien die Friedensverhandlungen für die Regionen Transnistrien und Gagausien statt. Das sind zwei Teilgebiete in der Republik Moldau, die es tatsächlich gibt, wie natürlich jeder weiß. Fast jeder.

Empörung und Trolling

Exclamatio nennt man das rhetorische Stilmittel des Ausrufs, so etwa »Schuft!«, »Mörder!«, »Skandal!«. Gemeinsam haben alle Ausrufe eine gewisse Form von Empörung. Diese verleiht dem, was man zu sagen hat, besondere Aufmerksamkeit. Denn es muss ja einen Grund geben, warum man sich empört. Man wirkt daher auch glaubwürdig.

Die Empörung gibt es, seit es die Menschheit gibt. Ab dem 13. Jahrhundert wurden vermeintliche Übeltäter auf den Markt- und Dorfplätzen an den Pranger gestellt, wüst beschimpft und mit Steinen und Gegenständen beworfen. Heute dienen vor allem soziale Netzwerke dazu, seiner Empörung öffentlich Ausdruck zu verleihen. »Shitstorm« hat sich als einer der Begriffe dafür eingebürgert. Es gibt zwar viel Kritik an dieser im deutschen Sprachraum auch als »Empörium« bekannten digitalen Hyperventilation. Man könnte aber die Meinung vertreten, dass die moderne Form der Empörung immer noch besser, vor allem humaner ist, als mit Steinen zu werfen. Tatsache ist aber auch, dass sich unter die authentische Empörung vieler Nutzer die taktische, oft bezahlte Empörung als Stilmittel schummelt. Das hat mindestens zwei Hintergründe.

Zunächst sind wir wieder bei den Bad News und dem Säbelzahntiger. Empörung über schlechte Nachrichten verkauft sich besser. Der Erfolg von kommerzieller Werbung in sozialen Netzwerken wird in der Regel daran gemessen, wie lange ein Nutzer bei einem Thema Zeit verbringt und wie viel Aktivität er dort zeigt. Je mehr Zeit und je mehr Aktivität, desto besser funktioniert die Werbung und desto höher der Profit. Die Erfahrung zeigt, dass vor allem Themen, die einen aufregen und empören, für lange Zeiten und hohe Aktivität sorgen. Das löst eine Spirale aus. Wenn es irgendwo Aufregung gibt, lenkt das die Aufmerksamkeit anderer Nutzer darauf. Auch sie steigen ins Thema ein und so weiter. Je mehr Empörung, desto mehr Profit.

Ein zweiter Aspekt hat politische oder unternehmenstaktische Gründe. Das Stilmittel der Empörung wird bewusst eingesetzt, um ein Thema, das einem Mitbewerber schadet, hochzupushen. Je mehr Empörung das für den Gegner schädliche Thema auslöst, ob authentisch oder künstlich, desto mehr Aufmerksamkeit erhält es und desto mehr Schaden richtet es für den Mitbewerber an. Daraus hat sich auch eine eigene Dienstleistung entwickelt: Zur Bewerbung eines für den Gegner schädlichen Themas werden Leute dafür bezahlt, die sich künstlich empören und aufgeregte Postings und Tweets absetzen. Das nennt man »Trolling«. Der Begriff kommt aus der Fischerei. Beim sogenannten Schleppfischen wird ein Köder hinter dem Boot durchs Wasser geführt. Analog dazu werden auch in den sozialen Netzwerken Userinnen und User zur Teilnahme an einer Empörungswelle geködert.

Beim Trolling muss man allerdings unterscheiden. Da gibt es einerseits die mutmaßlich von Staaten gesteuerten Trolle. Als Erstes erwähnt seien hier die Russland-Trolle, die laut Medien von Urhebern in der Russischen Föderation gesteuert werden und beispielsweise im Zuge der US-Wahl im Jahr 2016 zum Einsatz gekommen sein sollen. Diese sind meist antiamerikanisch und euroskeptisch eingestellt. Bekannt sind aber auch die Trolle, die angeblich in der Türkei organisiert werden, um den türkischen Präsidenten in den sozialen Medien zu unterstützen. Und natürlich soll es auch von den USA gesteuerte Trolle geben, die die mannigfaltigen strategischen Ziele der Vereinigten Staaten unterstützen sollen.

Dann gibt es neben den staatlich organisierten noch die Verschwörungstrolle. Dabei handelt es sich um eine Summe von lose organisierten Gruppen, die an Verschwörungstheorien glauben, etwa an eine geheime Weltregierung, an Chemtrails, an Corona als elitengesteuerte Verseuchung der Menschen und vieles mehr. Die Grenzen zwischen staatlich organisierten und Verschwörungstrollen sind freilich nicht eindeutig.

Als Drittes gibt es noch die mutmaßlich von Unternehmen eingesetzten Trolle. Ein Beispiel dafür sind die »Spoiler-Trolle«, die mit gezielten Vorabveröffentlichungen einzelnen Konkurrenzunternehmen schaden. Die Streaminganbieter Netflix oder Amazon Prime etwa werden regelmäßig geschädigt, indem Serienteile, spezielle Szenen oder das Ende von Filmen verraten, also gespoilert, werden.

Zuletzt gibt es dann noch die individuellen Trolle, laut Studien überwiegend junge Männer, die einfach Dampf und Frust ablassen. Kaum klar abgrenzbar dazu ist das Phänomen »Hass im Netz«, bei dem mittels »Hasspostings« andere Menschen auf verschiedenste Weise herabgewürdigt werden. Die Ursache hierfür ist laut Forschung ein mangelndes Selbstwertgefühl. Um dieses Defizit auszugleichen, wertet man andere ab. Dass das meist unter dem Deckmantel der Anonymität passiert, entspricht einer gewissen Logik. Die eigene eklatante persönliche Schwäche, die man mit dem Hinhauen auf andere kaschieren will, offen zur Schau zu stellen, wäre mehr als peinlich.

Die Anaphern »Tina«, »Ibdm« und »Iap«

2012 fand das traditionelle TV-Duell zur Stichwahl in Frankreich statt. Der bürgerliche Staatspräsident Nicolas Sarkozy traf auf seinen sozialistischen Herausforderer François Hollande, der die Debatte dadurch prägte, dass er seine Statements immer wieder mit der Formulierung »Ich als Präsident ...« begann, um danach seine Vorhaben und Pläne darzulegen, die er als Präsident umsetzen würde. Er verwendete diese Eingangsphrase tatsächlich ganze 15 Mal hintereinander.

Hierbei handelt es sich um das rhetorische Stilmittel der Anapher, der Wiederholung eines oder mehrerer Wörter am Beginn eines Satzes. Die Anapher wird in der Politik vor allem bei Reden verwendet. Indem etwas stets wiederholt wird, wird es eindringlich. Diese Eindringlichkeit betont die Bedeutung der Aussage, verstärkt deren Wirkung. Wenn eine politische Rede wirklich gut sein soll, wird sie ehrlicherweise nicht ohne das Stilmittel der Anapher auskommen.

Einige Politiker haben es sich angewöhnt, die Anapher nicht nur in Reden zu verwenden, sondern in ihren allgemeinen Sprachgebrauch einfließen zu lassen. So zum Beispiel Bruno Kreisky, der das freilich bewusst machte. Er betonte damit seine Meinungsstärke und innere Überzeugung. Nach seinem Tod wurde ein Buch mit Anekdoten, Zitaten und Hintergründen seiner Ära veröffentlicht. Es trug den Titel *Ich bin der Meinung.*

Auch die britische Premierministerin bediente sich einer Anapher, mit der sie immer wieder ihre Sätze einleitete: »Es gibt keine Alternative …«. Damit verstärkte sie ihre politische Marke und gab sich durchsetzungsstark, unnachgiebig und kompromisslos. So wie ihre Politik auch war. Thatchers Eingangsworte lauteten im Englischen »There is no alternative«. Die Anfangsbuchstaben dieser Anapher sind T, i, n und a. Von ihren Gegnern wurde sie daher spöttisch als »Tina« bezeichnet. Vor allem wurde ihre Wirtschaftspolitik damit assoziiert. In Deutschland bildete sich unter dem Eindruck der Thatcher-Jahre der Begriff des »Tina-Arguments« heraus. Als Tina-Argument wird meist polemisch ein Standpunkt bezeichnet, der für Marktliberalismus und Wettbewerbsfähigkeit eintritt. Wenn also beispielsweise jemand sagt: »Ich bin für freie Marktwirtschaft, damit die Menschen mehr zum Leben haben«, dann entgegnen Kritiker: »Das ist ein Tina-Argument.«

Auch Hollandes Anapher »Ich als Präsident« wirkte noch länger nach, allerdings nicht so, wie er wollte. Die Phrase wurde in den sozialen Medien noch Monate nach dem TV-Duell zur Illustration von Hollandes Fehlern, Missgeschicken und Hoppalas verwendet. Als er sich von seiner Lebensgefährtin trennte, mit einer Schauspielerin zusammenkam und damit die Klatschspalten füllte, wurde es scherzhaft zum geflügelten Wort, was »er als Präsident« machte.

Make a joke

1984 wirkte Ronald Reagan im Wahlkampf um seine zweite Amtszeit nach dem ersten TV-Duell angeschlagen. Gegen seinen Herausforderer Walter Mondale wirkte Reagan für viele äußerst müde und matt. In den Tagen vor der zweiten TV-Debatte stellten sich die Medien und Teile der Öffentlichkeit daher die Frage, ob ein 73-Jähriger nicht zu alt für das Amt sei. Reagans Team nahm sich daher vor, die zweite Debatte zu nutzen, um aus der vermeintlichen Schwäche eine Stärke zu machen. Als der Moderator die betreffende Frage nach dem Alter stellte, antwortete Reagan: »Ich werde nicht das Alter in meiner Kampagne thematisieren. Und ich werde nicht die Jugend und Unerfahrenheit meines Kontrahenten für politische Zwecke ausnutzen.« Im Studio brach über den Witz anhaltendes Gelächter aus, der Moderator musste ebenfalls lachen, selbst Mondale konnte sich das sichtlich echte Lachen nicht verkneifen. Nach der Wahl erinnerte sich der demokratische Kandidat in einem Interview an die Szene: »Nach diesem Duell wusste ich, meine Kampagne ist vorbei – und das war sie auch.« Reagan wurde in seinem Amt bestätigt. Seither gibt es eine ungeschriebene Regel bei Wahlkampagnen: Wenn sogar dein Gegner über deinen Witz lacht, hast du gewonnen.

Ähnlich schlagfertig reagierte der französische Staatspräsident Francois Mitterand im TV-Duell um die Stichwahl gegen den Konservativen Jacques Chirac 1988. Chirac kündigte schon zu Beginn der Debatte an: »Heute Abend sind Sie nicht Präsident, wir sind zwei gleichberechtigte Kandidaten. Erlauben Sie mir also, Sie Herr Mitterrand und nicht Herr Präsident zu nennen.« Mitterrands Antwort: »Aber Sie haben vollkommen recht, Herr Premierminister.« Der Joke saß und galt nachher als Volltreffer. Mitterrand wurde wiedergewählt.

Ein Meister darin, seine Politik mit Humor zu unterfüttern, war freilich US-Präsident Barack Obama. Vor allem in den sozialen Medien sorgte er immer wieder für Schmunzeln. Der Präsident setzte sich aber auch immer wieder in TV-Talkshows. So schrieb er im Jahr 2009 Geschichte als erster Präsident, der auf der Couch einer Late-Night-Show Platz nahm, nämlich in der *Tonight Show* von Jay Leno. Seinen Humor behielt sich Obama bis zum Ende seiner Amtszeit. Als dieses nahte, postete er ein Foto, das ihn sinnierend im Oval Office zeigte. Er fragte sich, was er nach seiner Amtszeit tun werde, und scherzte, er werde wohl statt »Commander in Chief« bald »Commander of Couch«.

Einmal wäre ein Scherz fast böse ausgegangen, er war aber auch nicht für die Öffentlichkeit bestimmt. Am Höhepunkt des Kalten Krieges mit der Sowjetunion 1984 sollte US-Präsident Ronald Reagan eine fünfminütige Radioansprache aufnehmen. Um sich vor dem Mikrofon warmzusprechen, alberte er vor der Aufnahme herum: »Liebe Mitbürger, ich freue mich, Ihnen heute mitteilen zu können, dass ich ein Gesetz unterzeichnet habe, das Russland für vogelfrei erklärt. Wir beginnen in fünf Minuten mit der Bombardierung.« Was Reagan nicht wusste, war, dass das Band bereits aufzeichnete. Medien veröffentlichten später den Mitschnitt mit dem Hinweis, dass es ein Scherz war. Immerhin war es eine Aufzeichnung und nicht live. Nicht auszudenken, was passiert wäre, wenn die Aussage live gesendet worden wäre. Und die Russen sie gehört hätten.

Auf die Kongruenz von
Geschriebenem und Gesagtem achten

Während den Regierungsverhandlungen zwischen ÖVP und FPÖ, die in die türkis-blaue Koalitionsregierung führten, verfasste ein Kollege von mir, der für die ÖVP arbeitete, die Presseunterlagen für die Verhandler. Weil es sich bei den Inhalten ja um ein und dieselben handelte, wurde der von ihm verfasste Text immer gleich für beide Parteien genutzt, so auch als Presseunterlage für den Chef der FPÖ und späteren Vizekanzler Heinz-Christian Strache. Dieser hatte die Angewohnheit, sich Vorträge einzuprägen, indem er mit einem gelben Leuchtstift über die Zeilen, die er sich merkt, drübergeht. So hat eben jeder seine Methode. Manche Politiker merken sich den Text, indem sie ihn sich selbst in Stichworten mit der Hand aufschreiben, manche, indem sie ihn sich Absatz für Absatz mit geschlossenen Augen vorsagen. Und so weiter. Diese war eben Straches Methode. Kurz vor der Pressekonferenz fragte Strache in die Runde, welche Punkte denn noch offen seien und noch verhandelt werden müssten. Mein Kollege erwiderte: »Diese Punkte sind im Text gelb markiert.« Ich werde den Blick von Strache nicht vergessen, als er auf seine mehreren Seiten Papier blickte, auf denen er gerade eben jede einzelne Zeile gelb markiert hatte, um sie sich zu merken. Die Pressekonferenz fand nur wenige Minuten danach statt.

Angeblich gab es nach dem Ende der Verhandlungen und dem Beginn der Amtszeit von Türkis-Blau innerhalb der FPÖ Kritik an Teilen des gemeinsamen Regierungspro-

gramms mit der ÖVP. Gut möglich, dass das jene gelb mar-
kierten Teile waren, die der FPÖ-Chef – nicht wissend, dass
über sie noch verhandelt werden musste – schon öffentlich
in der Pressekonferenz als fix verkündet hatte. Genau wird
man das aber wohl nie wissen.

Put him in a team

In Österreich wurde die Strategie »Put him in a team« von
dem Wahlkampfberater der Sozialdemokraten, Stanley
Greenberg, für die Kampagne 2006 angewendet. Dem SPÖ-
Spitzenkandidaten Alfred Gusenbauer wurde nachgesagt,
keine guten persönlichen Werte zu besitzen. Daher sollte
er durch ein Team unterstützt werden. Offenbar erfolgreich, denn er gewann und wurde elfter Kanzler der Zweiten Republik.

Erkläre es wie einem Kind

Politiker neigen dazu, schwer verstanden zu werden. Weil
sie Fachbegriffe, Fremdwörter und Schachtelsätze verwenden. Das liegt daran, dass sie oft stundenlang in Termi-
nen sind, wo sie sich mit Experten und Beamten in eine
Sache einarbeiten und tief in die Materie eindringen. Sie
haben dann zwar nicht so viel Wissen wie die Experten,
aber mehr als die Durchschnittsbevölkerung. Zusätzlich
eignen sie sich bei der Beschäftigung mit dem Thema das

Fachvokabular an. Wenn sie danach über das Thema sprechen, kann ein Normalsterblicher nicht folgen. Bei der Vorbereitung auf einen Medienauftritt tun sich Politiker dann schwer, so zu formulieren, dass sie einerseits für die breite Masse verständlich sind, aber trotzdem noch korrekt über die Sache sprechen. Berater geben dann den Tipp: Erkläre es so, als würdest du mit einem Kind sprechen. In den meisten Fällen sind die Ausführungen des Politikers dann tatsächlich für die meisten verständlich, ohne dass sich die Bevölkerung wie ein Kind behandelt fühlt.

Dass man es mit dieser Technik auch etwas übertreiben kann, zeigten die Versuche von Boris Johnson. Bei seiner Rede vor der Generalversammlung der Vereinten Nationen hätte er davon ausgehen können, dass das Publikum vielleicht doch über ein wenig mehr Wissen verfügt. Dennoch hielt er dort seine »Kermit-Rede«. In dieser Rede über den Klimawandel erinnerte der Premierminister an den Frosch Kermit aus der *Muppet Show*: »Als Kermit der Frosch ›Es ist nicht leicht, grün zu sein‹ sang – erinnern Sie sich dran? Ich möchte, dass Sie wissen, dass er falschlag. Er lag falsch. Es ist nicht nur einfach, es ist lukrativ und es ist richtig, grün zu sein!« Als die Delegierten sich verwundert ansahen, fügte er hinzu: »Mal ganz davon abgesehen, dass er auch zu Miss Piggy unnötig grob war, wie ich finde.« Johnson ließ sich aber bis zu seinem Karriereende nicht davon abbringen. In seiner Rede, in der er offiziell seinen Rückzug bekannt gab, verabschiedete er sich mit den Worten »This is all, friends«, einem Zitat von Bugs Bunny.

Zeige Bürgernähe

Im Kreisky-Archiv in Wien ist ein Telefonapparat mit Kabel und Wählscheibe ausgestellt, den Bruno Kreisky in seinem privaten Wohnzimmer in der Wiener Armbrustergasse stehen hatte. Schon damals legendär war, dass die Telefonnummer des Kanzlers im allgemeinen Telefonbuch stand und für jeden einsichtlich war. Der Kanzler ließ die Medien seinen Leitspruch wissen: »Ich bin 24 Stunden am Tag für meine Bürger erreichbar.« Es ist überliefert, dass er tatsächlich hin und wieder den Hörer abnahm, wenn einfache Bürger anriefen und ein Anliegen vortrugen. Interessanterweise fanden diese Geschichten auch immer irgendwie den Weg in die Medien. Einmal rief ein 13-jähriger Schüler an, um für ein Schulreferat zu recherchieren. Kreisky hob ab und half mit, das Referat fertigzustellen. Erstaunlicherweise wusste die *Kronenzeitung* davon, denn sie berichtete freundlich darüber. Von wem auch immer sie das erfahren hatte.

Sag, du stehst für die schweigende Mehrheit

Die Medienforscherin Elisabeth Noelle-Neumann formulierte schon in den 1970er-Jahren die »Theorie der Schweigespirale«. Ihr zufolge hängt die Bereitschaft vieler Menschen, sich öffentlich zu ihrer Meinung zu bekennen, von der Einschätzung des mehrheitlichen Meinungsklimas ab. Hat man also den Eindruck, die eigene Meinung widerspricht der Mehrheitsmeinung, dann neigt man dazu, sie zu verschweigen. Politiker verwenden dieses Phänomen dazu, um zu behaupten, es gäbe eine schweigende Mehrheit und sie würden für diese eintreten.

Richard Nixon appellierte angesichts der wachsenden öffentlichen Kritik am Krieg der USA in Vietnam 1969 an die »große schweigende Mehrheit« der Amerikaner, die seine Politik unterstützen würde. Der spätere Präsident Donald Trump machte sich in seiner Wahlkampagne 2016 ebenfalls zum Sprachrohr der schweigenden Mehrheit. Beim ersten Versuch ging die Taktik auf. Beim zweiten Anlauf waren die Schweigenden dann doch knapp in der Minderheit.

Achte auf die Wächterfunktion

Auf das Gatekeeping seitens der Medien gezielt zu achten, ist freilich ratsam. Ihre Wächterfunktion kann sogar so bedeutend sein, dass sie für Persönlichkeiten des öffentlichen Lebens durchaus auch über Erfolg und Misserfolg entscheidet.

Überliefert ist etwa die Erzählung von Erhard Busek, der als konservativer Politiker in den 1980ern und 1990ern aktiv war. Eine großes heimisches Medium sympathisierte mit dem Kontrahenten Buseks um das Amt des Wiener Bürgermeisters, dem SPÖ-Politiker Helmut Zilk. Busek erzählte, angeblich wäre er einmal zum Herausgeber des Mediums eingeladen worden. Dort hätte ihm der Medieneigentümer freundlich, aber bestimmt mitgeteilt, dass Zilk dessen Sympathien genieße, weshalb Busek in dem Medium künftig nicht mehr vorkommen werde. Und so war es auch. Busek existierte für dieses Medium schlicht nicht und kam nicht vor. Busek entschloss sich daraufhin, seine Kommunikation auf andere Medien zu fokussieren, speziell auf das Fernsehen und die Zeitungen *Kurier* und *Presse*. Die Strategie war insofern erfolgreich, als er in der Folge beachtliche Wahlergebnisse erzielen konnte. Seinem Kontrahenten Helmut Zilk wurde er jedoch nie gefährlich.

Fearmongering

Im Grunde geht es hierbei um Panikmache. »Fearmongering« oder »Scaremongering« heißt die Taktik, eine drohende Gefahr übertrieben darzustellen. Wir erinnern uns an den Säbelzahntiger. Ihm verdanken wir es, dass hauptsächlich bad news good news sind. Diese evolutionär begründete psychologische Eigenschaft des Homo sapiens macht sich das Fearmongering zunutze. Weil wir ganz besonders auf Bedrohungen reagieren, wird speziell unsere Angst mit übertriebenen Bedrohungsszenarien stimuliert. Das tun viele Medien von sich aus, um die Quote und Reichweite und damit den Verkauf und die Werbeeinnahmen, also den Profit, zu steigern. Aber auch Wirtschaft und Politik betreiben immer wieder Fearmongering.

Als Ikone dieser Strategie gilt der TV-Werbespot namens »Daisy« aus der Wiederwahl-Kampagne des demokratischen Präsidenten Lyndon B. Johnson im Jahr 1964. Darin steht ein kleines Mädchen auf einer Wiese, zupft Blütenblätter von einem Gänseblümchen und zählt. Als es zur Zahl neun kommt, beginnt eine Stimme einen Countdown herunterzuzählen. Die Kamera zoomt ins Auge des Mädchens, bis ihre schwarze Pupille das Bild verdunkelt. Bei »Null« flashed uns eine nukleare Explosion, die in einem Atompilz endet. Eine Stimme sagt nun: »Darum geht es! Eine Welt zu schaffen, in der alle Kinder Gottes leben können, oder in Dunkelheit vergehen. Wir müssen uns entweder lieben oder wir müssen sterben. ... Wählen Sie Präsident Johnson am 3. November. Es steht zu viel auf dem Spiel, als dass Sie zu Hause bleiben könnten.«

Für Panikmache eignen sich so ziemlich alle unsere Ängste. Die Angst um unsere Gesundheit, vor ernsthaften Pandemien wie der Vogelgrippe oder Corona, dem Klimawandel, aber auch vor Killerbienen, Vogelspinnen zwischen Bananen oder einfach nur Herzinfarkten wegen verstopfter Arterien aufgrund falscher Ernährung, die Sorge vor Unfällen im Alltag, etwa mit dem Auto, vor Kriminalität, Einbrechern, Räubern, Mördern und Vergewaltigern, die Angst vor Krieg und dem Einsatz von Atomwaffen und viele weitere Ängste, die im Weltuntergang durch einen herannahenden Asteroiden gipfeln.

Zu einem eher ungewollten Fearmongering kam es im Frühling 2020 weltweit, auch in Österreich, als sich Nachrichten über ein neues, unbekanntes Virus namens Corona verbreiteten. In der zweiten Märzhälfte befand sich Österreich schon im ersten Lockdown. Damals gab es noch keine Impfung und die Wirkung und Mortalität des Virus waren tatsächlich so hoch, dass in vielen Teilen der Welt den Spitälern eine Überlastung drohte. In Italien war das bereits der Fall. Bei einer der täglichen Krisensitzungen der österreichischen Regierung im Kanzleramt platzte gegen späten Abend ein Mitarbeiter herein: »Die Empfehlungen der Bioethik-Kommission sind da!« Die Regierung hatte bei dieser zu ethischen und moralischen Grundsatzfragen beratenden Institution eine Prüfung in Auftrag gegeben. Nämlich darüber, was im Fall einer Überlastung der Spitäler zu tun sei. Konkret: Was tun, wenn jemand, der die Hilfe eines Spitals braucht, dort keinen Platz mehr vorfindet? In diesen Tagen beschäftigte viele Menschen dieser Gedanke. Was ist, wenn ich mit meinem Vater oder meiner Mutter ins Spital fahre, um ärztliche Unterstützung zu bekommen, etwa durch künstliche Beatmung, aber die dann dort sagen: »Tut uns leid, aber wir sind voll.« Im Fachjargon spricht man dabei von Triage. Wenn also entschieden werden muss, wer behandelt wird und wer nicht.

Neben Kanzler Sebastian Kurz saßen auch Vizekanzler Werner Kogler, Gesundheitsminister Rudolf Anschober und Innenminister Karl Nehammer im Raum. Der Mitarbeiter öffnete den Umschlag, entnahm das Manuskript und las die Empfehlungen vor. Der Sukkus war beklemmend. Die Regierung solle festlegen, dass die Entscheidung, wem bei einer Überlastung des Spitals der Vorzug für eine Behandlung gegeben werden soll, sich an der jeweiligen Überlebenschance der Patienten orientieren soll. Diese Beurteilung soll den Ärzten vor Ort obliegen. Die Regierung soll diese Regelung festlegen und als Anweisung an das Gesundheitssystem weitergeben. Es war eine furchtbare Stimmung im Raum. Man sagt in der Politikszene, es gäbe selten, aber doch Situationen, in denen Parteiideologien, Machtdenken und Wahlen keine Rolle spielen und die Chefs für einen kurzen Moment tatsächlich miteinander geeint sind, weil der Mensch hinter der Politikerfassade zu tief berührt ist. Ich denke, das war so ein Moment. Weil jeder wusste, dass es seinen eigenen Vater, seine Mutter, den Ehepartner, im schlimmsten Fall sogar sein eigenes Kind treffen könnte. Ich bemerkte in mir den aufkeimenden Willen, aufzustehen, rauszugehen, hinzuwerfen und nichts mit alldem mehr zu tun haben zu wollen. Einfach aussteigen. Kapitulieren. Aber da sieht man womöglich den Unterschied. Die Chefs, die Politiker, begannen sofort, an der Umsetzung der Empfehlung zu arbeiten. Einer der Beteiligten sagte mir später, warum er nicht aus dem Irrsinn ausstieg: »Wie willst du von einem Segelschiff aussteigen?« Seine Erklärung: »Vor Gericht und auf hoher See bist du in Gottes Hand.«

Viele Aussagen von Politikern in Österreich und auch international waren in den Tagen damals dramatische Appelle und machten den Menschen Angst vor dem Virus. Einige davon sind wohl dadurch erklärbar, dass die Politiker unter dem Eindruck derartiger Empfehlungen von Ethikkommissionen standen. Das Frühjahr 2020 war mit Sicherheit eine Phase des weltweiten Fearmongering, ob bewusst oder unbewusst. Tatsache ist jedenfalls, bis Ende 2022 starben an Corona weltweit sieben Millionen Menschen, in Österreich 20.000. Wie viele davon durch Triage, kann nicht beziffert werden.

Heute meint man mit »Politik der Spannung« eine Strategie, bei der ein allgemeines Gefühl der Unsicherheit in der Bevölkerung erzeugt wird, wodurch die Menschen Sicherheit und Geborgenheit in einer starken Regierung suchen. Kritische Politologen sind der Meinung, dass diese Strategie im Extremfall den Weg für eine autoritärere Regierung ebnen soll.

Gehe den Menschen nur eine Nasenspitze voraus

Der Leitsatz sei angeblich die Erfolgsformel von Hans Dichand gewesen, dem legendären Eigentümer der in Relation zur Bevölkerung gesetzt größten Tageszeitung der Welt. Es gibt keine liberale Demokratie auf der Welt, in der eine Zeitung so viel Reichweite hat wie die *Kronenzeitung* in Österreich, benannt nach der ehemaligen Währung »Krone« im Kaiserreich. Würde man den Menschen mehr als eine Nasenspitze vorausgehen, würden sie einem nicht mehr folgen. Dichand meinte, man solle in seinen Zielen und Erklärungen für die Masse verständlich und logisch bleiben. Wenn es zu kompliziert wird, würden die Menschen geistig aussteigen und nicht mehr folgen.

244

»Das habe ich so nicht gesagt«-Taktik

In der Medienszene ist mittlerweile hinlänglich bekannt, dass Medien verkürzen, zuspitzen und teilweise um einer knackigen Überschrift willen auch einmal den Sinn einer Sache geringfügig verdrehen. Es ist daher auch zu einer Taktik geworden, etwas bewusst medial auszusprechen und sich danach auf die Zuspitzung durch die Medien hinauszureden. Hat man also eine Vereinbarung mit einem Partner, etwas »so« nicht zu sagen, gibt man ein Interview, in dem man es trotz Vereinbarung »so« sagt. Danach sagt man dem Partner, dass man es »so« ja gar nicht gesagt habe und das Medium schuld sei.

»Das sag ich nur Ihnen«-Taktik

Im Englischen wird die Taktik »rewarding journalists« genannt, also »Belohnung für Journalisten«, erstmals dokumentiert angewendet 1964 vom britischen Premierminister und Labour-Chef Harold Wilson. Während der »Rhodesien-Krise« ließ er eine Liste an Journalisten erstellen, von denen er wusste, dass sie in seinem Sinne berichten würden, und die er speziell mit gesonderten Informationen versorgte.

Bis in die 1960er-Jahre war es für Politiker üblich, den direkten Kontakt mit Medien durch den Pressesprecher pflegen zu lassen. Einer der ersten Politiker weltweit, der ausgewählte Journalisten selbst betreute und das zur Meisterschaft trieb, war der sozialdemokratische »Journalistenkanzler« Bruno Kreisky. Er scharte schon als SPÖ-Chef ab 1967 eine Gruppe von Journalisten um sich, um sie mit exklusiven Informationen zu versorgen und sich auf seinen Reisen begleiten zu lassen. Einer der von Kreisky damals speziell betreuten Journalisten beschrieb vor wenigen Jahren dessen Taktik mit der Phrase: »Das sag ich nur Ihnen, Sie sollen den Hintergrund wissen!« Der damalige Reporter weiter: »Indem er ... Reporter mit Hintergrundwissen fütterte, gab er ihnen das Gefühl, wichtig zu sein. Und viele Journalisten dankten es ihm.«

Kreisky soll sich auch um die schwierigen Fälle selbst gekümmert haben, etwa den in den 1970er-Jahren von Politikern gefürchteten Boulevardjournalisten Richard Nimmerrichter, der fast täglich einzelne Politiker in seiner Kolumne mit Spott und Hohn hinrichtete. Der Kanzler soll den Leitartikelrabauken persönlich zu sich nach Hause in die Sauna eingeladen haben. Was während dem Aufguss besprochen wurde, ist freilich nicht bekannt. Danach sei Kreisky aber von den publizistischen Attacken des Kolumnisten verschont geblieben.

Bilder richtig einsetzen

2013 fanden in der Türkei Demonstrationen gegen Präsident Recep Erdoğan statt. Es kam insbesondere in Istanbul zu Kämpfen mit der Polizei, die mitunter sehr hart gegen die Demonstranten vorging. In einigen europäischen Ländern, in denen sich eigene türkischstämmige Communitys gebildet hatten, kam es ebenfalls zu Auseinandersetzungen. Daraufhin kam es in der sogenannten Mehrheitsbevölkerung, auch in Österreich, zu einer Stimmung, die auf den »Import von Konflikten aus dem Ausland« sehr ablehnend reagierte. Erstaunlicherweise waren rechte und linke Bewegungen einer Meinung. Während die bürgerlich, eher rechts und zuwanderungskritisch geprägte Bevölkerungshälfte Erdoğan negativ sah, weil er in ihren Augen Einfluss auf die Einstellung und Kultur der Migranten in Österreich nahm, zeigte sich auch die eher links eingestellte progressive Hälfte Erdoğan-kritisch, da sie in ihm einen rechten, diktatorischen Despoten sah. Irgendwie war fast ganz Österreich gegen Erdoğan – bis auf den größten Teil der türkischstämmigen Community, die traditionell aus Anhängern von Erdoğans Partei AKP bestand. Eine aufgeheizte Stimmung entstand.

Genau zu dieser Zeit kam Erdoğan zu einem Besuch nach Wien und es kam zum Treffen zwischen dem türkischen Präsidenten und Österreichs Politiker Sebastian Kurz im Hotel Bristol an der Wiener Ringstraße. Kurz wollte ihm dort seine Meinung sagen. Natürlich hatten beide Politiker eine Presse-Entourage mit, die jeweils ihre Chefs ins richtige Licht rücken wollte. Nach einem Handshake nahmen beide Platz. Da begriff ich: Die Türken hatten es so arrangiert, dass Erdoğan auf einem sehr breiten, mit Stoffen gepolsterten, mächtig wirkenden Fauteuil Platz nahm, Kurz saß daneben auf einem zarten, hölzernen Stuhl. Es wirkte so, als säße da ein Herrscher auf dem Thron und daneben sein Diener. Ich war mächtig sauer. Weil ich wusste, dass meine Pressesprecherkollegen aus der Türkei das Foto mit genau dieser Inszenierung aussenden würden.

Als die Stunde um war und die beiden ihre kontroversiellen Argumente ausgetauscht hatten, bat ich die beiden Politiker noch zu einem abschließenden Handshake. Als sie die Hand des anderen weit vom Körper weggestreckt ergriffen, bat sich sie, näher zusammen zu gehen, noch näher, noch ein klein wenig, sodass ihre Körper sich fast schon berührten. Beide runzelten die Stirn, was das denn solle. Dann fragte ich, ob sie sich ansehen können. Sie schauten einander an. Das Bild war perfekt. »Thank you!«, sagte ich. Nur wenige Minuten später erschien das Foto in den internationalen Presseagenturen. Und es wurde so auch publiziert. Zu sehen: Kurz und Erdoğan Körper an Körper beim Handshake, die sich dabei anschauten, mit nur zwanzig Zentimetern Abstand zwischen ihren Gesichtern. Also so wie zwei Boxer beim Staredown vor dem Kampf, wenn sie sich face-to-face tief in die Augen schauen. Nun waren meine türkischen Kollegen mächtig sauer.

4.5. Der Umgang mit anderen

Nutze Third Parties

Der kolportierte Begründer der Public Relations, Edward Bernays, erklärte seinen Erfolg im Umgang mit der Öffentlichkeit mit seiner Taktik, auf »Third Parties« zu setzen. Im einleitenden Kapitel wurde erwähnt, wie er auf die Expertise von »Dritten«, nämlich von 4.500 Ärzten, setzte, um Speck zum alltäglichen Frühstück der Amerikaner zu machen. Ein weiteres Beispiel für diese Taktik ist sein Engagement für den republikanischen US-Präsidenten Calvin Coolige. 1924 veranstaltete Bernays ein »Pancake Breakfast«, bei dem an Massen von Menschen Palatschinken ausgegeben wurden. Als Attraktion ließ er dort landesweit bekannte Künstler auftreten. Über die Veranstaltung wurde national von den Zeitungen berichtet, auch von der *New York Times*. Der Ruhm und die Beliebtheit der Stars färbten auf den farblosen Coolige ab und bescherten ihm Sympathie.

In der Wirtschaft besteht eine bewährte Third-Parties-Strategie darin, Prominente für die eigene Werbung einzusetzen. Das nennt man dann »Testimonial«. In Deutschland stellte der legendäre Sänger Jopi Heesters bis an sein Lebensende sein Gesicht einer Auto-Leasing-Marke zur Verfügung, Box-Weltmeisterin Regina Halmich für einen Sportartikelhersteller, Fußball-Weltmeisterlegende Franz Beckenbauer für Bier- und Sportfirmen. Im angelsächsischen Raum machte Richard Gere Werbung für eine Automarke, Gwyneth Paltrow oder Sean Connery für eine Modekette, Beyoncé für eine Modekette oder Heidi Klum für eine Fastfood-Kette. Die Liste ist fast endlos lang.

Einer der ersten Promis, der sich als Testimonial zur Verfügung stellte, war tatsächlich Papst Leo XIII., der sich Ende des 19. Jahrhunderts für Mariani-Wein auf einem Plakat abbilden ließ. Dabei handelte es sich um eine Art Arzneimittel, das Kokain enthielt, das damals noch als gesund und belebend galt. Es gilt heute als Vorläufer von Coca-Cola und war auch das Lieblingsgetränk von Queen Victoria von Großbritannien.

Einen königlichen Hit landete in den 1980er-Jahren Pepsi-Cola, das den »King of Pop«, Michael Jackson, als Testimonial für sich gewinnen konnte. Zahlreiche Werbespots mit dem erfolgreichsten Popmusiker der Geschichte wurden legendär.

Ein Prominenter übertrumpft aber seit langer Zeit alle anderen und steht bis heute im Rang über ihnen allen, über dem King of Pop, über der Queen und sogar über dem Papst. Coca-Cola schaffte es im Jahr 1931 tatsächlich, den Weihnachtsmann als Testimonial zu gewinnen. Sie verpassten dem bärtigen Heiligen Nikolaus von Myra, der bis dahin eher in grünem oder blauem Gewand gekleidet war, einen seltsamen rot-weißen Mantel samt Zipfelmütze, in dem dieser uns seither alljährlich zu Weihnachten Coca-Cola bringt. Und natürlich Geschenke.

Diese Taktik gehört bis heute auch zum Einmaleins des politischen Campaigning. Kaum ein Kandidat für eine große Wahl verzichtet auf das berühmte »Personenkomitee«, in dem sich Persönlichkeiten aus Wirtschaft, Wissenschaft, Unterhaltung, Kunst und Sport versammeln, um einen Kandidaten zu unterstützen.

Als ein herausragendes Highlight dieser Taktik wird die erste Kampagne von US-Präsident Barack Obama bezeichnet. Es war eine schier nie da gewesene Anzahl an Prominenten, die den Bewerber unterstützten. Bei seiner

Inaugurationsfeier im Jänner 2009 wurde eine Show der Superlative abgezogen. Bei einem Konzert gab es Ansprachen und Auftritte von der absoluten Topliga an Stars, wie etwa Tom Hanks, Denzel Washington, Bruce Springsteen, Beyoncé und Tiger Woods. Zusätzlich wurden zehn Ballveranstaltungen abgehalten, die Obama alle besuchte. Die gesamten Feierlichkeiten wurden vom TV live übertragen und versammelten in den USA 38 Millionen Menschen vor den Fernsehschirmen.

Um eine Third Party nutzen zu können, braucht es mitunter eine gewisse Hartnäckigkeit. Ein Beispiel dafür, dass es sich auszahlt, dranzubleiben, erlebte ich in den Jahren 2014 und 2015. Wenn man, wie ich damals, einen Außenminister betreut, ist es immer medial von Vorteil, wenn der eigene Chef einen Amtskollegen von einer der UNO-Vetomächte trifft, etwa den Außenminister der USA. Damals war das John Kerry. Eine ideale Third Party. Zu einer ersten Begegnung meines damaligen Ministers Sebastian Kurz mit ihm kam es im Winter 2014 bei der Münchner Sicherheitskonferenz. Sie liefen sich auf einem Gang über den Weg und schüttelten sich die Hände. Das dauerte zehn Sekunden und Kerry sagte: »Oh, ein Schuljunge.« Medial verwerten konnte ich diese Szene folglich nicht. Der Inhalt des Gesprächs und die Dauer von zehn Sekunden eigneten sich dafür kaum.

In den folgenden zwei Jahren gab es ein Wettrennen zwischen Genf und Wien um die Austragung der damals regelmäßig auf der Agenda stehenden Friedenskonferenzen, vor allem um die »Iran-Verhandlungen«. Nachdem

Kurz und sein diplomatisches Team es geschafft hatten, die Iran-Verhandlungen nach Wien zu holen, musste Kerry als einer der Hauptverhandler nach Österreich kommen. Kurz bemühte sich um einen Termin. Den gab es dann auch. Kerry nahm sich für Kurz auf der Rollbahn vor dem Flugzeug Zeit, unmittelbar vor seinem Abflug. Das Treffen war allerdings sehr kurz. Ein Journalist stoppte mit. Es dauerte 72 Sekunden. Die Medien machten sich darüber lustig, dass Kerry sich nur so kurz Zeit nahm. Ein PR-Erfolg wurde also nicht daraus. Aber Kurz blieb hartnäckig. Kerry musste ja immer wieder kommen, zumal Österreichs Diplomaten es mit ihrer gnadenlosen Gastfreundschaft immer wieder geschafft hatten, dem eigentlich führenden Verhandlungsort Genf den Platz als Austragungsort streitig zu machen. Die Iran-Verhandlungen fanden immer wieder in Wien statt. Später auch die Syrien-Verhandlungen, die unsere Diplomaten dann auch noch von Genf nach Wien holen konnten. Und schließlich noch die Libyen-Gespräche. Genf war langsam mächtig sauer.

Je öfter Kerry nach Wien kommen musste, desto länger wurden die Termine mit Kurz. Einmal waren es 300 Sekunden, also fünf Minuten. In der entscheidenden Phase, den »Final Iran Talks« mit den fünf UNO-Vetomächten und dem Iran, die wieder in Wien angesetzt waren, wollten wir aber zuschlagen. Diesmal sollte es ein echtes bilaterales Gespräch zwischen den USA und Österreich geben. Wo wir nicht nur Gastgeber waren, sondern ernsthafter Partner. Die Talks waren auf Ende Juni gelegt. Wenige Tage davor rief Deutschlands Außenminister Frank-Walter Steinmeier seinen österreichischen Kollegen Kurz an und informierte ihn vertraulich, dass die Runde doch in die Schweiz verlegt werde, weil US-Außenminister John Kerry sich in Genf sein Bein verletzt habe und nun dortbleiben müsse. Das österreichische Außenamt handelte sofort, flog den Arzt von Kerry nach Wien, machte aus einem Hotelzimmer im Hotel Imperial ein Bein-Rehazentrum und überzeugte Kerry, doch nach Wien zu kommen. Die Iran-Verhandlungen wurden dann auch in Wien abgeschlossen.

Dem US-Minister waren die Bemühungen Österreichs, als internationaler Verhandlungsort zu glänzen, nicht verborgen geblieben. Daher empfing er den österreichischen Außenminister nun tatsächlich. Für 10.800 Sekunden, also ganze drei Stunden lang, in Wien im Hotel Coburg. Zudem stellte Kerry einen neuen Rekord auf: Den längsten durchgehenden Aufenthalt eines US-Außenministers in einem Land außerhalb der USA verbrachte Kerry im Juli und August 2015 in Wien. Und das, obwohl er eigentlich in Genf verhandeln wollte.

Ich selbst hatte übrigens auch meine paar Sekunden mit ihm. Nachdem er mit den Außenministern Frankreichs, Großbritanniens, Russlands, Chinas und Deutschlands zur Vorbereitung der Pressekonferenz über die Verkündung des Iran-Deals an einem Tisch in der Wiener UNO-City gesessen war und aufstand, reichte ich ihm seine Krücken, die er nach seiner Beinverletzung verwenden musste. Es entwickelte sich ein hoch spannender Dialog: »Thank you!« »You are welcome, Mr. Kerry!« Allerdings fiel mir nun ein, dass das Familienfoto der acht Minister vor den Medien im Stehen geplant war.

Grassroots-Kampagne

Gemeint ist damit eine politische oder gesellschaftliche Initiative, die aus der Basis der Bevölkerung entsteht, also von ganz unten aufbegehrt, dort, »wo das Gras wächst«. Das Ziel von solchen Bewegungen ist es meist, Unzufriedenheit mit bestehenden politischen oder ökonomischen Situationen zu artikulieren und vor allem für Alternativen einzutreten. Speziell in den sozialen Medien bilden sich regelmäßig Grassroots-Initiativen, wo Ideen von außerhalb des Mainstreams über Facebook, Twitter, Foren und Co. massenhaft geteilt und unterstützt werden, um so der Idee Gehör zu verschaffen. Vor allem Nichtregierungsorganisationen nutzen oft die Technik des Grassrooting, um für konkrete Ziele um Unterstützung zu werben. Zu den zuletzt am bekanntesten gewordenen Kampagnen gehört wohl »Black Lives Matter«, ein Social-Media-Hashtag, unter dem Menschen gegen den Rassismus der Polizei gegenüber Afroamerikanern protestieren.

First Strike

Der Begriff »Erstschlag« stammt aus der militärischen Kriegsführung. Wer im medialen Krieg als Erster zuschlägt, hat fast schon gewonnen. Um in der Sprache der Marketingspezialisten zu sprechen: Der Erstschlag setzt den medialen Frame.

Als Beispiel kann die Enthüllungsplattform WikiLeaks angeführt werden, die zahlreiche durch Geheimhaltung gekennzeichnete Akten der USA veröffentlichte. Das Portal behauptete in seinen Presseveröffentlichungen zum Beispiel, dass Samsung-Fernseher zu versteckten Mikrofonen gemacht werden können. Die internationalen Medien übernahmen die Story quasi eins zu eins. Erst später, als die Tausenden veröffentlichten Daten ausführlich recherchiert wurden, kam heraus, dass der amerikanische Geheimdienst CIA zwar daran arbeitete, die Abhörtechnik zu verbessern, ein Zugriff aus der Ferne, wie suggeriert wurde, war aber nicht möglich. Später behauptete WikiLeaks in einer Pressemitteilung, dass eine CIA-Gruppe namens »Umbrage« die Fähigkeit entwickelt habe, bei einer Hackerattacke Fingerabdrücke zu hinterlassen, um es so aussehen zu lassen, als wäre die Attacke durch jemand anderen als die CIA erfolgt, etwa durch die Russen. Die Presseaussendung wurde vom amerikanischen Sender CNN so übernommen. Tatsächlich aber hatte die besagte CIA-Gruppe diese Fähigkeiten nicht. Bei Umbrage ging es vielmehr darum, eine Art Archiv von Hackertricks und -techniken aufzubauen, um Fingerabdrücke von Hackerattacken rascher erkennen und identifizieren zu können.

Keep your friends close, but your enemies closer

In dem Hollywoodklassiker *Der Pate* erzählt Mafiaoberhaupt Michael Corleone, dass sein Vater ihm eine Weisheit mitgegeben habe: »Halte deine Freunde nahe, aber deine Feinde näher.« Die Phrase geht zurück auf mehrere ähnliche Lehrsätze im bereits erwähnten Werk über militärische Strategie, *Die Kunst des Krieges* von Sunzi. Die Strategie, den Feind nahe an sich zu binden, ist dementsprechend uralt. Sowohl die Römer als auch die Karthager setzten in ihren Kriegen gegeneinander jeweils gallische und iberische Truppen ein. Später nutzten die Römer bestimmte germanische Verbände gegen die Germanen, die den Schutzwall Limes bedrohten. Immer wieder in der Geschichte haben Königreiche heranstürmende Horden, anstatt sie zu bekämpfen, zu Verbündeten gemacht, sie bezahlt und gegen ihre Feinde eingesetzt.

In der Politik und Wirtschaft ist die Strategie, den Feind an sich zu binden, seit jeher ebenso gang und gäbe. Wenn man den Feind in seine Reihen holt, erzielt man mindestens drei Wirkungen: Erstens wird ein offener Konflikt vermieden. Zweitens wird gegenüber den eigenen Unterstützern die eigene Führungsstärke demonstriert, da sich der Feind unter- oder zumindest eingeordnet hat. Und drittens wirken die Aktivitäten des Feindes auch für einen selbst.

In den USA passiert es oft, dass Kandidaten zur Präsidentschaft ihre härtesten innerparteilichen Kontrahenten bei den Vorwahlen als ihren Vizepräsidenten ins Rennen schicken. Bei den Vorwahlen der Republikaner 1980 ging aus den ersten Debatten und den Vorwahlen in Iowa der ehemalige CIA-Direktor George Bush als Sieger hervor und wurde der schärfste Kontrahent Reagans. Am Ende setzte sich Reagan durch. Um Bush als möglichen parteiinternen Widersacher und Kritiker zu entschärfen, bot ihm Reagan das Amt des Vizepräsidenten an. Bush willigte ein.

Rund zwanzig Jahre später wiederholte sich das Szenario auf ähnliche Weise bei den Demokraten. 2008 lieferte Hillary Clinton ihrem Mitbewerber Barack Obama bis zum Schluss einen erbitterten Kampf um die Nominierung. Sie gewann die Vorwahlen in 21 Bundesstaaten. Erst bei der Abstimmung der Delegierten fiel die Entscheidung auf Obama, der nach seiner Wahl versuchte, die starke Politpersönlichkeit auf seine Seite zu ziehen, indem er sie zu seiner Außenministerin machte. Es sollte sich als schlaue Entscheidung erweisen. Hillary Clinton war 2011 und 2012 die beliebteste Politikerin in den USA. Das *Forbes*-Magazin reihte sie auf Platz zwei der mächtigsten Frauen der Welt hinter der deutschen Kanzlerin Angela Merkel. Für Obama war das völlig unproblematisch, war sie doch »seine« Außenministerin. Es war folglich auch sein Erfolg.

In Österreich konnte man im Sommer 2022 Sunzis Strategie in Aktion miterleben. Die Vorsitzende der Sozialdemokraten, Pamela Rendi-Wagner, sah sich damit konfrontiert, dass ihr Vorgänger, Ex-Kanzler Christian Kern, immer wieder das mediale Scheinwerferlicht suchte. 2018 hatte sich Kern zurückgezogen und sein Amt an Rendi-Wagner übergeben. Diese war anfangs innerparteilich sehr umstritten. Erst im Lauf des Jahres 2022 konnte sie sich in den Umfragen einen Vorsprung auf die regierende ÖVP erarbeiten und galt zum Sommerbeginn 2022 als einigermaßen unumstrittene Kanzlerkandidatin in der SPÖ. In dieser Phase dominierten Energie und hohe Gas- und Strompreise aufgrund des Ukraine-Kriegs die mediale Berichterstattung. Kern tauchte nun verstärkt immer wieder in den Medien auf. Als ehemaliger Manager eines Energieunternehmens gab er Einschätzungen als Energieexperte ab. Er absolvierte Auftritte im gesamten deutschsprachigen Raum und kommentierte rege die politische Lage auf seinem Twitter-Kanal.

Das Auftauchen von Kern in den Medien soll in der SPÖ für interne Nervosität gesorgt haben. Der Ex-Kanzler betonte zwar quasi in jedem Interview, dass er keine Rückkehr in die Politik plane. Ganz konnte er den Verdacht aber nicht zerstreuen. Zumal in den Zeitungen Berichte aufpoppten, er würde Gespräche über die Gründung einer unabhängigen Liste führen. Im September überraschte Rendi-Wagner dann mit einem Medienauftritt. Seite an Seite mit Christian Kern hielt sie ein Pressegespräch zum Thema »Energie« ab. Kern war als Experte dabei und machte Vorschläge, wie man gegen die hohen Preise auf dem Energiesektor vorgehen könnte. Die Medien spekulierten in der Folge, dass Kern angeboten worden wäre, entweder als Schattenminister für ein Superministerium Wirtschaft und Energie unter einer späteren SPÖ-Kanzlerin Rendi-Wagner zu fungieren oder als SPÖ-Kandidat für die EU-Kommission ins Rennen geschickt zu werden.

Lass andere die schmutzige Arbeit machen

Fast alle Parteien in zivilisierten Demokratien haben einen Parteisekretär, der meist Generalsekretär oder Geschäftsführer genannt wird. Neben der Aufgabe, die Parteiorganisation wirtschaftlich zu führen, hat der Parteisekretär auch die Rolle, die eher unangenehmeren Dinge zu kommunizieren. Wenn also der politische Gegner medial angegriffen werden soll, tut das meist nicht der Parteichef selbst, sondern der Parteisekretär. Damit sich der Parteichef nicht mit Streitereien schmutzig macht. Genauso muss der Parteisekretär in den Medien ausrücken, wenn unangenehme Fragen zu beantworten sind. Am besten zeigt sich diese klassische Rollenaufteilung bei untergeordneten Wahlen. Wenn diese erfolgreich verlaufen sind, kommentiert den Erfolg der Parteichef. Sind sie schlecht ausgegangen, muss das der Parteisekretär erklären.

Sei freundlich zu deinem Gegner und handle demütig

Wenn man in der Opposition ist, kann es mitunter ratsam sein, die Regierenden laut zu attackieren. Wenn man aber Regierender ist, empfiehlt es sich in den meisten Fällen, besonnen zu sein, ohne dabei arrogant zu wirken. Eine Variante davon kann sein, gegenüber seinen Kontrahenten freundlich und demütig zu sein. Das wirkt sympathisch.

Wie es ausgehen kann, wenn man sich nicht freundlich und demütig verhält, musste der demokratische Kandidat Al Gore bei den amerikanischen Präsidentenwahlen 2000 erleben. Die Wahl entschied sein Gegner George W. Bush für sich, mit dem historisch knappsten Ergebnis in der US-Geschichte. Nur einige Tausend Stimmen von Hunderten Millionen waren ausschlagend, fast so wie ein einfacher Seufzer in einer langen TV-Sendung. Und womöglich war dieser Seufzer sogar spielentscheidend.

In den Umfragen zwei Wochen vor der Wahl lag der ehemalige Vizepräsident von Bill Clinton deutlich vorne. Dann kam die TV-Konfrontation. Gore war sehr gut vorbereitet, eloquent, kompetent und galt als inhaltlich überlegen. Doch immer wenn Bush am Wort war, stieß Gore einen Seufzer aus, verdrehte die Augen und schüttelte den Kopf. Die Zuschauer empfanden dieses Verhalten als überheblich und unhöflich. Das *Time Magazine* bezeichnete Al Gore als »Professor Alleswisser«, von dem die Leute genug hätten. In der letzten Woche legte Bush in den Umfragen deutlich zu. Am Ende gewann er äußerst knapp, aber doch.

When they go low, we go high

Bei der National Convention der Demokraten im Jahr 2016 haute die vormalige First Lady Michelle Obama das Auditorium fast um mit einem Satz in ihrer Rede, der seither als eine Verhaltenstaktik in der Polit- und Medienbranche gilt. Sie sagte: »Es ist einfach, sich von Angst leiten zu lassen.

Es ist leicht, anderer Meinung zu sein, und es ist leicht, Menschen Angst zu machen. ... Für mich ist das, was ich von meinem Mann gelernt habe, was ich in acht Jahren im Weißen Haus gelernt habe, dieses Leben, diese Welt, unsere Verantwortung darin war so viel größer als wir ...« Michelle Obama referenzierte sichtlich auf Attacken gegen sie und ihre Familie, gegen ihren Mann, die Tiefschläge, die sie einstecken mussten, und offenbarte mit folgendem Satz die Antwort, die sie im Weißen Haus gelernt hatte, auf solche Tiefschläge zu geben: »When they go low, we go high.« Was sie meinte, war, darüberzustehen, Größe zu zeigen, sich nicht aus der Reserve locken zu lassen, vom eigenen Ego oder aus Rache. Ihr Leitsatz wird seither als Paradeantwort gegeben, wenn ein PR-Berater von einem Kunden gefragt wird, wie er sich nach dem Tiefschlag eines Gegners verhalten soll.

Thematisiere die Emotionalität

Im Jahr 2007 kam es im Duell um das Präsidentenamt in Frankreich zum Aufeinandertreffen des konservativen Nicolas Sarkozy und der Sozialdemokratin Ségolène Royal. Jedes Mal ein Höhepunkt im TV, der mit Quoten von zwanzig Millionen Zuschauern vergleichbar mit einer Fußball-WM-Übertragung ist. Kommentatoren hatten davor die Erwartungen analysiert: Sarkozy hätte inhaltlich kaum Schwächen, aber er müsse Zweifel an seiner Persönlichkeit ausräumen. Er sollte zeigen, dass er reif und stabil genug für das Amt war, galt er doch als aggressiv und unbeherrscht. Royal dagegen sei inhaltlich eher ein unbeschriebenes Blatt. Ihr wurde im Vorfeld mangelnde Kompetenz vorgeworfen, weshalb sie im Duell mit Themen überzeugen müsse.

Fast drei Stunden lang wurden alle Themen durchgegangen. Manchmal hatte Sarkozy, manchmal Royal einen leichten Vorteil. In der Atmosphäre kam es zu dem einen oder anderen Schlagabtausch, jedoch blieb es weitgehend fair und gesittet. Gegen Ende kam es dann zum emotionalen Höhepunkt. Beim Thema des Umgangs mit Menschen mit Behinderung wurde Royal laut und empört, warf Sarkozy »den Gipfel an politischer Immoralität« vor. »Ich bin entsetzt über das, was ich höre«, erregte sie sich, »es gibt eine Wut, die gerechtfertigt ist.« »Ich bin nicht wütend, ich bin empört«, donnerte sie. Sarkozy zog sich auf eine beruhigende Position zurück, kommentierte, dass seine Kontrahentin offenbar die Fassung verliere, und meinte: »Beruhigen Sie sich.« Er warf ein, dass Royal nun »die Boxhandschuhe rausholt«, hielt ihr vor, »die Nerven zu verlieren«, und bemerkte abschließend über eine mögliche Präsidentschaft der Sozialdemokratin: »Das kann ja heiter werden.«

Die meisten Analysten bewerteten das Duell danach als ein Unentschieden. Tatsache aber war, dass der Höhepunkt des Duells die Frage beantwortet hatte, ob Sarkozy emotional stabil und gefasst sein konnte. Die Frage wurde mehrheitlich bejaht. Die Frage dagegen, ob Royal inhaltlich überzeugen konnte, geriet in den Hintergrund. Generell gilt ein TV-Duell in Frankreich aber ohnehin nicht als entscheidend für die Wahl. Wie auch immer, Sarkozy wurde vier Tage später zum nächsten Staatspräsidenten gewählt.

Leaks und Lancieren von Indiskretionen

Ein Meister dieser Taktik soll Österreichs Bundeskanzler Bruno Kreisky gewesen sein, der das Lancieren von Indiskretionen perfekt beherrschte. Ein Weggefährte von damals beschrieb vor ein paar Jahren in seinen Erinnerungen Kreiskys Motto so: »Journalisten sind auf jeden Fall bestechlich – durch News.«

Der Kanzler suchte sich dazu bestimmte Redakteure aus, die in Kolumnen, Glossen und Hintergrundkulissen schrieben. Dabei ist von dem Weggefährten eine Anekdote überliefert: Kreisky sei regelmäßig mit einem Pressevertreter spazieren gegangen, um Indiskretionen zu lancieren, stets mit dem Hinweis, die Information sei im »Off«, also »off the record«. Beim ersten Mal schrieb der Journalist nichts über die Information, weil er sich an die Vertraulichkeit hielt. Kreisky soll darauf beim nächsten Spaziergang erbost gefragt haben: »Warum erzähle ich Ihnen was, wenn Sie es nicht schreiben?« Der Redakteur entgegnete, dass es ja »off the record« gewesen sei. Darauf Kreisky: »Verstehen Sie nicht, was eine Indiskretion ist?« Der Journalist nahm sich daher vor, künftig über die Informationen, die ihm der Kanzler weitergab, zu berichten. Aber beim nächsten Spaziergang war

Kreisky wieder erbost: »Ich habe Ihnen doch gesagt, dies ist nicht zum Schreiben!« Der Redakteur hatte den Bericht über die Indiskretion so formuliert, dass jeder den Urheber erkennen konnte: den Journalistenkanzler höchstpersönlich.

Die Sinuswellen-Strategie

Alles hat seine Zeit. Und alles kehrt wieder. Dieser Strategie liegt die Annahme zugrunde, dass sich Gesellschaften und ihre Bedürfnisse wie Sinuswellen auf und ab weiterentwickeln. Auf die Welle nach oben folgt jene nach unten. Und wenn es höhere Ausschläge in eine Richtung gibt, folgt ein ebenso hoher Pendelausschlag in die entgegengesetzte Richtung.

Auf den ersten schwarzen Präsidenten der USA musste dieser Theorie zufolge zwangsweise ein Präsident der »angry white men« folgen, auf den lauten und medial täglich präsenten Trump ein ruhiger und zurückhaltender Joe Biden. Nach dem glamourösen, schillernden und polternden französischen Präsidenten Nicolas Sarkozy musste der ältere, farblose und fade François Hollande kommen. Nach ihm wiederum musste logischerweise die neue, Aufbruch und Hoffnung ausstrahlende Bewegung *En Marche* von Emmanuel Macron regieren. Auf die Große Koalition in Österreich aus SPÖ und ÖVP, die gefühlt jahrzehntelangen Stillstand repräsentierte, musste der junge Sebastian Kurz die Antwort sein, der für Veränderung und Tatkraft stand. Auf die vier Jahre der Ära Kurz, die reich an Konflikten war, musste eine Phase folgen, in der Kanzler Karl Nehammer auf Dialog und Zusammenarbeit setzt.

Strategen, die Anhänger dieser Theorie sind, versuchen, die Bedürfnisse der Bevölkerung zu antizipieren. Wenn eine politische Phase besonders laut und von Streit und Krise geprägt war, raten sie Politikern, künftig Ruhe auszustrahlen, einen moderaten Tonfall anzustimmen und auf ein Miteinander zu setzen. Wenn eine Ära sich aber durch Trägheit, Unzufriedenheit und vorgestrige Politik ausgezeichnet hat, plädieren sie dafür, Signale des Aufbruchs, der Veränderung auszusenden und den Konflikt mit dem alten System zu suchen.

US-Präsident Joe Biden nahm nach den medial aufgeheizten Jahren der Ära seines Vorgängers Donald Trump bewusst Druck heraus. Er reduzierte die Medienauftritte und versuchte, in seinen Worten die Aufgeregtheit herauszunehmen. Kommentatoren bezeichneten ihn später als »Beruhigungsmittel namens Biden«.

Im Dezember 2021, zwei Tage nach der Geburt seines Sohnes und unter dem Eindruck von Korruptionsvorwürfen, zog sich der österreichische Kanzler Sebastian Kurz aus allen politischen Ämtern zurück und verabschiedete sich in die Privatwirtschaft. Sein Nachfolger wurde Innenminister Karl Nehammer, ebenfalls von der bürgerlich-konservativen ÖVP. Nehammers Image war zu dieser Zeit klassisch für einen Innenminister: hart, bedingungslos, konsequent. Während der Coronapandemie war er der österreichischen Bevölkerung als harter Durchsetzer der Coronaregeln bekannt geworden. Legendär wurde damals sein Zitat, die Polizei würde mit der »Flex« die Infektionsketten des Virus durchtrennen. Nun aber war Nehammer Kanzler. Sein Strategieteam konnte förmlich die Sinuswelle spüren, die sich nach der turbulenten Ära von Kanzler Kurz nun in eine Phase der Beruhigung und des Dialogs bewegte. Die Frage spitzte sich in den Strategiemeetings zu: »Bist du Dialog-Karl oder Karl der Kühne?« Nehammer entschied sich für Ersteres. Er setzte auf Dialog, nahm Druck heraus und beruhigte die innenpolitisch aufgeheizte Lage spürbar, was bei Kommentatoren positive Beachtung fand.

Das Prinzip der Synchronizität

Der Psychiater und Begründer der analytischen Psychologie, Carl Gustav Jung, veröffentlichte Mitte des 20. Jahrhunderts seine Thesen zum »Prinzip der Synchronizität«. Dieses Prinzip beschreibt, dass zwei zeitlich zusammenfallende Ereignisse, die kausal nichts miteinander zu tun haben, trotzdem als miteinander verknüpft wahrgenommen werden. Es wird als Kombination eines zuerst inneren und danach äußeren Ereignisses beschrieben. Das heißt, das innere Ereignis kann eine Idee sein oder ein Traum oder ein Gedanke, der eine bestimmte Emotion zur Folge hat. Das äußere Ereignis ist ein tatsächliches, physisch stattfindendes Ereignis, auf das die Emotion des inneren Ereignisses gespiegelt wird.

Das klingt sehr kompliziert. In der Medienwelt ist es aber sehr einfach: Es passieren zwei Dinge, die eigentlich nichts

266

miteinander zu tun haben, aber die Presse tut so, als hätten sie etwas miteinander zu tun. Es reichen zwei Knotenpunkte, um daraus eine Story machen zu können. Denn für eine Story ist es in der Regel unerheblich, ob diese beiden Punkte substanziell miteinander verknüpft sind. Wenn beispielsweise eine Person, die etwas angestellt hat oder der etwas vorgeworfen wird, in einer Organisation tätig war und eine zweite Person zur gleichen Zeit innerhalb derselben Organisation tätig war, reicht dieser Verknüpfungspunkt aus, das medial zu thematisieren. Es wird dabei nicht berücksichtigt, ob die beiden Personen dort zusammengearbeitet haben, sich gekannt haben oder überhaupt je begegnet sind.

Besonders bedeutsam ist das für den investigativen Journalismus, der darauf abzielt, Missstände wie zum Beispiel Korruption aufzudecken. Für die PR kann dieses Prinzip ebenfalls hilfreich sein. Wenn ein politisches Thema da ist, kann man mit einer konkreten PR-Maßnahme eine Erzählung daraus spinnen.

Im Sommer 2018 war in Österreich die Stimmung für die Grünen denkbar schlecht. Sie waren bei den Wahlen 2017 aus dem Parlament geflogen. Die neue Partei des ehemaligen Grünen Peter Pilz stand zwar für die traditionell grünen Themen »Transparenz« und »Anti-Korruption«, jedoch nicht für Klima- und Umweltschutz, zumindest nicht in dem Ausmaß, wie das bei den Grünen der Fall war. Als der Klimaschutz durch verschiedene Ereignisse dieses Sommers wie Dürre und Hitze wieder Thema wurde, entstand ein gefühltes politisches Vakuum durch die Abwesenheit der grünen Partei, was auch von Meinungsforschern und

Kommentatoren wahrgenommen wurde. Die Sozialdemokraten nutzten die Stimmung und wollten sich als Alternative für grüne, eher linke, liberale Wähler anbieten, die eine besondere Affinität zum Umweltschutz hatten.

Um diese Stimmung zu einer Erzählung zu spinnen, kam es zu einer besonderen Inszenierung bei der Präsentation rund um das neue SPÖ-Grundsatzprogramm. SPÖ-Chef Christian Kern fuhr vor den Pressevertretern mit dem Fahrrad vor. Das Fahrrad war in Wien ein Symbol für die Politik der Grünen. Sie galten dort oft als die Radfahrerpartei, die die Straßen von Autos frei machen und zu Radfahr- und Fußgängerzonen umbauen wollte. Die SPÖ nutzte also das Prinzip der Synchronizität auf einfache Weise und zumindest kurzfristig erfolgreich, da die Medien die Erzählung von der SPÖ als Alternative für Grün-Wähler für einige Tage aufgriffen. So titelte etwa *Der Standard* unter dem Foto von Kern auf dem Fahrrad: »Rot setzt auf Grün. Parteichef Christian Kern will die Sozialdemokraten als Vertreter des progressiven, toleranten Lagers positionieren.«

Im Sommer 2013 war wieder einmal Wahlkampf in Österreich. ÖVP-Obmann und Spitzenkandidat Michael Spindelegger hatte 2011 die ÖVP übernommen und spürte für etwa ein Jahr einen gewissen positiven Effekt, den zu damaligen Zeiten fast alle neuen Politiker erzielen konnten. Diesem »Spindi-Effekt« musste die SPÖ etwas entgegensetzen, zumal im Herbst 2013 die nächsten Wahlen vor der Tür standen. Die Strategie war wie immer »soziale Kälte« und »Schwäche« in der gegnerischen Partei. Es war über Jahrzehnte eine Erzählung, dass die Obmänner der ÖVP auf

Bundesebene nur die Verwalter der eigentlich mächtigen Landeshauptleute in den Regionen wären. Diese Erzählung hatte sich bis zum Sommer 2013 rechtzeitig vor den Wahlen schon etwas entfaltet. Aber sie war noch nicht manifestiert. Sie musste noch deutlich gemacht werden. Dazu nutzten die Strategen rund um SPÖ-Kanzler Werner Faymann ein routinemäßig zustande gekommenes sommerliches Abendtreffen mit dem damals wohl mächtigsten Landeshauptmann der ÖVP aus Niederösterreich, Erwin Pröll. Man traf sich beim Heurigen Pfarrwirt in Wien. Man aß, trank Wein und man bedankte sich zu späterer Stunde beim Wirt, indem man auf eine Serviette schrieb, dass der Wein gut gemundet hatte, unterzeichnet von Faymann und Pröll. Faymanns Strategen spielten Fotos von der Serviette samt Unterschriften an die *Kronenzeitung*, die daraus ein wohlschmeckendes Boulevardstück köchelte. Sie ortete einen »Geheimpakt« zwischen Spindeleggers Parteifreund Pröll und dem Kontrahenten SPÖ-Chef Faymann. Als »Reblaus-Pakt« wurde er in den Medien über Tage ausgebreitet. Das befeuerte die Erzählung, Spindelegger sei schwach und die eigentlich Mächtigen in der ÖVP hätten sich längst mit Kanzler Faymann arrangiert. Faymann ging bei der Wahl 2013 dann auch als Erster durchs Ziel.

Das Beste aus allen/beiden Welten

Dieser Spruch war das ungeschriebene Motto zum Auftakt der österreichischen Koalitionsregierung aus bürgerlicher

ÖVP und den Grünen unter der Führung von Kanzler Sebastian Kurz im Jahr 2020, die international Beachtung fand, weil sie eine der ersten Regierungen in dieser Parteienkonstellation in Europa war. *Die Welt* etwa fragte: »Ein Weg für Deutschland?« Das Regierungsprogramm beinhalte die wichtigsten Wahlversprechen beider Parteien, propagierte die Koalition. Man könne »Grenzen UND Klima schützen«, man könne »Steuern senken UND ökologisieren«, waren etwa die Aussagen des ÖVP-Chefs.

Ein Spindoktor ließ später wissen, der Einfall für das Motto sei ihm beim Durchblättern der *Kronenzeitung* gekommen. Das Boulevardblatt verdanke seinen Erfolg bei den Lesern der Kunst, einander widersprechende Welten in einer Blattlinie zu vereinen. Mehr Klimaschutz und niedrige Spritpreise, Härte gegen Flüchtlinge und Hilfe für Flüchtlingskinder, billige Lebensmittel und Tierschutz, freizügige Fotos von Frauen und eine Kolumne des katholischen Kirchenoberhaupts. Aus diesen Widersprüchen sei im Laufe von Jahrzehnten eine »Seele« der Zeitung gewachsen, die durchaus auch Österreichs Seele repräsentiere und folglich auch Vorbild für eine Regierungsmehrheit sein konnte.

4.6. Jenseits des Telos von Jürgen Habermas

Großen Einfluss auf die Medien- und Sozialwissenschaften hatte die »Theorie des kommunikativen Handelns« des deutschen Soziologen Jürgen Habermas. Kommunikation sei dazu da, Handlungen zwischen Gesprächspartnern zu koordinieren, so Habermas. Innerhalb unserer Sprache gäbe es normative Grundsätze, die für uns alle gelten und die wir alle auch einfordern. Diese vier Normen sind die objektive Wahrheit, also der behauptete Sachverhalt muss stimmen. Die normative Richtigkeit, also das Gesagte muss sich im Einklang mit unseren kulturellen und sozialen Werten befinden. Drittens Wahrhaftigkeit, gemeint ist, dass man ehrlich ist. Und viertens Verständlichkeit, was bedeutet, jeder muss so sprechen, dass ihn der andere auch versteht. Das Wichtigste aber in Habermas' Theorie: Innerhalb unserer Sprache wohnt ein »Telos«, griechisch für Ziel oder Zweck, nämlich das Ziel, uns untereinander zu verständigen.

In der Öffentlichkeitsarbeit hat man das Telos ein wenig abgewandelt, nämlich dahin gehend, dass Kommunikation nicht der gegenseitigen Verständigung dient, sondern der Übermittlung der eigenen Botschaft. Ja, es ist bedauerlich, womöglich verlangen das aber eben die Gesetze der Öffentlichkeit, die bekanntlich gnadenlos ist. Aber gehen wir die kommenden Kapitel doch einfach nüchtern durch und bilden wir uns danach ein Urteil.

Unangenehmen Fragen ausweichen

Oft gibt es Dinge, die man einfach nicht sagen sollte, weil es einem schaden kann. Oft wird man aber in einem Interview genau dazu gefragt. Ein einfacher rhetorischer Trick ist, der Frage auszuweichen. Das wirkt aber sehr oft peinlich. Im Englischen wird das »question dodging« genannt. Hier gibt es sechs Stufen, wie man einer Frage möglichst elegant ausweichen kann, ohne peinlich zu wirken. Erstens: Die Frage komplett ignorieren. Das ist freilich sehr plump. Könnte vielleicht doch peinlich werden. Zweitens: Verständnis für die Frage ausdrücken, ohne sie zu beantworten. Also etwa so: »Ich kann Ihre Frage vollkommen verstehen und es ist gut, dass Sie sie stellen. Was ich Ihnen aber prinzipiell sagen will ...« Drittens: Die Frage selbst hinterfragen, indem man erwidert: »Bitte erklären Sie mir konkret, was Sie damit meinen.« Viertens: Attackieren Sie die Frage, weil sie unmöglich zu beantworten ist: »Das ist eine hypothetische, rein spekulative Frage.« Weil sie fehlerhaft ist: »Diese Frage lässt den entscheidenden Faktor außer Acht.« Weil sie grob falsch ist: »Die Frage geht von einer falschen Annahme aus.« Weil es bei der Frage um etwas anderes geht: »Die Frage hat nichts mit dieser Debatte zu tun.« Weil sie nicht fair ist: »Diese Frage ist nicht objektiv.« Fünftens: Greifen Sie den Fragesteller an, weil er unfair ist: »Es ist wieder typisch, dass ausgerechnet Sie diese Frage stellen.« Weil er ahnungslos ist: »Die Frage zeigt, dass Sie keine Ahnung haben.« Sechstens: Verweigern Sie die Beantwortung aus gutem Grund, weil Sie die Frage für lächerlich oder falsch halten: »Eine derart lächerliche und falsche Frage werde ich Ihnen sicher nicht beantworten.« Weil Sie die Antwort nicht kennen: »Ich weiß von diesen Vorwürfen ehrlich nichts.« Weil Sie die Frage nicht für jemand anderen beantworten können: »Das müssen Sie schon Bundesminister Müller selbst fragen.« Weil die Zeit für die lange Antwort nicht ausreicht: »Das würde zu lange dauern.« Geben Sie die Frage an jemanden im Raum weiter: »Soll er doch die Frage beantworten, er hat das doch zu verantworten.«

Den Zirkelbeweis nutzen

Es gibt Hunderte rhetorische Stilmittel. Einige davon sind hervorragend geeignet, speziell in TV-Debatten. So etwa der Zirkelbeweis, im Englischen »begging the question«. Hier wird eine Behauptung durch eine Aussage begründet, die eine erst zu beweisende Behauptung schon als wahr voraussetzt. Beispiel: »Das Getränk schmeckt gut, weil wir alle gerne gut schmeckende Getränke trinken.« Für die Politik: »Diese Maßnahme ist sozial gerecht, weil sie die Menschen in unserem Land sozial gerecht behandelt.« In der Wirtschaft: »Unser Unternehmen ist erfolgreich, weil es eines der erfolgreichsten Unternehmen in unserer Branche ist.«

Mit der Paralipse arbeiten

Unterstelle deinem Gegner etwas, ohne es ihm zu unterstellen. Das geht? Ja. Man nennt es Paralipse oder Präterition, im Englischen »apophasis«. Wie das geht? Indem man betont, dem Gegner genau das nicht zu unterstellen. Die Unterstellung wäre zum Beispiel: Sie haben gestern Alkohol getrunken. Die Paralipse: Ich unterstelle Ihnen nicht, dass Sie gestern Alkohol getrunken haben. Der spätere US-Präsident George Bush senior sagte über seinen demokratischen Herausforderer Michael Dukakis, dem Gerüchte nachsagten, eine psychologische Behandlung in Anspruch genommen zu haben: »Schauen Sie, ich werde nicht gegen einen Invaliden nachtreten.«

Im Dreiklang sprechen

Als Trikolon bezeichnet man einen dreigliedrigen Ausdruck. Etwa »veni, vidi, vici« von Julius Cäsar: Ich kam, sah und siegte. In Reden empfiehlt es sich, eine Behauptung durch drei Argumente zu stützen. Oder ein Ziel durch drei Forderungen. Das liegt daran, dass der Mensch gerne im Viervierteltakt Musik hört und sich gerne durch ebensolche Takte stimulieren lässt.

Warum vier und nicht drei Viertel? Auch vor Cäsars Spruch steht im Deutschen als erstes Wort »Ich« gefolgt von drei Takten. In Reden, in denen der Dreiklang benutzt wird, funktioniert das zum Beispiel so: »Wir wollen eine gute Zukunft. In Freiheit, Sicherheit und Wohlstand.« US-Präsident Barack Obama gilt bis heute als einer der begnadetsten Redner. Würde man den Rhythmus seiner Reden musikalisch interpretieren, würde ein Song im Vierviertel-takt herauskommen.

Der berühmteste Dreiklang wurde übrigens schon 1789 kreiert. Als die Pariser Bevölkerung mit dem Sturm auf die

Bastille die Französische Revolution und damit eine Zeitenwende auslöste, propagierte sie »Freiheit, Gleichheit, Brüderlichkeit«.

Sprachbilder nutzen

Die Metapher ist die Verwendung eines bildlichen Ausdrucks wie »jemandem das Herz brechen«. Die Allegorie ist entweder eine personifizierte Metapher, hier der »Herzensbrecher« oder »Casanova«, oder eine Verbindung mehrerer Metaphern, oft in Form eines Gleichnisses: »Lieber das Herz gebrochen als ins Gras gebissen«. Ein Symbol wiederum verweist auf eine abstrakte Vorstellung, etwa ein rotes Herz für die Liebe oder die weiße Taube, die für Frieden steht. Sinnvoll ist das, weil politische Kontexte erst durch Bilder im Kopf für Menschen verständlich und greifbar werden.

Während des Zweiten Golfkriegs 2003, der gegen den Irak unter der diktatorischen Führung Saddam Husseins geführt wurde, wurde von den Befürwortern des Militäreinsatzes das Wort »Krieg«, so gut es ging, vermieden. Lieber sprach man von dem »Tyrannen Saddam«, der gestoppt werden musste. Oft verwendet wurde der Begriff »Massenvernichtungswaffen«, worunter sich jeder gut vorstellen konnte, welchen Zweck diese haben. Schon der Erste Golfkrieg 1991 wurde nach den Worten von George Bush senior wegen »der Vergewaltigung Kuwaits« begonnen.

Ganz generell nennt eine Regierung ihre eigenen Vorhaben oft »Zukunftsvision«, »Wachstumspfad«, »Entlastungspaket«, »Bündel an Maßnahmen« oder schlicht »Plan«. Die Opposition reagiert auf die Beschreibung der Regierungsmaßnahmen mit so etwas wie »Schlag ins Gesicht« der Bevölkerung oder »Anschlag auf den Steuerzahler«, wodurch die Regierung »im Sinkflug« sei oder »vor den Trümmern ihrer Politik« stehe, was aber logisch sei, immerhin sei die Regierung eine »Dilettantentruppe« und der Minister eine »lahme Ente«.

Eine bekannte Allegorie wurde jene des Autors Yuval Noah Harari, mit der er 2015 den Terrorismus beschrieb: »Terrorismus ist wie eine Mücke im Porzellanladen. Die wirft keine einzige Tasse um. Aber sie setzt sich auf das Ohr des Elefanten und der zertrümmert alles.«

Nicht die Sprachbilder anderer übernehmen

Kennen Sie den? »Denken Sie nicht an einen rosaroten Elefanten!« Genau. Das geht nicht. Jeder denkt sofort an einen rosaroten Elefanten, wenn er das hört. Wenn Sie also nicht als rosaroter Elefant wahrgenommen werden wollen, dann sagen Sie nicht, dass Sie keiner sind. Weil jeder Sie sich sofort als rosaroten Elefanten vorstellt. Wenn Sie beispielsweise eine Politikerin sind, die drei kleine Kinder zu Hause hat und trotzdem sehr viel im Büro arbeitet, und ein Journalist fragt Sie: »Sind Sie eine Rabenmutter?«, dann antworten Sie nicht: »Nein, ich bin keine Rabenmutter!« Sie können fast gewiss davon ausgehen, dass der Titel des Interviews am folgenden Tag so lautet: »Ich bin keine Rabenmutter«. Und jeder wird Sie sich als Rabenmutter vorstellen. Antworten Sie stattdessen lieber mit ganz anderen Worten: »Sie können sicher sein, dass ich meine Kinder liebe und ich mir ausreichend Zeit für sie nehme.« Oder Sie attackieren den Fragesteller dezent: »Im 21. Jahrhundert sind solche Fragen eigentlich absurd.«

Klassiker solcher Fragestellungen sind: »Ist das ein Himmelfahrtskommando?«, »Sind Sie ein dead man walking?«, »Regiert bei Ihnen das Chaos?«, »Ist diese Maßnahme nicht katastrophal?«. Vermeiden Sie, zu behaupten, es sei »kein Himmelfahrtskommando«, Sie seien »kein dead man walking«, es würde »nicht das Chaos regieren« und die Maßnahme sei »nicht katastrophal«. Ein Tipp: Denken Sie jeweils ans Gegenteil, stellen Sie es sich vor und beschreiben Sie es. Himmelfahrtskommando? »Es ist eine spannende Herausforderung, auf die ich mich sehr freue.« Dead man walking? »Ich halte Kritik gut aus, das macht mich nur stärker.« Chaos? »Wir koordinieren uns nach Kräften und es gelingt uns von Tag zu Tag besser.«

Whataboutismus

Damit ist ein sprachliches Ablenkungsmanöver gemeint. Wenn man durch ein Thema A in die Defensive gerät, attackiert man mit Thema B, um von Thema A abzulenken. Der Begriff leitet sich ab vom englischen »What about ...?«, also im Deutschen »Und was ist mit ...?«. Als Russland für Menschenrechtsverletzungen kritisiert wurde, reagierte es mit: »Und was ist mit dem Gefangenenlager Guantanamo?«, jenem Lager, das die USA in Kuba betrieben. Als Israels Premierminister Benjamin Netanjahu 2018 auf die besetzten Gebiete im Westjordanland angesprochen wurde, sagte er: »Die Besetzung ist Nonsens, es gibt eine Reihe von großen Staaten, die Gebiete besetzt und Bevölkerungen abgesiedelt haben, und niemand spricht darüber.«

Das Strohmann-Argument

»Ich mag Schnitzel lieber als Pizza.« »Ich verstehe nicht, warum du Pizza so sehr hasst. Ich finde es nicht in Ordnung, dass du mir verbieten willst, Pizza zu essen.« »Ähm, wie bitte?!« Mit dieser rhetorischen Technik wird eine tatsächliche Auseinandersetzung mit der Gegenposition nur vorgetäuscht. Sie wird auch als eine Form des Scheinarguments oder Fehlschlusses bezeichnet. Worum es geht: Die Aussage des Gegners wird falsch oder verzerrt dargestellt und die Verzerrung wird dann widerlegt. Man schickt quasi einen inhaltlichen Strohmann in die Argumentation des Gegenübers, um auf diesen Strohmann dann hinhauen zu können.

Bei der US-Präsidentenwahl 2016, am Höhepunkt der Migrationskrise in Europa, warf der republikanische Bewerber Donald Trump seiner demokratischen Konkurrentin Hillary Clinton vor, sie würde für »offene Grenzen« eintreten und unkontrolliert Migranten ins Land lassen. Er bezog sich dabei auf ein Interview, das Clinton im Jahr 2013

gegeben hatte. Tatsächlich hatte die Politikerin damals für
»offene Grenzen« geworben. Allerdings nur für den Waren-
und Güterverkehr.

Vom »Ad-hominem-Argument«
zur »Cancel Culture«

Die Ad-hominem-Form des Scheinarguments zielt darauf
ab, das Argument des Gegenübers dadurch zu entkräften,
indem der Gegner hinsichtlich seiner persönlichen Umstände oder Eigenschaften attackiert wird. Das geht in verschiedenen Varianten. Ganz persönlich: »Sie sind ja verrückt, Sie können hier nicht mitreden.« Hinsichtlich der
Bildung des Gegenübers: »Sie haben überhaupt keine Expertise auf dem Gebiet, Ihre Argumente zählen also nicht.«
Das Absprechen der Ehrlichkeit: »Sie plappern hier nur
nach, was Ihnen die Parteilinie vorgibt, wir können Sie
also nicht ernst nehmen.« Der Redlichkeit des Gegenübers:
»Sie werden ja von dem Unternehmen bezahlt, also müssen
Sie im Interesse des Unternehmens so antworten.« Oder
betreffend die politische Einstellung: »Sie haben einmal
auf Facebook den Artikel eines Rechtsextremisten geteilt,
wir müssen Ihre Argumente daher als gefährlich einstu-
fen« oder »Sie haben einmal positiv über den Kommunis-
mus getwittert, Ihre Argumente sollten hier also nicht
auch noch verbreitet werden.«

Das Ad-hominem-Argument wird meistens angewendet, um eine sachliche Auseinandersetzung zu vermeiden.

Das kann mehrere Gründe haben: Man ist inhaltlich nicht sattelfest. Man hat selbst tatsächlich eine andere Position, muss aber die Parteilinie oder die Vorgaben des Unternehmens vertreten. Man hat schlicht keine Argumente, weil man die Position nicht aus sachlichem, sondern anderem, etwa taktischem, Kalkül vertritt. Oder ganz schlicht: Man kommt argumentativ nicht zurande, weil das Gegenüber besser und überzeugender argumentiert. Eine Begleiterscheinung des letzten Grunds ist, dass die Ad-hominem-Taktik der persönlichen Attacke meist von eher radikalen Gruppen, weit rechts oder weit links stehend, verwendet wird, denn gerade diesen fehlen in ihren radikalen Positionen oft die Argumente.

Nicht weit davon entfernt ist die Strategie der »Cancel Culture«. Der Begriff beschreibt das Phänomen einer Zensur- oder Löschkultur, insofern als die Argumente von Gegnern systematisch sozial und medial ausgeschlossen werden. Nach allgemeiner Auffassung wird diese Strategie eher von links gerichteten Gruppen gegenüber rechts Eingestellten angewendet, indem den Rechten eine Meinung abgesprochen wird, da diese diskriminierend, rassistisch, frauenfeindlich, antisemitisch oder homophob seien. Dabei geht es um Auseinandersetzungen rund um die Political Correctness. Die radikalen Rechten werfen den radikalen Linken dabei vor, ihre Argumente von vornherein auszugrenzen, ohne sich sachlich damit auseinanderzusetzen. Das Canceln richte sich gegen diejenigen, die aufgrund ihrer Hautfarbe, ihres Geschlechts und sexuellen Neigung als privilegiert angesehen werden und daher eine verzerrte Meinung haben, da sie sich nicht in die Lage von nicht privilegierten und von Diskriminierung betroffenen Gruppen hineinversetzen könnten. Zugespitzt: Ein alter, weißer, heterosexueller Mann kann nicht an einer Debatte über die Lage einer jungen, afroamerikanischen, lesbischen Frau teilnehmen, weil er ja davon keine Ahnung habe. Seine Meinung wird folglich gecancelt.

Der Begriff wird auch im Zusammenhang mit der Debatte über den richtigen Umgang mit historischem Erbe verwendet, das als kolonialistisch und rassistisch eingestuft wird, etwa mit Denkmälern und Statuen wie jener von Christoph Kolumbus, der heute von manchen als kolonialistisch eingestuft und gecancelt wird. Auch in Verbindung mit »Blackfacing« spielt der Begriff »Cancel Culture« eine Rolle. Dabei wird das Bemalen des Gesichts mit schwarzer Farbe kritisiert.

Ein heute üblicher Sammelbegriff für all diese Bewegungen ist »woke«, deutsch »erwacht«, womit das Bewusstsein für die soziale Ausgrenzung von in ihren Augen unterprivilegierten Gruppen gemeint ist.

Zusammenfassend kann man sagen, dass sich sowohl radikale Rechte als auch radikale Linke gegenseitig das Recht auf eine Meinung absprechen. Was durchaus ein Hinweis darauf sein könnte, dass beide Seiten das demokratische Prinzip nicht so ganz auf die Reihe kriegen. Nämlich die Achtung der Meinung anderer, auch wenn sie nicht der eigenen entspricht. Oder wie es der französische Philosoph François-Marie Arouet einst sagte: »Mein Herr, ich teile

Ihre Meinung nicht, aber ich würde mein Leben dafür einsetzen, dass Sie sie äußern dürfen.« Dass der Philosoph offenbar nicht geschlechtergerecht nur den Herrn anspricht,
nicht aber Frauen, sollte nun aber nicht dazu führen, ihn
und seine Leistungen gleich zu canceln. Damit würden wir
nämlich nichts Geringeres streichen als die »Aufklärung
des Menschen«, als deren Begründer Arouet gilt, heute besser bekannt als Voltaire.

5
NEGATIVE PRAXIS

Es gibt viele Varianten des Schmutzkübels. Generell wird dabei zwischen »Negative Campaigning« und »Dirty Campaigning« nicht klar unterschieden. Oft wird es gleichgesetzt, oft das eine synonym mit dem anderen verwendet, und die Grenze ist tatsächlich fließend. Wenn es einen Unterschied gibt, dann den, dass sich beim Negative Campaigning der Urheber offen zeigt, beim Dirty Campaigning hingegen unerkannt bleiben will.

5.1. Negative Campaigning

Zunächst: Negative Campaigning klingt sehr negativ. Aber es ist im Bereich des Negativen noch das Positivste und durchaus zulässig. Man könnte fast sagen demokratiepolitisch zulässig. Jede Opposition, die eine Regierung kontrollieren soll, kann und sollte sogar zu einem bestimmten Teil Negative Campaigning betreiben. Kritisiert man als Opposition ein Thema der Regierung, macht man auf etwas Negatives aufmerksam. Tut man das öfter als ein- oder zweimal, ist es eine Negativkampagne. Wenn etwa eine Regierung eine Pflegereform versprochen, aber zum Ende der Regierungsperiode noch nicht umgesetzt hat und die Opposition daraus eine Negativkampagne macht, ist das nicht prinzipiell schlecht. Im Gegenteil, für die Bevölkerung ist es positiv, wenn darauf hingewiesen wird. Es kommt letztlich auf den Stil an und auch darauf, ob es tatsächlich eine berechtigte Kritik ist oder nur eine übertriebene, gar erfundene. Der Unterschied verschwimmt freilich. Und weil oppositionelle Kritik in der heutigen Zeit immer wieder übertrieben und oft in einem brutalen Stil vorgetragen wird, bekommt Negative Campaigning ein schlechtes Image. Dabei geht es beim Negative Campaigning grundlegend darum, dem Gegner ein schlechtes Image zu verpassen.

Opposition Research

Die Grundlage ist die Beschaffung von Informationen über einen politischen oder wirtschaftlichen Gegner, die gegen diesen verwendet werden können. Im Fall einer politischen Persönlichkeit können das Informationen sein, die ihre Biografie, ihre finanzielle Vorgeschichte, schulische Leistungen, rechtliche Verstrickungen oder sonstige verfängliche Aktivitäten betreffen. Dazu werden frühere Medienberichte durchforstet. Dass auch diese Methode schon uralt ist, wird augenscheinlich, wenn man bis zum chinesischen General Sunzi zurückgeht. Er war bereits der Auffassung, dass ein guter Krieger die Schwächen seines Gegners verstehen lernen und Spione einsetzen müsse, um diese Schwächen zu erfahren.

Attack Advertising

Eine Wahlkampfweisheit aus den USA besagt, dass Negative Campaigning zu Amerika gehört wie der Schlamm zum Mississippi. Traditionell organisieren die Parteien und auch die Parteikandidaten untereinander gegenseitige »Attack Ads«. Dabei handelt es sich um Werbeeinschaltungen, mit denen der Gegner gezielt, oft auch persönlich angegriffen wird. 1988 lancierte Präsident George Bush senior einige Attack Ads gegen den Demokraten Michael Dukakis. Das schlagkräftigste fokussierte darauf, dass Bush für die Todesstrafe eintrete, während Dukakis' Justizreformen als Gouverneur den Mörder Willie Horton auf freien Fuß gesetzt hatten.

Ein viel beachtetes, wenngleich erfolgloses Attack Ad spielte Hillary Clinton gegen Mitbewerber Barack Obama in den Vorwahlen 2008 aus. In dem Video sieht man schlafende Kinder, dann läutet um drei Uhr nachts im Weißen Haus das Telefon, weil etwas passiert sei, und eine Stimme fragt, wen man jetzt dort haben wolle. Womit auf die lange Erfahrung Clintons im Gegensatz zur Unerfahrenheit Obamas angespielt wurde. Denn es geht in den Attack Ads darum, die größte Schwäche des Gegners besonders hervorzuheben.

In Großbritannien sind TV-Spots dieser Art nicht erlaubt. In Österreich sind derartige Werbespots eher selten, zumal sie im öffentlich-rechtlichen TV verboten sind. In der Nationalratswahlkampagne 2006 setzten die Sozialdemokraten jedoch auf eine »Lügenkampagne« im Privatfernsehen gegen den konservativen Kanzler Wolfgang Schüssel, bei der in mehreren Jingles dessen Aussagen als unwahr dargestellt wurden, jeweils beendet mit »Herr Schüssel, Sie haben gelogen!«. Die SPÖ fuhr einen knappen Sieg ein. Die Konservativen revanchierten sich 2008 ebenfalls im Privatfernsehen mit einem Spot über den »Faynachtsmann«, eine Anspielung auf die aus ÖVP-Sicht unbezahlbaren Wahlversprechen von SPÖ-Kanzler Werner Faymann, der als Weihnachtsmann dargestellt wurde. Dieser konnte den Spot aber wohl verkraften, da er mit seinen dadurch unverhofft beworbenen Versprechen gewann.

Die Verbote und Einschränkungen, die es da und dort in einigen Staaten bezüglich Attack Ads gibt, werden seit einigen Jahren durch soziale Medien umgangen. Kurze, schlagkräftige Attack Ads sind daher in den Wahlkämpfen zunehmend zur Pflichtübung fast jeder Parteiorganisation geworden.

Gaslighting

Im Jahr 1938 schrieb Patrick Hamilton ein Theaterstück mit dem Titel *Gas Light*, in dem diese Praxis erstmals beschrieben wurde. Als »Gaslighting« wird seither eine Form psychischer Gewalt bezeichnet, durch die Opfer gezielt manipuliert, verunsichert und unter Druck gesetzt werden. 2017 bezichtigte der *Spiegel* den amerikanischen Präsidenten Donald Trump, Gaslighting mit Fakten zu betreiben, indem er bewusst Lügen verbreite, um jedes Gefühl für Wahrheit und Fakten zu zerstören. Trump führe bewusst in die Irre, um den Menschen den politischen Orientierungssinn zu vernebeln. Umgekehrt sprach der Sohn des Präsidenten, Donald Trump junior, im Zusammenhang mit dem Umgang vieler Medien mit seinem Vater von Gaslighting. Die Mainstream-Medien würden Fake News über ihn verbreiten und damit Gaslighting betreiben.

5.2. Dirty Campaigning

Wenn es einen Unterschied zwischen Negative und Dirty Campaigning gibt, dann ist es wie gesagt jener, dass sich der Urheber beim Dirty Campaigning nicht zeigt. Es handelt sich hier also um einen für viele niederträchtigsten Bereich an Strategien in der Sphäre von Medien, Politik und Wirtschaft. Im Englischen sagt man »smear campaign«.

Astroturfing und Bots

Im Jahr 1985 erhielt der amerikanische Senator Lloyd Bentsen aus Texas eine Flut kritischer Briefe von angeblichen Bürgern. Die Briefe sollten wie eine Grassroots-Bewegung anmuten, also ein echtes Aufbegehren der Bürger seines Wahlkreises implizieren. Nachdem er die Briefe gelesen hatte, soll er gesagt haben: »Ein Texaner kennt den Unterschied zwischen Grassroots und Astroturf. Das ist alles fabrizierte Post.« Astroturf ist eine Kunstrasenmarke, die unter anderem im Sportstadion von Houston, Texas, verwendet wurde. Seither gelten als »Astroturfing« gezielte Kampagnen, die so tun, als würden sie von einer echten Bürgerbewegung ausgehen, in Wahrheit aber von jemand ganz anderem gesteuert werden. Die Initiative soll unabhängig wirken und benutzt Briefe, E-Mails, Postings in Foren und in sozialen Medien. Viele private Bürgerinnen und Bürger kommen unabhängig voneinander auf die gleiche Idee oder haben dasselbe Problem und artikulieren ihre Meinung. Bloß stimmt das alles nicht.

Mittlerweile werden auch »Bots« für das Astroturfing eingesetzt. Das sind programmierte Fake-Accounts, die realistisch wie ein echtes Benutzerkonto wirken und ein eigenes Profilbild samt eigenen Followern besitzen. Sie sind so programmiert, dass sie auf konkrete Hashtags in sozialen Medien reagieren und daraufhin speziell programmierte Informationen als Postings absetzen. Solche Bots werden in einer großen Zahl verwendet, um den Eindruck einer Mehrheit vorzutäuschen. Oft sollen sie auch einfach nur Themen oder Produkte bewerben. Mit solchen Bots werden dann Internetforen, Blogs und soziale Plattformen wie Twitter überschwemmt.

Dass die Methode übrigens keine Errungenschaft der modernen Medien ist, zeigt ein Auszug aus William Shakespeares Drama *Julius Cäsar*. Gaius Cassius Longinus versucht dort mit gefälschten Briefen, die angeblich aus dem Volk stammen sollen, Brutus davon zu überzeugen, Cäsar zu ermorden. Was augenscheinlich gelang. Dirty Campaig-

ning mit Fake News, Astroturfing und Gaslighting soll es
also schon im alten Rom gegeben haben.

Swiftboating

»Swiftboating« ist eine besondere Form der Schmutzkü-
belattacke, bei der auf Third Parties zurückgegriffen wird.
Vermeintlich »neutrale« Personen liefern plötzlich neue
»Beweise«, »Indizien« oder erheben Vorwürfe, um einen
politischen Gegner in dessen Glaubwürdigkeit zu schaden. Das Ziel ist meist, eine »Charakterdebatte« anzusto-
ßen, um den politischen Mitbewerber in seinem Image zu
beschädigen.

Der Begriff stammt aus dem amerikanischen Präsident-
schaftswahlkampf 2004. Der demokratische Kandidat John
Kerry warf seine militärische Erfahrung im Vietnamkrieg
in die Wahlschlacht und erklärte, er wäre der Komman-
dant eines Patrouillenboots, englisch Swiftboat, gewesen
und sei durch drei Tapferkeitsmedaillen ausgezeichnet
worden. Wie aus dem Nichts tauchte plötzlich eine Gruppe der »Swiftboat-Veteranen« auf. Vertreter dieser Gruppe
warfen Kerry vor, ein Feigling und militärisch unfähig zu
sein. Die Anschuldigungen kosteten Kerry einiges an Popularität. Jedenfalls unterlag er am Wahlabend deutlich.
Erst später kamen Indizien zum Vorschein, die nahelegten,
dass die Gruppe durch das Wahlkampfteam rund um den
republikanischen Kandidaten George W. Bush gegründet
und finanziert wurde. Erwiesen wurde es jedoch nie.

Flüsterkampagne

Eine »Whispering Campaign« verbreitet gezielt schädliche Gerüchte und Anspielungen über einen Gegner, ohne dabei ertappt zu werden. Das kann über nicht gekennzeichnete Plakate, Postwürfe, Postings in Foren, Facebook-Seiten, Trolle und Accounts in den sozialen Medien oder einfach mündlich im Kaffeehaus erfolgen. Bei vielen dieser Kampagnen wurden die Urheber nie ausfindig gemacht.

Während den Vorwahlen der Republikaner zur Präsidentschaft im Jahr 2000 war der Kandidat John McCain mit einer Flüsterkampagne konfrontiert. Tatsache war, dass der Kriegsheld ein dunkelhäutiges Kind aus Bangladesch adoptiert hatte. In den Südstaaten führte ein Fake-Umfrageinstitut eine Umfrage durch und stellte die Frage: »Würden Sie eher oder weniger wahrscheinlich für John McCain stimmen, wenn Sie wüssten, dass er ein uneheliches schwarzes Kind gezeugt hat?« Zudem kam es zu offenbar gesteuerten Anrufen bei Medien, die Journalisten über die vermeintliche Vaterschaft informierten.

In seltenen Fällen kamen die Urheber doch zum Vorschein. Im österreichischen Nationalratswahlkampf 2017 wurde gegen den bürgerlich-konservativen Kandidaten Sebastian Kurz eine verdeckte Facebook-Kampagne gefahren, in der ihm unter anderem Antisemitismus unterstellt wurde. Medien deckten später auf, dass ein von den Sozialdemokraten engagiertes Team dahintersteckte, was zum Rücktritt des SPÖ-Parteimanagers führte.

Jedes Schriftl ist ein Giftl

In Österreich hat sich in den letzten Jahrzehnten eine Redensart entwickelt: »Jedes Schriftl ist ein Giftl«. Im Englischen gibt es keine wörtliche Entsprechung. Am ehesten hin kommen die Redewendungen »Loose lips sink ships« oder »Keep it in your head, there it can't be read«. Der österreichische Spruch wird Bundeskanzler Julius Raab zugeschrieben. Er betrifft nicht rechtliche, sondern im Bereich der Politik moralische Verfehlungen. Galt der Satz zunächst nur für beschriebenes Papier, wurde er später auf E-Mails ausgeweitet. Mittlerweile gilt er auch für Textnachrichten auf Smartphones. Über diese Regel sind bereits viele politisch gestolpert. Zuletzt gab es auch Fälle, in denen einem nicht das geschriebene, sondern allein schon das gesprochene Wort zum Verhängnis wurde, weil es auf Band oder Video aufgenommen wurde.

6

FAZIT

Das Rätsel von der »Gans, die in den letzten zwanzig Minuten knusprig wird«

Hierbei handelt es sich um die einzige PR-Taktik, deren Zweck und Funktion ich als Autor nicht wirklich beschreiben kann. Denn woher der Spruch kommt und wie alt er ist, konnte nicht zweifelsfrei geklärt werden. Er dürfte aus Österreich stammen, schon sehr alt sein und ursprünglich als Weisheit und Ratschlag für Verhandlungssituationen verwendet worden sein. Er bedeutet in etwa: Auch wenn man schon stunden- oder tagelang verhandelt, ohne dass sich viel bewegt, dann sei das egal. Weil erst in den letzten zwanzig Minuten vor dem Abschluss der Verhandlung, wenn beide Seiten auf eine Einigung zusteuern, werde alles entschieden und da sei auch alles möglich.

Ich war auch nicht imstande, zu recherchieren, warum dieser Spruch in der österreichischen Medienszene der letzten 25 Jahre immer wieder aufkam und in unterschiedlichen Zusammenhängen gebracht wurde, am wenigsten aber in Verhandlungssituationen, sondern meistens offensichtlich, um irgendwie auf die Dramatik einer Situation hinzuweisen. Oder weil der Spruch einfach cool klingt. Man weiß es nicht. Womöglich aber auch aus einem ganz anderen Grund. Normalerweise floriert der Spruch in den

Wiener Kaffeehäusern, wo sich Presse und Politik treffen, zwischen Oktober und Februar – eine Zeit, in der in Österreich traditionell knusprig gebratene Gänse verspeist werden, mit Rotkraut, Erdäpfelknödel, Preiselbeeren und einer Soße aus Rotwein, Lorbeer und Orangen. Es könnte also sein, dass jemand, der diesen Spruch bringt, einfach von seiner unterbewussten Vorfreude auf das lukullische Vergnügen einen Streich gespielt bekommt.

Ich dachte mir, irgendwie passt die Taktik an dieser Stelle ganz gut. Immerhin kommen wir langsam ans Ende. Dabei wird es erst jetzt so richtig knusprig.

Die Unschärferelation nach Heisenberg

Was ist nun die Lehre aus alldem? Was bringt es uns, all diese Tricks der Zauberer aus der Medien- und Politblase zu kennen? Bedeutet es, dass wir künftig Medien und Politik anders sehen können? Etwa besser verstehen? Dass wir hinkünftig durchschauen, was Medien und Politik mit uns vorhaben und wie sie uns um den Finger wickeln wollen? Oder hilft es uns auch, darüber zu diskutieren, ob das alles überhaupt okay ist? Ob es verbessert, verändert oder gar etwas verboten werden sollte? Vielleicht kommen wir dafür noch einmal zurück auf die prägenden Bilder aus dem ersten Kapitel.

Für unseren Kontinent Europa sagt das Bild, bei dem sich die beiden Staatenlenker Deutschlands und Frankreichs, Helmut Kohl und François Mitterrand, 1984 in Verdun die Hand reichen, sehr viel. Womöglich ist es das bedeutendste Bild überhaupt.

Über Jahrhunderte hindurch haben sich in Europa Deutsche, Franzosen, Österreicher, Russen, Briten, Spanier, Schweden, Italiener und einige andere gegenseitig bekriegt, in allen möglichen Konstellationen. Eine Friedenszeit in Europa war die absolute Ausnahme und dauerte kaum mehr als ein paar wenige Jahre. Die letzten beiden Kriege waren die größten und verheerendsten und gerade zuletzt waren sich immer Deutsche und Franzosen in den Schützengräben gegenübergestanden. Es war daher eine unfassbar geniale Idee, die die Gründerväter der Europäischen Union hatten, ebenso einfach wie schlau. Der Gedanke war, alles, was man so braucht, um Kriegsgerät herzustellen, Kohle, Stahl, Atomenergie für die Rüstungsindustrie, in einer europäischen Organisation zu vergemeinschaften. Es sollte somit nicht einem allein, sondern allen gemeinsam gehören. Und wenn dann wieder jemand Krieg führen wollte, wäre das unmöglich, weil niemand wüsste, wem nun eigentlich die Panzer, die Flugzeuge und die Haubitzen gehören, weil sie ja uns allen gehören. Mit dem Euratom-Vertrag 1957 wurde diese Idee umgesetzt. Sie gipfelte später in der EU.

Wir können gar nicht genug dankbar sein dafür. Mehr als 75 Jahre lang kein Krieg in den Staaten der Europäischen Union ist ein nie da gewesenes Privileg, das vielen von uns lange nicht bewusst war. Erst durch die fürchterlichen Ereignisse in unserer Nachbarschaft, den Angriffskrieg Russlands gegen die Ukraine, werden viele von uns diese Gnade real gewahr, weil wir die Relationen wieder erahnen können.

Die tragende Stütze dieser Friedensarchitektur in der EU ist die »deutsch-französische Achse«. Daher ist das Foto, das in Verdun vor dem Gebeinhaus der gefallenen Deutschen und Franzosen aufgenommen wurde, so bedeutsam. Kohl und Mitterrand reichten sich unabgesprochen, rein instinktiv und übermannt vom Eindruck der Geschichte die Hand. Mitterrand erzählte später, er hätte während des traurigen Trompetenspiels im Andenken an die Opfer ein Gefühl der Vereinsamung empfunden, aus dem er heraustreten und mit einer Geste die Nähe Kohls erreichen wollte. Daher reichte er ihm die Hand, Kohl ergriff sie. Mitterrand blickte weiter gefasst geradeaus, Kohl wandte sich für einen Moment zu seinem Kollegen und man konnte ein dankbares Lächeln in seinem sonst so ernsten Gesicht erkennen.

Die Gedanken zu Krieg und Frieden lassen eine Debatte darüber, was Medien und PR dürfen und was nicht, lächerlich erscheinen. Doch nur auf den ersten Blick. Denn es waren auch immer Propaganda und Massenmedien, die zum Einsatz kamen, um die Völker in den Krieg zu hetzen. Nicht wenige der in diesem Buch beschriebenen Taktiken kamen dabei zum Einsatz. Eine Debatte über Ethik und Moral in der Medien- und Pressearbeit ist daher immer angebracht. Und nie lächerlich.

Sind Public Relations, Agenda-Setting, Spin und Message Control und auf der einen Seite und Sensationslust, Verkürzung und Zuspitzung auf der anderen zulässig und völlig in Ordnung? Oder ist das alles schlecht? Oder passt dazu der Spruch von Paracelsus: »Alle Dinge sind Gift und nichts ist ohne Gift; allein die Dosis macht's«? Man könnte nun erneut sagen, das ist relativ. Aber es wäre zu einfach.

Relativ ist lediglich, wie wir die Welt subjektiv wahrnehmen und die Wahrheit empfinden, aufgrund unserer Prägung, Entwicklung, Anschauung sowie unserer ideell als auch ökonomisch getriebenen Überzeugung. Objektiv ist, was gilt. Die Verträge, die wir in subjektiven Verhandlungen beschlossen haben und die dann objektiv gültig sind. Die Gesetze, über die Parteien subjektiv streiten, aber die dann objektiv für alle in Kraft treten. Auch wenn diese in Gerichtsverhandlungen wiederum subjektiv ausgelegt werden können. Aber es folgt ein Urteil, das dann wieder objektiv gilt. Subjektiv sind wissenschaftliche Thesen. Werden sie als Theorie anerkannt, sind sie objektiv – so lange, bis sie durch die subjektiven Thesen anderer widerlegt werden. Subjektiv dürfen wir also alles, aber stets in Anerkennung dessen, was gemeinsam objektiv festgelegt wurde. Klar ist aber auch, dass wir alle an der Objektivität mitwirken dürfen, im Rahmen der objektiven Regeln und mit Respekt vor den subjektiven Meinungen und Versuchen anderer, die ebenfalls in die Objektivität drängen.

Politikwissenschaftlich nennt man das dann Demokratie. Nur in der Demokratie gibt es die Relativität der subjektiven Meinungen, die sich gemeinsam die Objektivität erschaffen. In einer Diktatur gibt es keine Subjektivität oder zumindest nur eine – und sie ist mit der Objektivität gleichgesetzt. Was der Tyrann subjektiv will, ist sofort auch objektiv gültig. Der Alleinherrscher braucht sich um die subjektiven Gedanken seiner Untertanen nicht zu kümmern. Auch in einem Gottesstaat ist das so. In diesem gibt es überhaupt keine Subjektivität, sondern hier ist von vornherein alles von einem überirdischen Wesen objektiv vorgegeben.

Albert Einsteins Relativitätstheorie ist folglich die Beschreibung eines demokratischen Systems. Seine Theorie gilt nicht für eine Diktatur. Das ist eigentlich ein schöner Gedanke. Weil Einsteins Theorie im Grunde genommen den Zustand unseres Universums beschreibt. Das heißt ja weitergedacht, dass unser Universum ein demokratisches ist.

Wir kommen nun aber endlich zu der Frage, wohin uns das alles eigentlich führt, was als Nächstes folgt – nach den berittenen Boten, Zeitungen, dem Rundfunk, dem digitalen Sozialen. Welche Technik kommt als Nächstes?

Es gibt mehrere Definitionen von Technik. Die philosophische Definition sagt, Technik sei »das Prinzip der menschlichen Weltbemächtigung«. Technik sei die mechanische Verlängerung des menschlichen Körpers, mit der der Mensch über seinen Körper hinaus seine Umwelt berührt und gestaltet. Der Hammer sei die Verlängerung unseres Arms, um Dinge noch härter bearbeiten zu können. Das Rad und das Reiten seien die Verlängerung unserer Beine, damit wir uns noch schneller fortbewegen können. So sei die Sprache die Verlängerung der sozialen Verständigung, die Schrift die Verlängerung von Sprache und Gedächtnis. Buchdruck und Rundfunk vergrößern die Reichweite und das Volumen der Speicherung unseres Wissens. Der Computer wiederum sei die Verlängerung unseres Gehirns, um schneller rechnen und unsere Erinnerung umfassender abspeichern zu können. Demnach wäre klar, was die sozialen Medien sind. Nach dieser Logik sind sie die Verlängerung unserer sozialen Beziehungen, die vervielfältigt und deren Wirkungen vervielfacht werden. Mehr Freunde und Bekannte, mehr Freude und Spaß, mehr Kummer und Wut.

Was das Ziel dieses Buches ist, wurde eingangs erwähnt. Es soll die politmediale Welt »in a nutshell«, also kurz zusammengefasst, darstellen. Ich hoffe, es ist einigermaßen gelungen. Wenn Sie später die heutige Zeitung lesen, die Nachrichten hören, die Abendschlagzeilen sehen oder über die Online-News scrollen und Sie bemerken eine kleine Veränderung, etwa dass Sie das eine oder andere in einem anderen Licht sehen oder manches hinterfragenswert finden, machen Sie sich bitte nichts draus. Das ist okay. Werner Heisenberg bezeichnet das als »Unschärferelation«.

Der große deutsche Physiker und Begründer der Quantenmechanik beschrieb 1927 mit seiner »Unschärferelationstheorie« das Phänomen, dass man zwei komplementäre Eigenschaften eines Teilchens nie gleichzeitig bestimmen kann. Das war so erstaunlich, dass er dafür den Nobelpreis erhielt. So sind etwa Raum und Zeit nicht getrennt bestimmbar. Weshalb es nicht den Raum und die Zeit gibt, sondern nur die eine Raumzeit als ein Gebilde, in dem wir uns bewegen.

Diese Erkenntnis hat auch Auswirkungen auf die Relativitätstheorie Einsteins. Unsere Wahrheit ist damit nicht nur relativ, sie ist auch nicht bestimmbar. Ob Charles Lindbergh überhaupt jemals den Ozean überflogen hat, können wir heute nicht mehr nachweisen. Oder ob Heinrich Schliemann überhaupt jemals in seinem Leben in Troja gegraben hat, ist nicht bestimmbar. Daher müssten wir nun eigentlich sämtliche Kapitel dieses Buches noch einmal durchgehen und neu bewerten, weil wir in keinem einzigen die Unschärferelation berücksichtigt haben. Es wäre daher ratsam, sämtliche Kapitel dahin gehend zu überprüfen …

… aber das ist eine andere Geschichte.